重商主义
历史经验与赶超原理

MERCANTILISM
Historical Experience for National Catch-up

主编／梅俊杰

上海社会科学院出版社

目 录

编者序 ……………………………………………………………（ 1 ）

第一编　重商主义历史总览

1　重商主义简史 ………………………………… ［英］J.W.霍洛克斯（ 9 ）
　　第一章　前言 ……………………………………………（ 9 ）
　　第二章　古代的重商主义 ………………………………（ 14 ）
　　第三章　近代重商主义兴起的原因 ……………………（ 18 ）
　　第四章　英国重商主义史：前殖民时期 ………………（ 24 ）
　　第五章　英国重商主义史：殖民时期 …………………（ 34 ）
　　第六章　英国重商主义史：走向衰落 …………………（ 56 ）
　　第七章　欧洲重商主义史：西班牙、葡萄牙、荷兰 …（ 64 ）
　　第八章　欧洲重商主义史：法国 ………………………（ 72 ）
　　第九章　欧洲重商主义史：德国 ………………………（ 84 ）
　　第十章　重商主义史：奥地利、意大利、北欧国家、俄国、日本
　　　　　　………………………………………………………（ 96 ）
　　第十一章　重商主义史：美洲 …………………………（103）
　　第十二章　重商主义史：英属自治领、印度 …………（112）
　　第十三章　重商主义的旧与新 …………………………（117）

第二编　重商主义真相概论

2　英国重商主义者的立法建议 …………［美］雅各布·瓦伊纳(133)
3　重商主义的含义与实践 ………………［英］查尔斯·威尔逊(149)
4　重商主义历史面目再认识 ……………［意］西尔维亚·梅西纳(172)

第三编　李斯特论落后国赶超

5　《政治经济学的国民体系》导言 ……［德］弗里德里希·李斯特(187)
6　代表工商联合会致邦联议会请愿书
　　……………………………………［德］弗里德里希·李斯特(201)
7　李斯特与发展的基本问题 ……………［德］迪特·森哈斯(206)
8　李斯特赶超战略的适用性 ……………［德］奥特弗里德·加贝(220)

第四编　汉密尔顿论工业发展

9　关于制造业问题的报告 ………………［美］亚历山大·汉密尔顿(235)

编者序

大而言之，近代以来的经济学只有两个"范式"，一是当下的自由主义经济学，另一便是之前的重商主义经济学。这两大流派的"范式转移"，即其主导地位的交替，完成于19世纪上半叶。从此往后，自由主义成为经济学的主流学派，而在亚当·斯密开辟的经济话语中，重商主义沦为批判甚至嘲讽的对象，如同后朝笔下的前朝历史。

然而，重商主义就是流行话语中的"荒谬学说""有害体制"吗？它不过就是混淆货币与财富、追求垄断寻租、政府干预无度、排斥市场机制、背弃自由贸易、惯于以邻为壑吗？那为什么从弗里德里希·李斯特、古斯塔夫·施穆勒、约瑟夫·熊彼特，到约翰·梅纳德·凯恩斯、沃尔特·罗斯托、埃里克·赖纳特，这些有历史眼光的大家并未接受这套说辞呢？

带着这样的疑问，多年来笔者对重商主义问题展开研究，更多看到了重商主义的另一面。重商主义其实融汇了金银积累、贸易保护、工业扶植、就业促进、国家干预、强权打造、殖民扩张等诸多政策工具，本质上是一套早慧的国家赶超战略。实证研究足以表明，在民族主义盛行的世界上，无论赞成与否，重商主义都堪称国家赶超的必由之路。问题是，这套早期赶超战略既然行之有效，又为何被取代、遭抨击了呢？

细查经济学从重商主义向自由主义的范式转移，变革的动力并非经济学理念上的进步，主要与英国率先完成工业革命这一历史大变迁有关。虽然英国借助多个世纪的重商主义实践而后来居上，但一旦获得压倒性工业竞争优势，抛弃以贸易保护为核心的重商主义，改行以自由贸易为核心的自由主义，便成为势所必然、理所当然的战略转换。落后国在奋力追赶时倚重重商主义,跨入先进行列后实施自由主义,这种行为模式实乃世界经济史上屡见不鲜的规律,不仅为理解经济学的范式转移,而且为当今落后国选择何种赶超战略,提供了强大的启示。

既然自由主义范式偏向于满足领先者维护领先优势的需要,而重商主义范式更适应落后国推进赶超发展的需要,自可推论:经济学中的重商主义和自由主义并非完全是"历时的";只要这个世界上并存着有自身利益需要维护的领先者和不甘落伍而力图赶超的落后者,这两种经济学应该也是"共时的"。至少可言,重商主义虽在范式上已被自由主义打碎,但其中合理可用的构件,即凯恩斯所谓重商主义的"明智之道",总不该随风飘去。这一点对于落后国非同小可,我们今天之所以还要研究重商主义,着意总结相关的经验教训,理由就在这里。

当然,重商主义是个面广量大、内容庞杂的历史存在。首先,它的时间跨度很大,16—18世纪仅属其高峰期,无论在理念还是政策上,它既没有空前更没有绝后。其次,它覆盖了欧美主要国家,产生过诸多变体,如意大利的"国家经济学派"、西班牙的"欠发达经济学"、英国的"保护贸易学"、法国的"科尔贝主义"、德国的"官房学派"、美国的"美利坚体系"。此外,即使是同一时代同一国家在同一问题上,不管是理论家还是实践者都难免立场相异、观点杂陈。有鉴于此,今人在接触重商主义时,亟需一份总体性导览。为此,本人继撰写《重商主义与国家赶超:世界经济史上的经验和教训》等专著后,再以"历史经验与赶超原理"为主题,专从众多英文资料中编译了这本书册。

全书分为四编:第一编以"重商主义历史总览"为题,收录了J.W.霍洛克斯(John W. Horrocks)初版于1925年的《重商主义简史》(A Short History of Mercantilism)。该著作面面俱到、要言不烦,在十来万汉字的篇幅中溯古述今,遍论世上主要国家与重商主义相关的理念与事件,可谓不可多得的门径佳作。作者特意要展现从重商主义角度看到的列强发展史,的确抓住了世界近现代变迁的关键节点,与编者的一贯立场不谋而合。此书尽管成稿于百年以前,但那已经是能给史上重商主义盖棺论定的恰当时机,相对接近所论对象,也使得在梳理、观察、解读上能拥有比较剀切的视角。只可惜此书在国内外同行中鲜有征引,诚属学林憾事,这次特予译出,希望能为中文界提供一份尚难替代的基本材料。

第二编以"重商主义真相概论"为题,选录了雅各布·瓦伊纳(Jacob Viner)、查尔斯·威尔逊(Charles Wilson)、西尔维亚·梅西纳(Silvia A. Conca Messina)的论作。瓦伊纳的《英国重商主义者的立法建议》,取自其1955年出版的《国际贸易理论研究》(Studies in the Theory of International Trade)第二章。威尔逊的《重商主义的含义与实践》,原系作者1956年发表的小册子《重商主义》(Mercantilism)。梅西纳的《重商主义历史面目再认识》则为作者2019年版《近代欧洲国家政权与经济政策史》(A History of States and Economic Policies in Early Modern Europe)第八章。这三篇的共同特点是,各从不同侧面简明勾勒重商主义的历史真相,做到了大处着眼、举重若轻,正好契合本书的编选旨趣。

第三编以"李斯特论落后国赶超"为题,选录了赶超发展理论先驱弗里德里希·李斯特(Friedrich List)的两篇文献,以及迪特·森哈斯(Dieter Senghaas)和奥特弗里德·加贝(Otfried Garbe)的两篇论文。《〈政治经济学的国民体系〉导言》是李斯特1841年写下的自我思想介绍,《代表工商联合会致邦联议会请愿书》是他1819年执笔的一份公文,均有助于快捷了解李斯特学说。这两篇译自玛格丽特·赫斯特(Margaret Esther Hirst)1909年版《弗里德里希·李斯特生平与文选》(Life of Friedrich List, and Selections from His Writings),可补中文界之缺。森哈斯的《李斯特与发展的基本问题》采自2013年版《迪特·森哈斯:和平与发展研究的先驱》(Dieter Senghaas: Pioneer of Peace and Development Research),加贝的《李斯特赶超战略的适用性》录自1977年《国际经济学》(Intereconomics)第9/10期,二者十分精当地解读了李斯特学说的精髓。

第四编以"汉密尔顿论工业发展"为题,收录了美国首任财政部长亚历山大·汉密尔顿(Alexander Hamilton)1791年向国会提交的《关于制造业问题的报告》(Report on the Subject of Manufactures),选自美国文库2001年版《亚历山大·汉密尔顿文集》(Alexander Hamilton Writings)。这份著名报告着重阐明了发展制造业的必要性与可取性、美国发展制造业的有利条件与既有进步,特别是美国应当如何利用重商主义历来倡导的鼓励手段来加快制造业的成长。该报告既塑造了美国的长远经济政策,又开启了务实的"美国学派"传统,已被公认为美国的一份立国文献,熊彼特誉之为"提出了一项发展纲领","含有极好的应用经济学"。之前国内仅见寥寥数页的极简摘译,现首次全文译出,终可得见其全貌。

以上四编中,前两编着重展现重商主义长期复杂的历史经验,后两编则便于透视重商主义促进赶超发展的机制原理,尽管历史经验与赶超原理往往密切关联。关于这两个方面,各需要说明一点。

其一,虽然编者倾向于大体上肯定重商主义的历史经验,但前两编中所收篇章未必尽然正面评价重商主义。霍洛克斯的简史,还有瓦伊纳的文章,都较多质疑了重商主义的作用。本书之所以收录它们,一是看重其中梳理的史实,二是无意掩盖反面的史料和观点。面对如此复杂的问题,任何人都不应断言自己的解读就全面准确,尽量呈现多面性、适当保存对立面方属明智审慎之举。不过,经过岁月的沉淀,某些问题实已有了答案。例如,霍洛克斯在反对重商主义做法时,除对英国的《航海法》和美国的内战等问题评论偏颇外,明言 20 世纪早期的日本不该把资源投入自身并不擅长的产业中,可这种论点已为战后日本的成功赶超所证伪。此外,他在反思第一次世界大战时把责任过多归咎于重商主义,并对国际的相互依存及其迅速的乐观结果寄予极大的理想主义。无奈,时光流逝虽已百年,今日的保护主义回潮和弃全球化逆流却再次证明,对重商主义的那种简单否定经常是天真和轻率的。

其二,后两编主要用李斯特和汉密尔顿的论作来阐明赶超发展的原理,也许有人要发问,李斯特批评过重商主义,并在长远上认同自由主义,汉密尔顿维护美国的宪政公义,并力主国内的自由竞争,将他们也归入重商主义系列是否恰当?其实,重商主义与自由主义原非水火不容,自由主义本就脱胎自重商主义,重商主义亦非日后描绘的那般荒谬。李斯特与汉密尔顿所倡导的赶超发展战略固然多有新创,但只要对欧洲深厚的重商主义根源有所了解,便不难看到,从强调工业化的迫切重要性到构建幼稚产业保护论,从冷峻看待国际关系再到积极倡导政府干预,他们根本上还是走在重商主义的延长线上。熊彼特也曾指出,汉密尔顿经济思想的"源头可一直上溯到蔡尔德和达维南特等"英国重商主义者,并转而影响了李斯特等人。既然现以范式来区分重商主义经济学与自由主义经济学,则李斯特和汉密尔顿属于前者定然无疑。至于其战略导向的当今适用性,读一下美国《外交事务》(2024年9、10月号)最新专论《动荡世界的大战略:汉密尔顿治国方略的回归》,便一目了然。

在序言的最后,我应当表达心中的诚挚谢意。新华网吕慧主任编辑一向热心为我查找资料,霍洛克斯的书册就是她去年初在国家图书馆找到后复印并快递来的,本书的编成有她的一份功劳。广东省社会科学院徐雅卿博士对重商主义问题很有悟性,是译稿的最早读者,书中的字里行间留下了其支持和帮助。内人张旦红一如既往地为我创造良好的工作条件,尤其是在上海这个超长的夏天,她付出了很多辛劳。上海社会科学院出版社陈如江编审、包纯睿编辑协助完善了书稿,上海社会科学院则慨然资助了本书的出版。群策群力,方有所成,信然,信然。

梅俊杰
2024年10月14日
上海社会科学院世界经济史研究中心

第一编
重商主义历史总览

Ⅲ
重商主义简史

[英] J.W.霍洛克斯*

【作者按】 这本册子旨在对全书主题作一总体概览,无意具体论述其中任何特定方面。如果本书还有某种原创性,那也体现于谋篇布局,而非所呈现的材料本身。作者特向同行研究者致以深挚谢意,即使未能尽然接受他们的结论。

第一章 前　　言

本书旨在对一种体制进行历史的概述,不同国家的政权借助这种体制,力图控制经济生活,从而促进政治独立和国家实力。该体制因重视对外贸易中的收支顺差,被称为"重商体系(Mercantile System)"或"重商主义(Mercantilism)"。重商主义首先涉及政治的和国家的实力这一目标,其次涉及何为此种实力真正基础的某些理念,再次则涉及国家为巩固那些基础而激发并管控农业、工业、商业时所采用的某些方法。[1]

"重商主义"不是一个令人满意的术语,它无法准确地描述,甚至不能

---

* 约翰·霍洛克斯(John W. Horrocks, 1877—1930),长期担任英国南安普顿大学院历史讲师,研究经济史和地方志,著有《重商主义简史》(1925)及南安普顿多卷史等。——编注。

[1] 《新英语词典》将"重商主义"解释为一个由亚当·斯密及随后政治经济学家所使用的术语,指称那个以"只有货币才是财富"为原则的经济理论和立法政策体系,还给出了支持这一定义的若干引语。然而,这一定义相当不充分,实际的含义应该更为宽广。威廉·坎宁安(William Cunningham)关于"重商主义者"的一句话表达了更宽的含义,他说:"重商主义者认为,应当调控资本利用的方向,借以维护国家的实力。"——J.W.霍洛克斯原注,下同。

恰当地提示,用以指称的那套理论和实践的复杂本质。人们批评它不是所指太宽泛便是所指太狭隘,据知,有关策论从未获得过作为一个明确体系的连贯性,仅仅呈现为一种颇为强大的趋势,或者数种趋势的组合,或者各种权宜措施的集成。而且,我们也不能以为它典型地表达了重商精神,因为重商精神未必会赞成国家的指令,也未必愿意去攀附政治独立和国家实力之类的理想。此外据称,让它获得现有名称的那种特征只不过偶然得自倡导者的有关说教,"重商"这一说法完全不足以说明术语想要表示的那种体制的范围或初衷。

但另一方面必须指出,世人所称的"重商主义",即这里沿用的这个宽泛又特定意义上的"重商主义",始终有着大体相同的总目标;它始终立足于某些大体相同的总原则,尽管其中这个或那个原则会在不同时期和不同国家或受到忽略或受到特别强调;其政策手段为适应各种需要固然互有差异,但由于它们与总目标和总原则相关联,会始终展现强烈的同类相似性。因此,称该政策为一种"体制"也还是合适的,前提是,别把这个词语理解为指称僵硬不变的一整套规则和做法。

进而言之,虽然"重商"这个形容词受到指摘,但世人尚未提出一个适当的词语来取而代之。假如换用"商业"一词,那照样会受到非议。[①]至于"工业主义",本来这是亚当·斯密(Adam Smith)之后古典经济学家为标榜自己思想而使用的名称,其德国批评者弗里德里希·李斯特(Friedrich List)却宣告,该术语倒是适合用来替代"重商主义"。理由是,重商主义者一心一意要建立本国工业,相反,斯密及其门徒宣讲"交换价值"那一套,惯于低估本国制造能力的重要性,如此说来,斯密学派才真正是"道道地地的重商主义"。[②]不过,李斯特之所以持有这个观点,部分是因为他对重商主义作了选择性解释,部分是因为他未能认识到斯密言论与英国产业的相关性,因此,单纯调换名号并不能切实改善术语的命名。有时候人们也采用"限制性体制"一词,该术语一味强调重商主义政策的负面性,并且依其最著名的实践者而名之为"科尔贝主义(Colbertism)",[③]如此命名

[①] 亚当·斯密称呼它时用了不同的名称,如商业主义、重商主义、重商学说(*Wealth of Nations*, Cannan ed., I, pp. 395, 401)。

[②] F. List, *National System of Political Economy*, Lloyd tr. (1904), pp. 269, 276, 280, 283.

[③] 让-巴蒂斯特·科尔贝(Jean-Baptiste Colbert)系路易十四的大臣。

其实遮蔽了重商主义的历史轮廓与历史意义。重商主义是经济民族主义的一种体制，但经济民族主义体制未必就包含历史上重商主义的那些显著特征。李斯特把自己的经济构想称为"国民体系（National System）"，他尽管列举了自己眼中重商主义的优点，但还是着重指出了重商主义的缺点，故而在其国民体系中，重商主义那些权宜之策仅具有临时性、短暂性、相对性地位，哪怕李斯特学说的影响力主要体现于重商主义这一面。有鉴于此，既然缺乏一个满意的、公认的替代性术语，不妨保留大家已经熟悉的现有术语，姑且用来指称眼前要论述的主题。

研究重商主义实际上就是从一个特定角度来研究近现代文明史，这个角度代表了民族和国家在近现代政治与经济演进中反复出现、具有共性的一个侧面。重商主义几乎总是跟本国自私自利、自我意识的成长相关联，它主张增强国家实力，此乃自我防卫和向外出击所必需；主张民众的经济利益必须从属于、服务于国家实力，反过来，国家实力则必须用于捍卫并促进本国民众的利益，这些利益有别于甚至对立于他国民众的利益。重商主义主张那种排他性、侵略性的经济民族主义或爱国主义，只要这些特质成为一个地方的主导精神，无论那里处于专制统治还是宪政统治下，那里所鼓励的经济政策往往会追随堪称典型的重商主义路线。

重商主义的理论与实践在形成时融汇了理念、制度及相关历史条件，要完整阐述重商主义问题，将需要追溯这些理念、制度、条件，并会牵涉重商主义政策过程及其在各国变迁的历史，以及种族、社会、地理复杂性对它产生的影响，还有它在国内和国外尤其是在和平与战争的交替中所产生的影响，此外也会注意到重商主义理论与体制中有哪些因素遭到淘汰，又有哪些因素得以保留。我这本书册当然无意开展如此面面俱到的查究，以目前的历史知识状况而论，是否可能展开这种查究其实都大可存疑。针对长时期内诸多地区的政治经济理念与实情，目前的研究尚未得出一锤定音的结果，无法为全面深入的重商主义研究提供必要的资料，该话题所涉及的领域充满了悬而未决的疑难问题和不明事实。名称上的众说纷纭，只不过反映了对于实事本身的意见分歧。例如，重商主义或者它的苗头最早在什么时候出现于这个或那个国家，它的普遍流行曾经达到何种程度，在不同国家的不同时期产生过何种结果，这位或那位理论家、统治者或主政者是否或者在多大程度上可以归入重商主义者行列,最后还有,在理论和历史层面上,应当在多大程度上捍卫或谴责这一体制——在这些问题上大家看法各异。随着研究的推进、知识的丰富,针对某些必须梳理或涉及的问题,很难再去笼而统之地下结论。

当然,本书所呈现的概览中,自会有不少大而化之的论断,但当我不加限定地立论时,并不是说我自己没有意识到,如果更细致地论述这些问题,肯定还需要进一步修饰观点或列出某些例外情形。书中只能细论几个领先国家的重商主义史,民族主义精神的任何共同趋势,如同其他驱动力一样,只能从它在一国所采取的具体形态中得到最好的解读。至于为何要对英格兰和不列颠的历史给予特别的重点考察,那是因为在总体关注之外,还没有哪个国家的历史能像英国史那样,可以让人如此清晰地了解重商主义兴衰的先后阶段。[①]

然而,重商主义这个话题,即使就英格兰或不列颠的情况而言,也远不止于满足人们的历史好奇,毕竟它跟我们面临的当下问题仍有很大的关联性。事实上,这种关联性之强大使得我们在解释历史时很难做到不偏不倚。研究重商主义会扯出不少问题,它们在实质上或在表面上都与近期热议、莫衷一是的现实话题密切相关,乃至让人免不了要"以今释古"。以今释古是作任何历史评判时都应谨防的毛病,但在本书这样的考察和立论中,我还是深感存在那种打通古今的特别冲动。当今的自由贸易者可能难以充分估量当年的历史条件,正是那些历史条件使得重商主义应运而生并发挥作用。同样,当今的反自由贸易者由于心怀跟旧重商主义体制相近的那种精神,虽则身处一个时过境迁的局面中,却仍可能忍不住要借用重商主义方法来寻找政策思路。

但是,重商主义的当今适用性不单单体现于从过往历史中学到教训或获得警示。人们讨论重商主义时,惯于把它当作约一百年前便已实际结束了的政治经济阶段。可按照我们正在采用的宽阔视野,不难发现面前这个考察对象其实一直延伸到了当今时代,因为重商主义政策依然在

[①] 参见 *Dictionary of Political Economy*,II,p. 727a 关于 W. A. S. 休温斯(Hewins)的介绍。

运转中。它要么是按照旧的套路在推行，比如日本就再现了伊丽莎白（Elizabeth）时代国家经济的主要特征；要么是经历了新的调整和适应，比如在西方列强那里。世人常常用"世界经济"这个术语来指称当前的新局面，该局面脱胎于并体现于生产、运输、通信的改善，商业在物质上和地理上的扩张，资本主义企业活动跨越政治边境向外延伸，蒸汽和电力时代影响经济利益的国际安排在日益成长。然而，这个所谓的"世界经济"尽管必定塑造着国家经济的运行，但并未替代国家经济，拥有权势的经济单元依然是民族或民族国家。况且，就在一定范围内迈向经济国际主义之际，继旧重商主义在19世纪生长出保护主义政策之后，更又产生了一种新重商主义。这种新重商主义就在不断成长的"世界经济"环境中形成了其诸多特性，却与"世界经济"大唱反调，本次世界大战中所发生的国际摩擦很大程度上应当归咎于此。

英国很久以前即已抛弃重商体制，即使前述新重商主义运动在其他国家高歌猛进时，英国也仍继续实行自由贸易原则。只是及至19世纪末，美国和德国起而挑战英国的工业霸权地位，加上其他原因，才终于触发了一场激烈变革，体现为英国财政政策的急剧转向。约瑟夫·张伯伦（Joseph Chamberlain）先生的"关税改革"宣传得到了某种混合体的支持，该混合体便是在旧的重商主义理念中加入新的帝国精神。旧重商主义的核心内容是，殖民地利益必须从属于母国利益，可是，殖民地革命及宪政进步彻底改变了这一形势。事实上，自治的殖民地自己也建立了呈现重商体制某些基本特征的国民经济，甚至还拒不接受加诸其身的"殖民地"这个称谓，理由是该说法带有低下劣等这样的含义。英国的关税改革者们因应这些新情况而提出建议，拼凑起以下这些理念：英帝国的经济统一和自给自足，对国家单元的保护，帝国特惠制，关税报复，着眼于为英国产品进入外国市场赢得更好的条件。这场战斗在和平年代并未取得太大进展，直到重商主义的好斗成性酿成世界大战后，所谓"单边自由贸易"招致毁灭这种不实之词便不攻自破。经过一场大战，国与国之间用鲜血凝结起一大教训，那就是，国家之间终究需要相互依存。

然而，在战争的巨大冲击下，重商主义还是找到了一定的市场，这也不足为奇。由于国家管控突然异军突起，也由于大英帝国的内部联合因军事采购需要而得以加强,帝国特惠制这一张伯伦先生的政纲要点随之得到接受。战争对抗结束以来,特别是自从战后繁荣崩塌以来,令人忧虑的民族主义再次回潮,它带有强烈的重商主义印痕。在保护主义本已显著的各国,大家简直是争先恐后地提高关税,那些新组建的国家也急切竖起关税高墙。英国亦展现了自给自足这一重商主义观念,通过立法要维护关键产业及其他产业,一场关税改革运动最近又卷土重来。但所有这些活动都难以掩盖一个真相,即世界大战已经迫使各国经济必须接受新的方针,即应当促进国际团结。目前的国际联盟(League of Nations)盟约部分体现了这一方针,未来的保障只能寄望于这种国际团结。这与采用本国国家机器、推行排他性经济民族主义或帝国主义可谓截然对立。旧的或新的重商主义都以经济民族主义或帝国主义为特质,而新方针指向一个最终将崛起的真正的"世界经济",身处其中的各国经济都将服从于国际协议所阐明的相互依存精神。

第二章 古代的重商主义

本书以重商主义的绵延历史为主题,该历史属于近代多个世纪,当时,民族和国家随近代的货币和信用经济一起成长。推动确立重商主义的相关因素,必须主要从中世纪迈向现代文明的那些阶段中去查找。然而,重商主义的某种精神先导、某些基本理念,以及作为其具体表现的某些实际计策,毫无疑问皆可上溯至古代世界的政治经济生活。事实上,就古希腊或古罗马历史中若干最突出的事实和方面,人们已提出了重商主义的或部分重商主义的解释。不过,有关解释未能完全避免以今释古的毛病,体现为惯于给古代证据加上太过现代的一种解读,在缺乏充分把握的情况下径直依照现代的思路去填补古代的空白。而且,自旧秩序在西方崩溃后,在政治经济的趋势与过程这一领域,我们似乎只关注从头开始的全新进展,而不太关注由来已久、至今熟透的历史变迁。今人的关心焦点主要是经过多个世纪变迁后的目前经济状况,所以总以为没有必要深入古代政治经济体制去考察重商主义的渊源。

众所周知,货币产生于古代社会的经济活动,并随后发挥了重要作用,当时的人们普遍持有一种准重商主义看法,把铸币或非铸币的贵金属当作财富的首要形式,这种看法对公共政策产生了影响。同时,国家的自给自足也是习以为常的观念,认为国家政权要掌控个体和社会活动的经济及其他方面,这也是一种通行常识。在商业活动流行的社会,国家机器会无所顾忌地支持商业并确保从中抽取财税。希腊文和拉丁文的古代作品中,均可发现那些能跟重商主义相关联的理念,实际体现这种关联性的政策举措和行为模式则可见于希腊、罗马、迦太基(Carthage)的公共实践。不过,当时的相关条件尚不足以让那些理念和实践发展为系统的重商主义,或者组合成一种明确的重商体制。权力意志、家长式威权、国家的最高控制固已暴露无遗,但一般而言尚未达到为政治权力而对经济生活进行专门管控的程度,也尚未达到为增加国家经济资源而专门动用政治权力的地步。政治与经济的彼此配合、相互推进,以及所涉及的具体方法,正是重商主义与众不同的标志。古代的城邦国家当然也体验过类似于重商主义的思想感情,某些情况下还比较明显,但它们从未将此打造成某种环环相扣、面面俱到的重商主义纲领。①

有些人没有就事论事地看待重商主义,相反认为它包含了商业垄断与扩张的普遍精神,明显可见于古代世界的历史进程。他们还在这种重商主义中看到了古代国家争权夺利、交相征伐的根本缘由。于是乎,大历史学家竞相书写的伯罗奔尼撒战争(Peloponnesian War)也可如此加以解读,哪怕修昔底德(Thucydides)本人并未这样记述。按照这种重商主义史观,伯罗奔尼撒战争不过是一场古老商业争夺的军事阶段,起因是雅典人一门心思、咄咄逼人地要夺取并控制谷物供应、贸易线路、外部市场,等等。②这种观点特别强调,在古希腊史的后期或希腊化时期,政府是如何这般让外交、让军队去为商业服务的。③同样,迦太基也被视为一个众

---

① 关于古代经济理念,除参考书目说明中提到的作品外,参见 A. A. Trever, *History of Greek Economic Thought* (1916); E. Simey, "Economic Theory among the Greeks and Romans", *Economic Review*, X (1900), pp. 462 sq.。但请注意坎宁安的说法,即重商主义的原则看来并未在古代得到清晰阐述(*Western Civilization*, I, p. 138 n.)。

② 特别参见 F. M. Cornford, *Thucydides Mythistoricus* (1907); G. B. Grundy, *Thucydides and the History of His Age* (1911)。

③ G. Glotz, *Le Travail dans la Grèce ancienne* 一书对此作了强调。

所共知的类似案例,无论在和平还是战争时期,其国家政策据认为纯粹听命于商业野心。诚然,迦太基的治国者是在追求一个目标,要赢得市场并开发市场,要把庞大商业领域的好处统统留给自己;要冷酷无情地让殖民地的经济利益服从于宗主国的利益,特别是要禁止或严厉限制殖民地与第三方的交往。就此而论,迦太基这个城邦国家提供了一个利己主义殖民体制的早期案例,这种殖民体制将成为近现代某些民族国家重商体制中的突出环节。①

此外,不仅迦太基的历史,而且最终打败迦太基的罗马的历史据称也可用重商主义的套路来解释。按此历史观所描述,罗马的世界征服实乃用民族主义手段全力投入商业霸权的一种结果。②这一描述要我们相信,帝国拓展时期的罗马便拥有跟近代欧洲(特别如17、18世纪)并无实质差别的文明,还要我们看到,当时罗马的外交政策即已受到某些思想的影响,这些思想类似于近代重商主义者提出的思想。上述历史片段,从罗马的高歌猛进、希腊的黯然失色,到科林斯(Corinth)为罗马所灭、迦太基遭罗马吞并,都得到浓墨重彩的描述,成了侵略性重商民族主义谱系中的历史事件。总之,依照这种描绘,罗马帝国主义纯由经济动机发展而来,那种经济动机跟近现代欧洲列强的帝国主义动机在精神上遥相类似。③

然而,面对这一极具现代风格的古代史解读,有必要细加辨析。在导致伯罗奔尼撒战争的一系列事件中,经济因素显然发挥过积极的作用,但同样显而易见,其他因素也在起作用。至于经济因素是否占据首要地位,远非一目了然。对于按同样方式解读过的古希腊其他若干战争,其实也应作如是观。④对迦太基重商主义的解读,只就所表明的范围而论,倒没有太引发争议。但必须记住的是,我们对迦太基的印象基本上来自充满敌意的叙述,留给我们的这些叙述并未比照迦太基当地的编年记载加以

---

① 关于迦太基的政策,参见 S. Gsell, *Histoire ancienne de l'Afrique du Nord*, II (1913)。
② G. Ferrero, *The Greatness and Decline of Rome*, I, 译自意大利文(1907), pp. vi, 43。
③ Tenney Frank, *Roman Imperialism* (1914), p. 277 提及 Mommsen, Wilamowitz Moellendorff, Colin, Ferrero, Heitland 著作中的典型篇章。
④ W.S.弗格森(Ferguson)等人在讨论古代国际争夺与战争的经济原因时的有关看法可资参考[美国历史学会的 *Annual Report for 1915* (1917), pp. 34, 35, 113 sq.]。

核对，且甚少得到考古发现的确认。西奥多·蒙森（Theodor Mommsen）、古列尔莫·费雷罗（Guglielmo Ferrero）给我们传达了他们眼中的罗马帝国主义，这些版本最近却遇到了泰尼·弗兰克（Tenney Frank）教授等人的强力挑战。挑战者断言，通常引用的那些篇章不能真正支持有关理论，那种理论与其说立于古代记录的有力佐证，莫如说立于后人解读古代记录时所带入的、来自近现代史的观念。古罗马的共和政府对于外贸显然兴味索然，它对占领地的行为方式肯定有别于我等期待，也即如果我们认定商业扩张是其决定性动机的话，它的所作所为本不该是那样的。在帝国时代，罗马的战争几乎一成不变地都是防御性的，不管在战争起源上还是战争目标上皆如此。①从经济角度解读历史，确能在迦太基的兴衰中找到比较契合的素材，但是，当用来阐述希腊和罗马的文明基础时，这种解读似已过犹不及。

古代世界的最后几百年里，贵金属处于匮缺状态，这使得古罗马政权不时采用带有重金主义（bullionism）的权宜之策，即限制贵金属的输出，尽可能让流通的贵金属留在自己手里。可是当时的政策在方向上绝非一以贯之，无论是罗马还是其他任何古代国家都没有达到后世那种理念层级。当人们在理念上贴近重商主义，乃至令重商主义这一名称应运而生时，他们会自然想到，获取财富的最佳方法就是维持贸易顺差，从而保证涌入一国的钱币量要大于从该国流出的钱币量。古罗马或其他国家尚未形成相关的理念，尚未认识到可以设计一种进口关税，借以保护本土产品的加工制造。不必怀疑，缺乏金银条块确乃罗马文明衰落的诱因之一，人们通常主要按重商主义原理解释说，金银匮缺是因为出口无法抵销进口，所以造成大量金银流往东方用于支付。然而，这方面的证据极不充分、令人生疑，出口贸易的实际规模迄未得到足够的估量。②金银匮缺的情况，

---

① 参见 Tenney Frank, *Roman Imperialism*, c. xiv; N. Baynes, "Rome's Foreign Policy and Trade Interests", *History*, New Series, II, pp. 238 sq.; G. W. Botsford 前文提及的讨论。G. Salvioli, *Le Capitalisme dans le monde antique*［译自意大利文（1906）］抨击了对古代史的经济问题进行"现代化"，但又过分受到了马克思主义关于资本主义晚近才出现这一观点的影响。

② 参见 W. L. Westerman, "The Economic Basis of the Decline of Ancient Culture", *American Historical Review*, XX, p. 728。

其实不必诉诸贸易逆差这个假设便可得到充分的解释。

古代世界的重商主义最终往往产生破坏性结果,这是不争的事实。假如我们把迦太基看作一个重商主义殖民政策的先例,那么,在迦太基的危急时刻,那些属地并未跟它站在一起,这个先例预示了殖民自治领在现代重商主义体制下的命运。在古代世界的希腊化地区和西部地区,都曾流行过国家对工商业的过度管控,甚至在公元4世纪中叶前后还曾达到顶峰。①这种过度管控表明,经济自由的丧失实乃希腊-罗马文明崩溃的一个重要原因。随着西罗马帝国的覆亡,社会重新回归自然经济即以物易物的经济,仅在拜占庭(Byzantine)或称东罗马帝国保留了货币经济。在此背景下,欧洲西部的政治经济演化不得不从头开始。

第三章　近代重商主义兴起的原因

近期的研究让我们大大了解了以往常被贬称为"黑暗时代"的中世纪,某些方面还出现了一种颂扬中世纪的趋势,其风行程度一如曾经对中世纪的同声谴责。然而,越是了解那个时代,看来就越有必要在上述两个极端之间保持中道原则。我们既要关注理论领域,也要关注实践领域,必须始终同时考察二者的相互影响和相互背离。②

随着西罗马帝国的覆亡,旧秩序一朝瓦解,想要建立一元化文明的构想就此遭受致命打击。不过,四海一统的观念还是在世人心灵中占据着强大地位,这种观念部分来自过去的罗马帝国主义,部分则受到了基督教势力扩张的鼓励。一统观念后来在神圣罗马帝国(Holy Roman Empire)这个怪物身上找到了支撑点,神圣罗马帝国显然是基督教塑造下的一种复辟,它把皇帝及教皇统领的基督教世界那种一统观念带到政治和教会理论的突出位置。可是占主导的这种一统观念多少忽略了当时正在变迁的现实,毕竟实际存在着分裂状态,某些地区的分裂也在采取若干新形

---

① 参见 W. A. Brown, "State Control of Industry in the IV Century", *Political Science Quarterly*, II, pp. 494 *sq.*。

② 关于中世纪的理念,参见 V. Brants, *L'Économie politique au moyen âge* (1895); G. O'Brien, *An Essay on Mediaeval Economic Teaching* (1920)。

式,这些情况反过来也会潜移默化地影响理论观念。各据一方的政治实体其时多种多样,在村社、采邑、城邦、领地邦国,人们实施统治或者受人统治,在某些区域,民族国家开始缓慢地贯通整合。经济组织的单元是家庭、封邑、村社、城市、城市同盟,带有邦国或国民经济性质的实体尚在渐次发育中。成长中的民族国家是古代民众几乎闻所未闻的形态,它拥有范围特定的本国经济,同时,货币经济在滋长,蚕食着旧帝国崩溃后在西欧回潮的自然经济。这些都是重商主义得以兴起的基本要素。

教会的教义并未发生调整,它支配着思想和理论的王国,不会赞成上述进展。基督教敦促信众们要以天下为怀,要心存人间博爱,不要分裂为各谋私利的国家,不要排外地崇奉民族主义。在基督教看来,货币经济的发展其实隐含不劳而获的因素,于是谴责高利贷或收利息的行为,因为它们既有悖于基督教的原则,也有违亚里士多德(Aristotle)所说的自然法则。[1]然而,世事变幻乃大势所趋,必定会对抗教会当局阻挡进步、保守僵化的态度。以十字军远征为例,尽管教会出于宗教目的而予以护佑,但远征所产生的主要结果之一,还是大大拓展了商业活动及随后货币经济的范围。论者有言,十字军代表了宗教国际主义,有助于人们在思想上接受经济国际主义,12、13世纪确凿无疑的特征是,出现了便利欧洲各地彼此交易的更自由的安排。[2]不过,随着时间的推移,最终也见到另外的结果,即统治者的抱负也在强化和伸张。他们的目标是要把自己的领地扩展为经济集中管控的统一国家,从而作好充分准备,在商业等各个领域去跟其他政治经济组织展开竞逐。因此,实际情况是,为人类行为各方面订立规矩的教规专家们,也会根据所看到的周围实情而调整教义,以便在面对那些无法遏制的趋势时,尚能勉力规范之。在此过程中,到15世纪,他们逐

---

[1] 亚里士多德的论点显然立于这一事实,即,希腊文中"利息"一词也指"孩子",这等于说利息就是本金的孩子。因为货币没有子孙,所以他断言,从货币放贷中获取的货币便是非自然的所得(参见 Aristotle, *Politics*, I, x, 4, 5)。关于这种诉诸词源学的方法,以及亚里士多德的经济理论在中世纪的影响,参见 E. Barker, *The Political Thought of Plato and Aristotle* (1906), pp. 387-390。但也有人表示,这个基于词源学的论点并非严肃认真的结论(参见 Trever, *History of Greek Economic Thought*, p. 35)。

[2] 有关这一阶段的经济政策,参见 P. Imbart de la Tour, *La liberté commerciale en France aux XIIe et XIIIe siècles* (1895)。

渐推演出一套全面系统也务实有效的经济教义。①

基督教教义的影响部分是直接的、部分是间接的，部分是有心而求的、部分是无意而成的。它因信仰人间博爱而强调众人联合，这一原则无疑激发了各地的基层行会和市政团体，其经济政策指明了迈向国民经济之路，以国家为单元的经济将仿效并大体上取代原来的行会社团。教会强调有必要为了群体的利益而管控工商经营活动，在城市体系中，这种信念由原先着眼于照顾普天下的利益，转变成仅仅照顾本团体相对于他团体的利益——这套观念后来延伸到国家的范围。此外，教规专家们稍加变通，有限度地容忍了货币经济的某些特征，先前他们对此可是严加斥责的。如此应变实际上又向崇尚货币迈进了一步，对货币的崇尚正是重商主义成熟后的一个特征。与此同时，尼古拉·奥雷斯米（Nicholas Oresme）等作者，②虽没有洋溢重商主义精神，但已开始从国家的立场而不是从个人或城市的立场讨论经济问题，由此便踏上了国民经济的演化进程，重商主义行将从中脱颖而出。

总之，正是那种排外独占的城市经济，为排外独占的、属于重商主义的国民经济树立了榜样。③城市及城市经济的兴盛史呈现了许多难点，尚无法很有把握地来评说这些难点，但大致可见，实质性的重商主义是从城市组织那里系统发端的，城市的自我意识首先着眼于摆脱领主或君主烦人的严苛要求，进而则希望获得作为自立共同体的特许权。各地的城市都演化出可描述为"城市重商主义（civic Mercantilism）"的东西，其共同点就是力图实施限制和垄断，所追求的目标不外乎特定行业的利益，或者本城市内消费者的利益，或者作为经济单元的本城市有别于其他城市或周边农村的利益。在任何一种边界范围内，加工制造都要受到价格、质量、销售等方面一系列监管条例的约束，而且针对外部世界还要构筑起自

---

① W. J. Ashley, *Introduction to English Economic History and Theory*, II（1913），p.379 介绍了有价值的篇章。

② 尼古拉·奥雷斯米是 14 世纪的法国学者，有关其著作与影响，参见 Cunningham, *Industry and Commerce*, I, pp. 355-359，但关于原初性问题，可比较 *Dictionary of Political Economy*, III, p.43。

③ 关于城市经济，可比较施穆勒（Schmoller）、坎宁安（Cunningham）与格拉斯（Gras）、乌舍（Usher），其著作在本篇参考文献说明中已有提及。

我保护的壁垒。有关习俗和做法在不同地方会各有差别,即使在同一个国家,有些城市会相互给予优惠,其他一些城市则可能为了管理共同的贸易利益而联合起来。然而,尽管城市之间的差异性实际上比理论上要大很多,但城市经济大体是一种城市利己主义经济,着眼于保护本城本市的工业,争取在与其他地区的交往中维持顺差。城市边界的入口处,会对外来输入商品收取路费和关税,外乡人在特定地区的定居也会引来猜疑和敌视,除非能给本城市共同体带来某种有目共睹的好处。

  在中央权力虚弱的德国,自由城市获得了巨大的财富和实力,走上了一条纯粹自顾自的道路,从而成为德国统一进程中的严重绊脚石。虽然汉萨城市(Hanse cities)结成过商业同盟,预示了全国性商业体制的方向,但名义上的统一并未在实践中达到应有的程度。不过,意大利提供了一个最引人注目的中世纪城市案例,那里的寡头制威尼斯共和国作为组织严密的经济单元,追随了一种排他性的重商政策。威尼斯其实试图确立自己的独立国家地位,其分布广泛的商业活动受制于最细密的国家管控,连商船队该走的线路也由政府指定,且由战舰护航,举凡航程的期限、装载的货物、商品的买卖价格一概需要听命于政府。更有甚者,政府自己参与商业经营,并且保有某些商品的垄断权。随着商业和航运的发展,国内工业也获得发展,它们享有几近禁止性关税的保护。如此严厉的管控某种程度上也正当合理,毕竟商业活动面临着海盗和战争的危险,管控体制原本就由它们引发而来。但可以肯定,这套体制在不再发挥原定作用后却依旧保留下来。遏制竞争会滋长民众的懒惰,危及本可助长实力的那些品行,而维护实力原就是管控的初衷。威尼斯为了自身独家利益而垄断性地剥削所取得的属地,这个图谋便是它走向衰落的一个原因。[①]

  近代欧洲民族国家的形成是个绵延多个世纪、一直延伸至今的过程。英国领先一步赢得了国家统一,而法国领土归由君主直接控制,西班牙几部分统由一个王室统治,都要到16世纪才告完成。至于那些二流的民族

---

  ① F. List, *National System of Political Economy* 中关于意大利人的一章主要涉及威尼斯。可比较 Marshall, *Industry and Trade*, pp. 687-688,以及他对李斯特有关威尼斯衰落之解释的批评。

国家,它们在中世纪晚期始终在强化自己的身份,至此也已站稳脚跟。德国虽在选帝侯下享有名义上的统一,实却四分五裂,封侯邦国是那里的主导政治形态。在意大利,城邦继续独当一面。德国和意大利因为跟神圣罗马帝国相关联,所以其国家演进受到阻碍,都要等到19世纪才能迎来统一。在早期的统一和巩固这项任务中,需要中央政府向手握地方独立权的封地和城市主体声张权力。领土或民族国家的成长也伴随着一项政策的成长,此即,统治者力图把自家的管控扩展到自己版图范围内的一切活动领域。随着商业的扩张及经济利益的开发,在王公大臣的头脑中,经济统一与政治统一携手而进总体上成了一个自然的趋势。因此毫不奇怪,当他们的政策变得更加系统连贯时,可以发现在其规模更大的领土或民族国家范围内,他们所竭力推进的政策在精神上类似于中世纪城市、城市同盟、城邦国家所采取的那种自利性、排他性、保护性经济政策。

在西欧兴起的所谓"新君主制(New Monarchy)"以巩固王朝、强化国家为理想追求,这是人称文艺复兴运动的一个侧面。古典学问的复兴最终促进了个体在社会中地位的上升,但人文主义者在努力把人的精神从中世纪束缚中解放出来时,又倾向于主要向君王权力寻求支持,并因此强调国家职能对于规范群体生活的重要性。如此看来,人文主义者的学说具有转型期的意义,它们部分反映了、部分塑造了世人对统治者的观念,即统治者为了人民及国家或国民经济的利益,应当行使某种家长式的权威,以增进自己所控制的这个政治实体的强盛和独立。文艺复兴从异教者的古代世界里吸取了大部分的精神,宗教改革则致力于向基督教的古代世界回归。但就它们对重商主义问题所产生的政治影响而言,二者并无太大差别,因为双方都崇尚世俗权力。有人认为,宗教改革的最大成就在于促成了现代国家。[1]也有人专就英国而称,现代国家的最大成就在于促成了宗教改革。[2]这些看似矛盾的表述其实道出了一个事实,即,宗教改革和现代国家一起源自要摆脱中世纪束缚的那同一场运动。当然,变化的次序在不同国家会有所不同,某些案例中,对新教的接纳反映了国家

---

[1] J. N. Figgis, *Cambridge Modern History*, III, p.736.

[2] A. F. Pollard, *History of England* (1912), p.94.

的权力意志,其他案例中,接纳新教则正好符合要建立强大民族国家或诸侯邦国的纲领。然而,即使在追求旧宗教体系的统治者那里,增强国家实力的理念也大受欢迎,在经济上便体现为天主教国家和新教国家同时追捧重商主义。①

15、16世纪的探险事业把东西两半球的广袤天地揽入西方列强的控制范围,并开始把排他性的重商主义精神注入殖民体制中,形同之前迦太基和威尼斯的先例。美洲新大陆的发现不仅赐予西班牙一个殖民帝国,而且为它带来了大量贵金属,此时正逢欧洲亟需增加钱币供应量之际。贵金属的涌入让西班牙成了一个看重金银的强国,其他国家截然对立的处境则促使它们构想出一套理论,即贸易顺差理论或贸易差额理论,这一理论尤其跟重商主义挂钩起来。中世纪晚期的特点是,一方面,商业活动在增长,货币经济在蔓延;另一方面,支撑经济的贵金属供应却不断减少,欧洲的城市和国家都十分在意要维持国内的贵金属存量,哪怕大幅增加的希望比较渺茫。对黄金的需求和贪婪,炼制或找到黄金的渴望,由此转化为降低铸币成色、激发炼丹风尚、刺激海外探险,并且塑造着国与国之间正在演变的彼此关系的本质。

亚里士多德及教规专家们纷纷谴责个体之间的交易,他们相信,一方之得必然意味着另一方之失。此时流行开来的观点认为,这个原则也同样适用于国与国之间或者群体与群体之间的商业活动,只不过如今应该不加指责地接纳商业活动。同时大家感到,既然钱币如此紧缺,必须努力保证实现盈利,此即用钱币衡量的盈余。禁止出口贵金属可谓简单粗暴的权宜之计,旨在保持国家的钱币供应量。为此,需要管控本国人与外国人的交易,以免钱币向外流出,由此采用的手段已趋复杂,但依然没有想到要把一国贸易当作一个整体来看待。无论如何,早在14世纪晚期,人

---

① 关于人文主义和新教思想对经济理念与实践的影响,参见 *Dictionary of Political Economy*, I, pp. 337–339, 285–286。M.L.汉尼比克(Hennebicq)从新教对《圣经》的解释中找到了英国政治和经济帝国主义的源头,Hennebicq, *Genèse de l'imperialisme anglais* (1913);坎宁安博士把源头归于加尔文主义与资本主义的联合,Cunningham, *Christianity and Economic Science* (1914), c. 5; G.奥布莱恩(O'Brien)认为新教促进了资本主义和社会主义,O'Brien, *Essays on the Economic Effects of the Reformation* (1923)。这些著作的总趋势是把太多的东西,不论直接的还是间接的,都归因于新教。

们已经构想出了贸易差额理论,而16世纪贵金属的大量涌入,加上商业活动的扩展,则越来越给国家政策带来一个新理念,即使相关的国家政策未必总是有意设计的。这个新理念就是要把金银钱财的获取,跟恰当地开发并管理对外贸易联系起来。

西班牙可以直接从矿山获取金银,但没有此类资源的国家显然只能靠间接手段去获得想要的贵金属。喜爱钱币原属人之常情,这种喜爱会随商业的发展而上升。况且,就在领土和民族国家的兴起过程中,国家或邦国间的嫉妒心也随之加剧,这会导致战争频发,而俗话又说"钱币乃战争之命脉"。尼可罗·马基雅维利(Niccolò Machiavelli)确实批评过此言,他针对流俗观念告诉我们,钱币不是命脉,战士才是战争命脉,钱财带不来好战士,好战士却能带来钱财。①这些看法与他对国家军队的重视互为表里,毕竟他认为,国家军队是为钱财之外的东西而战,不同于基本上只为钱财而战的雇佣军。马基雅维利对国家军队必要性的强调,完全契合最广义的重商主义普遍精神,至少在英国,这种最广义的重商主义就不是单纯着眼于装满钱袋子,而是致力于培养生机勃发的人口,优秀的战士只能从中而来。不过,时人看重钱币价值,既视之为商业资本,也视之为政治资本,于是在实践中、在理论上更加用心地构想出贸易顺差的理念。其时的背景是,西班牙未能成功地守住并独享金银,钱币供应量在整个欧洲都有了增长。按照贸易顺差或差额理论,一国内部流通的钱币不会增加国家的财富,增加财富的最佳方法莫过于实施一种经济政策,用特定方式既支持外贸又管控外贸,从而保证本国向外国的销售大于从外国的购买。且不论西班牙如何做,其他国家看来只有通过成功管控贸易差额,才能最有把握地获得自己想要的财富。在此过程中,通过鼓励本国的工业发展,也可促进一国的实力和独立。

第四章　英国重商主义史:前殖民时期

英国重商主义史的突出特点是,它能完整展示重商主义几个阶段的

---

① Machiavelli, *Discourses*, Bk. II, c. 10 专门论述了这一观点。

基本情况。由于地理上孤悬海外,英国尤其倾向于试行一种只顾本国利益的经济政策,于是,随着国家体制建设的推进,重商主义的特征不久即崭露头角。重商主义的明确成形是在英法百年战争结束后,那场战争令英国与欧洲大陆几近隔绝,领土加莱(Calais)的丧失更让英国闭关自守,重商主义随后便毫无悬念地流行起来。及至伊丽莎白时期和斯图亚特(Stuart)时期,英国大举跨海扩张,始得有机会将排他独占的特性延伸至殖民政策中。之后,英国失去了旧式的北美种植园,加之在工业革命中一马领先,由此带来的新局面促使英国放弃原有的运行体制,毕竟那已明显老旧不堪,无法适应时过境迁后的新形势。

不过,上述事件的先后次序虽清晰可见,但人们对英国重商主义的兴衰历史绝非了如指掌。为能恰当探讨这一主题,有必要深入研究相关的中世纪经济和近代经济。英国国家政策中何时显露重商主义的苗头,人们对此看法不一,这一点本属正常。要解答这个问题先应弄清,那些具有实际重商主义效应的措施,究竟在多大程度上是由决策者依照重商主义原则构想出来的,还是确实属于某种一以贯之的政策构想?另有一个反复提出的疑问,即,议会法规或高层指令中的重商主义在多大程度上得到了落实,从而应该对归结到它们头上的那些利弊得失承担责任?人们最近提出的问题是,就农业和谷物贸易而言,从地方经济占主导过渡到国家经济管控占主导,中间是否还存在一个过渡阶段?进言之,国家重商主义在农产品领域的有效实施时间也许比通常假定的要短很多。①

看来明确的是,城市中首先形成了那种带有排他性的经济政策,这一政策在国家这个更大范围内变通实行后,世人才给它贴上重商主义的标签。古斯塔夫·施穆勒(Gustav Schmoller)出色地考察了城市自利政策的盛行情况,只是他可能高估了那种政策有效贯彻的程度。英国城市间的贸易固然享有更多自由,但总体的精神气质亦大同小异。②行会和市民

---

① 可比较 N. S. B. Gras, *Evolution of the English Corn Market* (1915),其中论及16、17世纪大都市的市场。

② 关于英国的城市经济,参见 W. J. Ashley, *Introduction to English Economic History and Theory*, I, c. 2, and II, c. 1; Mrs. J. R. Green, *Town Life in the XV Century* (1894); E. Lipson, *Economic History of England*, I (1915), c. vii;也可比较关于该主题的 Usher, *Industrial History of England*, c. vi。

组织的最高目标,同样是要为当地的手工业群体或市民共同体谋取福利。那些限制性做法跟中世纪城市经济有一定关联性,它们看起来主要从地方习俗中演化而来,特许状的颁发经常不过是通过花钱购买的方式,正式地确认早已享有的权利和特惠,而重商体制的主要特征原已显露端倪。英国与德国一样,其城市共同体的商业和工业活动均由某个权威加以管控,该权威的基础或窄或宽,具体要视城市而定。某些情况下,某桩生意或某个行当掌握在行会或商号手中,但最终受控于地方行政官,尽管有时这种控制基本上只是名义性的。其他情况下,地方行政官直接实施控制,特别是如果涉及面包、啤酒等大众餐饮的行当或职业时更会如此。

对内部而言,市政当局既要把若干行业作为经济单元加以保护,又要把全体市民作为消费者保护起来。对外部而言,城市会作为一个经济实体自己站到前头,努力监管当局或市民与外部世界的交易活动,以确保城市经济因此而获益。外来者在向城内输入货物或参与市集时,需要缴纳过境费或摊位费,这种收费部分是为了增加财政收入,部分是为了保护本土产业。城市在处理与其他地区的一切关系时,无论对方是其他城市,还是那些需要用农产品换取工业品的周边农村,都着眼于谋得一种让自己得利、让"外人"吃亏的利益顺差。外来者的经营活动除受到收费之类的约束外,还会遭受其他限制。他们不得在特许的居住地零售货物,也不得在那里转售给其他外来者,违者将被没收货物。外来者的定居一般会受到质疑,只有不给城市增添费用,有助于激发城市产业时,当局才会允许或欢迎他们定居下来。与此同时,许多城市在细微习俗方面尚能留有余地,部分城市干脆通过颁发特许权而一举施予自由。总体而言,城市经济在实际运行中远不像法律条文所规定的那么刻板僵硬。

以上概述的那个体制构成了城市政策的主要基础,一直延续到了近代。即使该体制未能为一心关注自身利益的市民确保繁荣,即使它越来越遭到创业精神的违抗,它也还是长期维持着。[1]至于国家本位压倒地方本位,这种演变是在日积月累中缓慢发生的。当国君着手用国家管控取

---

[1] 关于17世纪初这一政策的阐述,参见 *Assembly Books of Southampton*, Horrocks ed., I and II, Introductions。

代地方管控后，英国中世纪城市经济便盛极而衰。当然可以肯定，在相当长时期内，经济领域中的国家意识远没有地方意识那样显著，也无法跟地方意识进行竞争，再说，由城市团体演化出的政策对于国家主体制定相关政策还是产生过重要的启示作用。①

英国的国民经济在确立前曾有过某种奠基性准备工作，这是由爱德华一世（Edward I）开展的，他在历经父王时代的宪政争斗后，致力于从事定义和巩固的工作。自那时起，公共政策的趋势便指向一种保护性、张扬性经济民族主义。但因为政治和财政上的突发急需，加上历任君主和大臣性格各异、目标有别，以及执法过程中政府表达的意图总是远远达不到落在纸上的要求，所以那种经济民族主义趋向还很不系统连贯，频频出现干扰和逆转。

中世纪英国财富的主要基础是所谓"金羊毛（golden fleece）"，英国重商主义的开端也许可见于早期促进本地毛纺品织造的那些措施。至少早在12世纪，全国多地便有了织工，到13世纪，西蒙·德·蒙特福特（Simon de Montfort）已成为工业保护的先驱，他施行了牛津议会（Oxford Parliament）的条例。那些条例下令，英国的羊毛不得运往国外，应当在国内加工，而且大多数人应当使用英国自制的呢绒。按预期初衷说，那些条例成效不大，但是保护的理念已经深入人心。在亨利三世（Henry III）统治结束前，再后在爱德华二世（Edward II）统治时期，有人提出建议，希望邀请欧洲大陆的工匠前来帮助提升制造业。爱德华二世与西蒙一样，竭力打压外国呢绒的购入。大家通常认为，最早是爱德华三世（Edward III）极大地激发了本国工业的发展，他引进佛兰德工匠来向本土学徒传授技艺，同时禁止出口英国羊毛，并禁止进口外国呢绒。不过，由最近对羊毛贸易史的研究看，佛兰德移民于早期制造业成长的贡献是有所夸大的。②此

---

① N.S.B.格拉斯教授提出理论说，国家的海关收费建立在城市所提供的模式之上，Gras, *The Early English Customs System*（1918），p.21，但要注意昂温教授的批评，Unwin, *History*, IV, pp.222-223。

② 该观点可见 H. Heaton, *The Yorkshire Woollen and Worsted Industries*（1920），H.G.格雷（Gray）论述了总体产业情况，基本上持有相同的看法（*English Historical Review*, XXXIX, pp.22-23, 33）。

外,不仅国王立场的起伏不定曾导致保护性立法不时调整,而且即使在正式生效期间,这种立法实际上也甚少受到重视。然而,这一阶段的意义在于,英国揭开了重商主义的一个主导部门,由此培植并保护出了本国的首要产业即毛纺织业,直到工业革命发生后,棉纺织业才替代毛纺织业成为"王牌产业"。毛纺织业长时期内都是国家的呵护对象,为了这个产业的正常维系,官方屡屡出台监管条例。可是,该行业史提供的证据表明,旨在激励产业的专项运动并不成功,立法和行政条例无论是好是坏,得不到落实甚至遭到了违抗。国家干预固然用心良苦,却经常严重缺乏良好的见识,它对工业的促进作用可能远没有推想的那么显著。通常我们一边看到当时出台了立法和指令,另一边看到制造业在不断增长,于是便根据二者并存的局面而作出某种因果推断。①

爱德华三世对法国的战争以克雷西(Crécy)和普瓦捷(Poitiers)战役的伟大民族胜利而著称,激发起首位狂热民族主义诗人劳伦斯·米诺(Laurence Minot),它们无疑有助于增强英国的民族自我意识。实际上,类似的效果以后大致可见于理查二世(Richard II)统治下出台的政策,其时的政策虽未必始终如一地坚持,但终究体现了明确的重商主义特征。比如,当时为照顾英国农耕者的利益,通过了一项鼓励谷物出口的法律。再如,当时宣称要复兴海军的《航海法》(Navigation Act),力图把出口和进口货运留给英国船只,如此开启了对海运的保护,海运保护将成为重商主义体制中令人瞩目的内容。当然,这个首次试验,与同时代鼓励谷物出口的法律一样,很快就在实践中归于失败。金银供应不足的问题因近期的战争开支而更加严重,金银输出于是遭到否决,这实际上步了以前禁令的后尘。然而,讨论这个问题的过程中,出现了一种将对英国经济政策产生强大影响的国际贸易观念。

担任铸币官员的理查德·艾尔斯伯里(Richard Aylesbury)宣告,贵金属之所以匮缺,是因为英国在外来货物上花费了太多钱币,他坚称,如果此事得到恰当管控,则不仅国内的钱币将留存下来,而且大量钱币会从

---

① H.希顿(Heaton)充分论述了这一点,也参见 E. Lipson, *History of the Woollen and Worsted Industries* (1921)。

国外涌入;有关政策目标必须保证,向王国输入的外国货物在价值上不应大于向外出口的英国货物的价值。①这种看法,即认为有害的钱币流出源自过度购入外国货物,在罗马帝国便已得到表述,但是,通过管控贸易差额而避免钱财外流的理念,似乎直到艾尔斯伯里这儿才得到阐明。

虽然当时及以后长期流行的政策并没有立足于贸易差额理论,但就对外商业关系中钱币顺差的获取(或干脆说钱币逆差的避免)而言,其所设想的政策目标与贸易差额理论其实是一样的。国家当局指令贸易中心的负责官员,去现场督察主要出口货物的每宗交易,借以保证金银的赚取,而一旦金银进入国内,就应努力防止其流出。为此,当局不但直接发布禁令,还实施《现金使用法令》(Statutes of Employments),要求前来英国的外商必须将其在英售货所得钱财用于购买英国制成品,而且为了留住钱币,也会动用各种手段操纵钱币兑换。②

有两种流传甚广的诗文册子论及英国政策,鲜明地展现了 15 世纪的重商主义情感。③诗册显然情绪激越,抗议亨利六世(Henry VI)在本不太平的岁月里居然放松了保护性管控。两个册子共性太多、如出一辙,所散发的精神不但是保护主义的,还具有强烈的攻击性。它们把英国与其他国家的商业关系按盈利和不盈利的性质作了区分,告诫国人不要贱卖本国产品。诗册还敦促英国要利用好先天禀赋和后天可能,诸如羊毛原料、呢绒织造、对多佛尔海峡的掌控能力,争取确立起对其他国家的经济支配权,从而为英国在西欧赢得全面政治优势奠定基础。

当时的事态发展远未带来上述景象,但所产生的效果是,在情况趋于稳定后,协助激发了公共政策中的重商主义趋势。丢失法国属地使得英

---

① 关于艾尔斯伯里的完整观点,参见 Select Documents, p. 222。
② 对"各宗交易差额"的最好解释可见 Richard Jones, "Essay on Primitive Political Economy in England", Edinburg Review, LXXXV。
③ "The Libel of English Policy" [Political Poems and Songs, T. Wright ed., II, pp. 160 sq.;选见 England under the Lancastrians, J. H. Flemming ed. (1921), pp. 251 - 253;带引文概述见 E. Lipson, Economic History of England, pp. 499 - 501]; "On England's Commercial Policy" [Political Poems and Songs, II, pp. 282 sq.;选见 England under the Yorkists, I. D. Thornley ed. (1920), pp. 198 - 199;有提及见 E. Lipson, Economic History of England, pp. 422 - 423, 501]。

国把重点放回国内，随后的内战则造成了一种局面，让强大的中央政府显得确有必要，俾以保障国家的和平与秩序，保护它免遭任何攻击。爱德华四世(Edward IV)有时被视为英国"新君主制"的创始人，其统治的经济特点不仅在于通常意义上的重金主义立法，而且，他以前所未有的全面方式，试图阻止钱币流向外国，同时排斥外国货物、扶持本土产业。

不过，是亨利七世(Henry VII)在结束玫瑰战争(Wars of the Roses)后，明确建起英国强大的国家王朝。他的经济措施并无新意，但致力于监管、保护、促进工业和商业，更加坚定地争取实现并保持国家的繁荣与实力，其措施与目标之间的关联性超过了之前他人所曾设想的程度。那些措施着眼于保护本国制造业免遭外国竞争的挤压，同时则支持本国所需原料的进口。此外，为收复原有市场并赢得新的市场，亨利七世还与外国签订了一系列引人注目的商业条约。对于金银的输出，他也照例加以禁止。官方为振兴商船队，给大船的建造提供补贴，还出台了《航海法》，限定法国商品的进口只能由英国水手操作的英国船只来运输。亨利七世掌控经济的努力很大程度上收效甚微，可是他给予英国的和平与秩序却有利于工商事业的进步和国家财富的增长。当然，国王本人积累的财富中，很大部分是通过可疑方法取得的，而且那些方法仅具有临时的可行性。

亨利八世(Henry VIII)统治时，王权被抬升到一个堪称空前的地步。他作为都铎(Tudor)王朝的第二位君主，切实缔造了现代海军，由此打造了英国重商主义体制中的一个基本要素。不过，即使从经济角度看，他的统治也十分重要甚至具有革命意义，但在重商主义政策的理念构想方面，看不出当时取得过什么确切的进展。

爱德华和玛丽(Mary)治下经历了急促的变化和反复，打破了都铎时期的惯有特点。然而，就在爱德华时期的朝政纷扰中，我们首次看到英国重商主义国家政策的某些要点得到了详细阐述。这指的是如今认为由约翰·黑尔斯(John Hales)写下的著名对话，[1]特别是归于这位博士的那些讲话。有人提出，这些讲话代表了休·拉提默(Hugh Latimer)的观点，

---

[1] *Discourse of the Common Weal of this Realm of England*，或由约翰·黑尔斯写于1549年，由E.拉蒙德(Lamond)编辑于1893年，选见 *Select Documents*, pp. 404 *sq.*。

如果是这样，它们就尤其令人感兴趣。我们可读到这些论点：工业和农业的治理之道，应在于促使王国人口充盈，如此才能保卫王国并赚得钱财；国家应当允许谷物的自由出口，从而激励谷物生产者，自由出口固然会造成价格迅速上升，但有利于维持整个王国的耕种，价格最终是会自我调整的。之后，作者就国家间的相互依存说了一些值得称道的话："上天注定不会让任何国家万物俱备，这使得各国意识到自己需要他人的帮助，从而令仁爱和社会愈发壮大。"单靠自身将无法生存，缺失他人货品我等无以为生。

不过，作者也受到那个理念的影响，即，如果向外国人所购买多于我们向其所销售，我们就会穷了自己而富了他人。他说，我们从国外进口很多东西，这等于王国的钱财向外散失；我们本可以不消费它们，或者自行制造，那样原可以节省钱财。他尤其反对把原材料输往国外，在那里加工成品后再由我们自己购买，因为这等于为了本该自制盈利的东西，我们却向外国人支付了钱财。他把生意人分为三类：一部分如丝绸布商和葡萄酒商，他们向国外输出钱财，所经销的是在海外生长并加工的东西；再一部分如鞋匠、裁缝、啤酒商，他们的购销都发生在国内，可也不会输入钱财；还有一部分如呢绒商，他们在海外销售，故而能向国内输入钱财。第一类生意人不要也罢，最后一类生意人则理当珍惜，如果培养最后这类人，他们不仅可为本国制造充盈的货品，还可把剩余货品销往海外，从而换回必要的货物和财富。

在伊丽莎白统治时期，比较温和、比较自由的那种重商主义首次在英国得到稳定、连贯的呈现。威廉·塞西尔（William Cecil, Burghley）的政策事实上被讴歌为英国重商主义的"高水平"，大家说，就他为争取并延续英国富强所采取的措施而论，英国重商主义其时处于最佳状态。[1]那些措施大致依照了黑尔斯建议的思路，若干方面既不同于早先的试探性做法，也有别于以后的相关进展。例如，塞西尔出于国防需要，高度关注海军的保有，曾多管齐下，尤其是奖励造船、鼓励渔业、促进航运发展、培养出海

---

[1] 可比较休温斯的观点，*Dictionary of Political Economy*, II, pp. 590-591，关于这一政策的最好表述见 Cunningham, *Industry and Commerce*, II, pp. 25 *sq.*。

船员。不过,他并不十分赞同《航海法》这一限制性政策,相关政策仅仅时断时续地实施过,但即便如此也已遭到外部列强的忌恨。外国相信自己遭到了英国航海限制政策的伤害,如此一来,国际关系受到干扰,英国商人不得不承担后果。塞西尔没有实施禁令,所实行的是差别税。他在该问题上的态度并未基于特别的自由主义原理,但事实是,海上事业作为伊丽莎白时期最突出的特征之一,很少得到排外的限制性立法的支持。更有甚者,塞西尔不像某些重商主义者那样,对单纯的金银有那么看重,他确实试图阻止金银的输出,但后果未如人意。总体而论,塞西尔也试图通过贸易差额的方式去补充国库,他认为有一件事让英国如同遭遇劫掠,那就是输入的商品多于输出的商品,乃至英国必须动用钱财去支付差额。

为此,塞西尔努力减少使用非必需的外国货品,并致力于鼓励本国工业,以满足国内需求且为出口而生产。当局向个人或公司授予专利权,用于开办新的工业,更好地组织现有工业,或发展与特定国家和地区的贸易,如西班牙、俄罗斯、波罗的海、黎凡特(Levant),在塞西尔死后还有东印度群岛。有些生产形式和职业得到特别重视,因为它们对于维系有活力的人口,对于满足战时的防御需求都显得相当必要。在所从事或尝试的活动中,特别重视的对象包括:鼓励甚至强制耕种、促进渔业和航运、开发矿产资源、建立军需品生产、管控火药生产。为了国家和全体国民的利益,官方还努力对工业进行管理,引入了全国性的强制性行业学徒制,并使手工业、服务业或农业中的劳动参与成为强制义务,另外也通过逐步制定普遍的贫困法来应对贫困问题。

毫无疑问,伊丽莎白政权的许多目标很大程度上得到了实现,甚至有人称,那些措施取得了辉煌的成功,而且 16 世纪的大部分进步得自塞西尔的蓄意努力和干预。然而,我们越是研究证据,就越是怀疑官方政策的实际执行程度,以及国家进步在多大程度上应归功于官方政策。对专利制度作过最认真研究的人认为,专利制度的效果总体上弊大于利。[①]专营权的授予,尤其在伊丽莎白时代后期,肯定走过了头。许多情况下,它们形同对工业和消费者的一种征税,反而养肥了那些并未提供相应公共服

---

① 参见 W. H. Price, *English Patents of Monopoly* (1906), pp. 128 – 132。

务的人。此外,若干外贸公司的章程和程序受到了批评,这亦非全无道理,毕竟它们有利于伦敦而不利于国内其他地区,倾向于抬高价格,并在开展贸易的海外招致对英国的反感。①建立统一学徒制的尝试基本上是失败的,政府缺乏必要的机制去执行划一的制度,在实践中,由行会和公司演化出的灵活多变的制度反而占了上风。②在这一点及其他方面,枢密院为实现其所寻求的国家控制固然勤勤恳恳,可是有关努力绝不像通常所推断的那样行之有效。都铎王朝试图管控英国的主产业即毛纺织业,但几乎与其他统治者一样徒劳无果。

最近的研究表明,在谷物贸易中,君主和议会的意图对启动或影响经济发展收效甚微,这个观点也适用于同时代法国王室的尝试。官方的政策大体上是要照顾生产者,着眼于打压进口,鼓励谷物生产,既满足国内需求,又能获得出口盈余,为王国带来财富或有用货品。但是,就这一明确设想的国家政策而言,人们发现它不可能得到连贯一致的执行。在物资匮乏年代,消费者的需求必然要优先考虑,出口于是被禁止,可因为大家觉得有必要限制中间商的业务,所以情况往往反而变得更糟。在正常年份,行政行为会让法定政策变得不起作用,由于伦敦作为谷物消费者拥有主导地位,它能迫使枢密院采取上述行政行为。伦敦在牺牲农村地区和其他城镇的情况下迅速发展,导致它在16世纪把全国大部分地区的谷物供应引到自己这里,并且决定着该地区的谷物价格。伦敦的需求其实经常超过了有序供应量,乃至需要从国外进口。因此,正是伦敦要满足自身需求这样的立场左右了政府行为,决定着政府是允许还是限制进口或出口。如此看来,有关政策与其说是国家的政策,莫如说是大都市的政策,它往往不利于重要的谷物产区。③

在金银方面,西班牙作为西方矿藏的拥有者,不免夸大金银的意义。虽然伊丽莎白治下的正常政策与西班牙的政策反差较大,但英国政府并不拒绝通过私家劫掠而获取钱财。然而,由此带来的繁荣终究是表面的,

---

① *Select Charters of Trading Companies*, C. T. Carr ed. (1913), pp. xxiv, xxv.
② 参见 O. C. Dunlop, "Some Aspects of Early English Apprenticeship", *Transactions*, Royal Historical Society, 3rd series, V, pp. 193-194。
③ 参见 Gras, *Evolution of the English Corn Market*, pp. 221 *sq.*。

不是真实可靠的,它引发了西班牙的报复,造成了贸易的萧条,这又让筹集资金去对抗西班牙"无敌舰队"的战斗变得异常困难。①

伊丽莎白时代尽管存在贫穷的一面,但总体上是个经济进步的时期,有关成果的取得借助于国家政策、地方经济、私人进取与创业这样的混合体。在这个混合体中,我们基于上文提出的那些考虑,不宜过分夸大国家管控制度在其中的作用。

第五章　英国重商主义史:殖民时期

在伊丽莎白统治下,英国开始了海上的和跨海的扩张。在随后的斯图亚特王朝,英国迎来了殖民化的伟大时代,爱尔兰和苏格兰被拉入与英格兰的新关系。议会变得更加自信张扬,王室却冥顽不化地坚持国王的神圣权利,我们因此经历了两场革命以及一个过渡期。接下来一个世纪中,在与法国交战带来帝国利益后,我们遭遇一场殖民革命,招致了帝国的损失。如此世事更迭都跟重商主义理论与体制的发展及收益联系在一起,重商主义文献便属于这个时代。诸多因素塑造了重商主义理论的阐发,造成了其实际应用中的种种权宜变通,即使有必要,这里也不可能对那些因素的技术细节展开探讨。我们只能考察一下英国重商主义史涉及殖民时期的那些主要方面。

16世纪末、17世纪初,在研究或负责公共政策的人中间,普遍存在着对财富需求的一种夸张观念。这一点想必不足为奇,主要出于自身无法掌控的普遍性原因,当时的王室始终处于财政窘迫的状态。来自新世界的贵金属源源流入,导致旧世界的价格水涨船高。政府的开支一增再增,可是王室的财税收入尚未找到新的基础,不足以跟上变化了的新形势。詹姆斯一世(James I)和查理一世(Charles I)本应调和与议会的关系,以争取朝着自己的意向目标取得某些进展。然而,由于中产阶级力量的不断壮大,也由于外部危险已得到解除,议会此时变得更加踌躇满志,王室

---

① W. R. Scott, *Constitution and Finance of English Joint Stock Companies to 1720*, I (1910), pp. 88-91.

坚信的那套政治理论使之与下议院屡屡发生冲突。在议会内部，在国王与议会之间，围绕公共经济问题都出现了争执。

詹姆斯一世和查理一世像塞西尔那样，基于政治权力和国家实力的考量，努力控制王国臣民的经济生活。他们最得力的顾问，特别是弗朗西斯·培根（Francis Bacon）和托马斯·温特沃斯（Thomas Wentworth），在贸易差额和国家监管问题上的观点均属于重商主义流派。在工商业管控方面，前两任斯图亚特君主的政策跟塞西尔采取的政策大体相似。詹姆斯和查理对国家怀有自己的构想，关注国家的经济福利，但他们宪政关系中的节外生枝经常抵消并打断其经济关注。此外，不少情况下，他们的经济关注虽用心良苦，却判断有误，在具体执行中又频频遭遇自下而上的挫败，毕竟须频频听命于自下而上的诉求。许多城镇当时仍盛行一种自我管理的强烈情绪，再说，越来越多的工业区虽未体验过以前那种限制性城市经济，但对国家管控持怀疑态度。于是，地方精神的冲动跟中央当局的决议时常抵触，在对外贸易领域，无执照的违规者挑战着特许公司的领地。毫无疑问，在这两任斯图亚特君主时期，不能说英国的经济进步显著得益于政治管理中的权力因素，也不能说经济进步反过来为政治权力作出了多大贡献。然而，经济进步的成果终究有助于议会的胜利，而这个胜利意味着革命。

詹姆斯统治早年，在自由贸易倡导者与管制贸易倡导者之间发生了有趣的争论，当然，"自由贸易"一词当年的观点不同于该术语今日的含义。那些自由贸易者并不关心消除对外国人的贸易障碍，只是在抗议官方把海外特定地区的独家贸易权特许给某些商号，不论是合股公司还是在共同规则管理下经营的独立商家。然而，在其抗争的范围内，他们提出了若干原则，形成了日后普遍贸易自由论的基础。① 他们说："所有自由的臣民生来便可继承其土地，也可在其所从事的行业中自由劳作并以此为生。经商权是全部事务中最主要、最生财的权利，其广泛性和重要性超过

---

① 有关这一抗争，参见 *Select Documents*, pp. 443 *sq.*。关于 16 世纪公司的总体情况，Hewins, *English Trade and Finance* (1892), esp. pp. 72–73 持有不很正面的看法，Scott, *Joint Stock Companies*, I. c. xxiii 就合股类型的公司作了更多论述。

其他一切,像现在这样将其限于少数人手中,违背了英国臣民与生俱来的权利和自由。"他们主张取消一切限制,以便扩大贸易,扩大贸易利益的分配,增加航运和海员,增加"所有土地上的总财富"。这些抗争者指称,其所设想的贸易自由所带来的好处尤其可见于荷兰,那种贸易从业自由使荷兰得以夺取英国的市场。自由贸易者未能获得可一遂其愿的总法案,只有一项法案宣布拟开放与法国和西班牙的贸易,但有关权利很快就遭到扼杀,因为有项特许权随即便把对法国的贸易权交给一家专营公司。假如"自由贸易"大获全胜本会产生什么影响,对此很难一概而论,但一些公司的后续历史表明,在这些案例下,继续拥有垄断权或半垄断权不利于企业的发展;在其所耕耘的领域,持续的管控只会助长对手荷兰的商业发展,无论在绝对还是相对意义上。这个在荷兰独立斗争中帮过荷兰的国家,此时对荷兰的商业充满了怪异的羡慕嫉妒恨。

且不去纠结詹姆斯一世滥用特权的明显问题,单说他为了国家富强而试图通过王室干预来影响英国工商业的发展,这一点可谓特别不幸。例如,他把明矾的生产操控在自己手里,明矾在呢绒织造方面大有用途,可是结果却不尽如意;他刻意要立即强推并提升成品呢的国内生产和对外贸易,不但未能取得成功,反而产生了显著的危害。荷兰先前曾是英国羊毛的出口市场,随着工业的发展,英国日益向荷兰出口未染白呢和未加工呢,只是这种成品呢在荷兰不受欢迎。然而,英国政府不赞成这种本身有利可图却为外国提供就业机会的贸易关系,总以为这意味着英国加工商的损失。因此,在都铎王朝和詹姆斯统治时期,官方试图完全禁止这种半成品出口贸易,或者坚持要在所有外运呢绒中,每10件未成品中必须包含一件成品,以期遏制或纠正那种不利局面。但在实践中,官方还是相当随意地发出了豁免权,仍有大量英国白呢经由冒险商人公司(Merchant Adventurers)凭许可证出口到荷兰进行深加工。

但是,随着英国工艺的改进,其成品呢绒的贸易在更多地区得以推广,比如,英国商人看来努力在佛兰德市场上扩大成品呢的销售,这却招致佛兰德方面直接禁止从英国进口除白呢以外的任何物品,伦敦的布工和染工对此禁令表示不满。为了在英国扶持染整等后续加工业务,并迫使佛兰德市场就范,詹姆斯经人诱导,听取了一项计划,其中包括一项绝对要求,即从英国运出的每块呢绒在离境前都必须先在国内完成染色和整理。冒险商人公司基于对外国市场的了解,一直反对这种限制,拒绝向国王提供任何帮助。可是,官方还是发布了一项公告,禁止出口未加工的呢绒,除非控制在贸易问题解决前允许出口的特定范围内。詹姆斯却坚守"帝意"不动摇,他顶着阻挠和困难,特许成立了一家王记商人公司(Company of King's Merchants),由它负责所谓"新贸易",即向国外市场运销在英国染整的呢绒。

然而,这个计划遭遇彻底的失败。荷兰人一气之下对英国各类呢绒关上了大门,英国与荷兰及其他国家的关税战接踵而至,即使在该计划被迫放弃后,也还留下了长期的后遗症。新成立的特许公司由于找不到外销市场,没有能力悉数买下在英国染整完成的呢绒。在就此发生的出口及内贸的严重混乱中,纺织工、染整工乃至该计划倡导者统统遭受损失。有人提议,一方面要惩罚那些拒绝接收呢绒的外销商人,另一方面应当强迫议员、朝臣及其仆人购买宽呢,以暂时寻出一个销路,无奈这些努力皆无结果。这个项目于是只得放弃,王记商人公司就此解散,旧的冒险商人公司随之恢复,但也要过了好几年有关贸易才走出混乱。在一份关于该问题的公告中,人们承认,这一折腾给呢绒生产造成的损失要大于在染整加工环节获得的收益。英国有"智者"承认,"时间让人发现了最初无法看到的诸多不足"。①

德国经济学家李斯特对英国的政策推崇备至,他用重商主义的语句图解英国的政策。他赞扬爱德华三世筹划精明,使得英国借外国人之手兴办了呢绒织造,再通过禁止外来进口而保护本国新兴产业。李斯特进而提到,凭借在詹姆斯一世和查理一世时期推行的有关染整技艺的保护和鼓励措施,英国如何从粗呢出口转变为完全染整的精呢出口。②至于爱德华三世究竟做了什么,我们前文已经说过。詹姆斯一世确实试图完成爱德华原已启动的工作,他曾发愿说:"正如把羊毛变成衣服是我们高贵

---

① 关于这一问题,参见 *Select Charters of Trading Companies*, Carr ed., pp. lxvii-lxviii, 78 *sq.*; *Select Documents*, pp. 454 - 462; Hewins, *English Trade and Finance*, pp. 102 *sq.*; G. Unwin, *Industrial Organisation in the XVI and XVII Centuries* (1904), pp. 172 *sq.*。

② List, *National System of Political Economy*, pp. 30 - 31。

的先王爱德华三世的行为,把白呢贸易这一于王国财富尚不完美的事情变成染整的精呢贸易,该是我们时代的工作吧。"可是,詹姆斯计划的失败一望可知,如意的结果尚待更自然的产业发展才能实现。

查理一世的经济思想和政策跟他父亲大体相近,正如"新贸易"的惨败表明了急于求成的风险,查理在肥皂制造行当的经验也证明,不明智的工业监管方法会造成混乱。查理非常重视商业,但就其有效统治期间的经济繁荣而论,与其说那得益于任何明确的官方管控措施,还不如说得益于他因缺乏资金、因与议会争吵而被迫维持的和平。

查理一世与其父一样,在与该时代建立的美洲殖民地打交道时,尚未表现出强烈的以英国为中心的国家利益和权力观念,这种观念以后才体现于特意把殖民地利益置于母国利益之下的那些措施。不过从事实看,尽管很难说查理明确制订过一个自给自足帝国的计划,但他毫无疑问是所谓"旧殖民体系"的真正开创者。该体系将在他儿子的统治下得到充分发展,但几乎所有的基本特征在查理一世统治结束前都已可见雏形。

此外,温特沃斯将这一类型的重商主义政治手段系统地应用于爱尔兰,他试图让爱尔兰成为英王国力的源泉,成为财政和军事力量的依托,他在那里的全部工商举措无不为了这一目的。那些举措对英国相对于爱尔兰而言是重商主义,对爱尔兰相对于其他国家也是重商主义,但一切皆由英国的最高诉求来决断。当时,就一(强)国与另一国维持自由关系所蕴含的基本互利性,人们远没有充分认识到。因此,既然毛纺织业是英国的大宗行业,而爱尔兰的毛纺织业正在萌生,那么,温特沃斯纯粹基于政治理由也要扼杀爱尔兰的这个制造业,毕竟它会侵犯英国的呢绒衣被部门。羊毛在爱尔兰大量"生长",假如允许那里也加工羊毛,不但英国人会失去其现通过加工爱尔兰羊毛而获得的利润,国王也将蒙受关税损失,英国人有可能遭遇低价销售而被赶出这个行当。此外,如果把马基雅维利的论点应用于经济领域,那就要考虑"国家的理性"。

据此可见,只要爱尔兰不再自己加工羊毛,他们就必然从英国获取衣料,随之会在某种程度上依赖英国为生,那样就将"严重依赖本王国,乃至他们无法离开我们,除非想让自己和孩子赤身裸体"。食盐也将由国王垄断,这样,爱尔兰人在全部的主要商品中,将有一项必需品必须依赖英国。

另一方面,爱尔兰的亚麻行业将得到恢复和鼓励,理由是它对英国及爱尔兰都有好处,而且能借此打压其他国家。严格来说,在这个问题上,英国是在借外人之手挖外国的墙脚。温特沃斯从荷兰采购了比本土更好的亚麻籽,从低地国家和法国请来工人,在其帮助下建起了一个产业。他希望循此手段,爱尔兰的亚麻布卖价至少可比荷兰和法国便宜20%。

总的来说,温特沃斯力求发展一种"调教得当"的商业,在此商业中,所出口的本土货值应当大于所进口的外国货值——"这是英国赚取邻国钱财的一个明确标志"。①在温特沃斯统治下,爱尔兰的物质生活有了长足进步,及至撤除强力控制后,那里却出现了一场叛乱,再加随后的英国内战,他的工作很大程度上遭到摧毁。温特沃斯的政策开创了一个邪恶的先例。我们自可理解由爱尔兰毛纺织竞争引发的忧虑,但是,在温特沃斯开创的制度中,爱尔兰的经济利益只能服从于所谓的英国利益,与该制度以后年代将产生的恶果相比,爱尔兰竞争本会对英国工业造成的暂时混乱可谓小巫见大巫。

斯图亚特的经济管控体制因内战而被打破,内部纷争不可避免地造成贸易的严重中断。按世人通常描绘,奥利弗·克伦威尔(Oliver Cromwell)是一位杰出的重商主义政治家和统治者,他在这个转折点上促进了商业的复兴,并通过一项带有当时正统经济信条清晰印记的政策,扩大了帝国的范围。②人们反复援引克伦威尔的《航海法》,称之为国家扶持航运和商业的杰出例证,成功开启了造就英国海军优势的一种制度。在所有重商主义措施中,《航海法》也许最具声名,崇拜者惯于视之为英国海权和商业发展的一个里程碑,某种程度上可以媲美《大宪章》(Magna Carta)在英国宪政自由史上的地位。③此外,克伦威尔护国公时期对西印度群岛的远征,被认为从属于一个巨大计划,旨在征服西班牙在西部的全部属地,并获得其贵金属矿藏,从而让英国不仅是个伟大的商业强国,还

---

① 关于温特沃斯对本人政策的记述,参见 *Select Documents*, pp. 470 - 472。
② 根据 F. Strong, *American Historical Review*, IV, p. 231, 克伦威尔"沉浸于当时的重商主义"。
③ 参见李斯特有关《航海法》结果的观点(List, *National System of Political Economy*, pp. 33 - 34)。

能成为一个伟大的金银强国。尽管远征的直接结果仅仅是占领了牙买加,但人们认为,远征为英国未来确立伟大商业殖民帝国的首要地位奠定了基础。①

然而,对克伦威尔业绩的这种估计,无论就事实还是政策效果而言,都有必要作大幅修正。克伦威尔绝不是一个典型的重商主义者,在他领导下,斯图亚特时期的工商管理方法很大程度上已经放弃,当然在其护国后期,已被弃置一旁的特权公司又恢复了地位。决定他在这些方面态度和程序的,也许是时局的紧迫需要,而不是反重商主义或重商主义的理念。克伦威尔在自己安排的几个商业条约中当然表现出对贸易的关注,但是(除与葡萄牙的条约外,下文会有更多介绍),很难说这些条约是具有显著重商主义内涵的举措,至于众人关于克伦威尔《航海法》的普遍看法,正如众人关于《大宪章》的流行观念一样,已经遭到细究证据者的有效质疑。②如前可见,英国首部《航海法》属于查理二世(Charles II)统治时期,殖民时期的排外性航运政策并非起自英吉利共和国时期,而是从查理一世时起步的。没有任何迹象表明,克伦威尔在以其名字通行的《英吉利共和国法令》(Commonwealth Ordinance)中有任何参与,尽管那似乎确实是某些利益相关者的作品。克伦威尔显然并不热衷于该法令,也不热衷于与崇奉新教的荷兰打仗,不过,那项法令毕竟是战争的一个诱因,而且克伦威尔也没有摆脱对荷兰商业霸主地位的普遍嫉妒心。该法令不仅没有给贸易带来好处,反而遏制了开始出现的轻微复苏,并产生了进一步的混乱。通常以为护国公时期商业出现了大幅扩张,那似乎主要基于海关数字上的增长,但这种增长与其说是由于货运量的增加,还不如说是由于税费征收更严格罢了。③

克伦威尔的法令及下文将涉及的后续相关法律,都没有造成荷兰

---

① F. Strong, "The Causes of Cromwell's West Indian Policy", *American Historical Review*, IV, pp. 228 - 245.

② 关于这一问题的讨论及引证,参见 G. N. Clark, "The Navigation Act of 1651", *History*, VII, pp. 282 sq.; Cunningham, *Industry and Commerce*, II, pp. 210 - 213。

③ Scott, *Joint Stock Companies*, I, pp. 250 sq.; Cunningham, *Industry and Commerce*, II, pp. 186 - 187.

航运业的衰退,也没有确切证据表明它们促进了英国航运业的发展。克伦威尔的决策中明显混合了宗教、商业、纯粹机会主义等动机,这使我们很难在西印度群岛远征事件中找到充足的理由,将他视为一个野心勃勃的重商主义类型的帝国主义者,①再说,无论那次远征最终意义何在,与西班牙的决裂和战争终究进一步损害了英国贸易。②克伦威尔的联盟带来了对法国贸易的扩大,重商主义者认为这种贸易扩大得不偿失,因为进口值大大超过了出口值。总之,克伦威尔的经济政策既不像人们想象的那么重商主义,也不如人们想象的那样卓有成效,相反,那些通常被选定为其重商主义最突出例证的交易,倒是切实酿成了其政府的财政困境。

英国重商主义政策的所有主要特征在王政复辟(Restoration)之前均已出现,随着查理二世的登基,这一运动的生命力更加旺盛,不论在殖民事务方面还是在贸易差额方面都是如此。既然贸易差额乃重商主义这一名称具体所指的方面,官方此时自然更有意要规范与其他国家的贸易,借以争取并保持本国的贸易顺差。当朝初期,托马斯·孟(Thomas Mun)的小册子《英国得自对外贸易的财富》出版,这是一部约40年前创作、作者身后才发表的著作。③人们将孟描述为"重商主义的创始人",据称,他的册子被当作财经和商业政策的福音书,而且按照亚当·斯密的说法,其标题所言不但成为英国,还成为所有其他商业国家政治经济学中的基本格言。④然而,如前已见,英国的重商主义,不管是在我们所考虑的广义上,还是在跟差额理念相关的狭义上,其起始点都远早于孟写出其册子的时候,关于贸易差额的学说在14世纪末前即已萌芽。此外,从整个17世纪直到18世纪中叶,自杰拉德·马利内(Gerard Malynes)到詹姆斯·斯

---

① 关于克伦威尔作为帝国主义者的观点,参见 Cunningham, *Industry and Commerce*, II, pp. 193 - 194 及引证。
② 关于与西班牙交战的财经后果,参见 Scott, *Joint Stock Companies*, I, pp. 260 - 262。
③ 托马斯·孟(1571—1641),著名伦敦商人,系东印度公司董事、贸易常设委员会成员,1622年任命,1625年再任,该委员会为贸易局之前身。让孟获得声誉的著作《英国得自对外贸易的财富》写于1622—1628年,要到他过世23年后才于1664年出版。最适用的版本由W.J.阿什利(Ashley)于1895年编定。
④ 参见阿什利对这些判断的介绍。

图尔特(James Steuart),①涌现了"贸易论"等一系列论述,重商主义政策在斯图亚特及辉格政权下也有了发展。

就此而言,托马斯·孟的学说在某些方面代表了重商主义理论与实践的向前推进,谈不上是这一问题上独特的典型阐述。如果说贸易差额意义上的重商主义只是国民经济中的一个部分,那么在这些作家中,还没有哪一位系统阐述过国民经济的目标和模式。就理想目标而言,重商主义重在追求和平时期的繁荣和战争时期的自给自足与强大实力,但因为缺乏系统阐述,所以这个政策的基础和范围也只能从理论和实践的记录中提炼并推断。该政策所依据的总体思路前已指出,不过,此刻总结一下其重点方向应该是适当的。②最佳的表述莫过于一首流行歌曲中反复吟唱的这句话:"我们不想打仗,可是老天!如果一定得打,那我们有船,有人,还有钱!"这三样东西构成了国家自给自足、兵强马壮的铁三角,英国重商主义政策的所有要素都直接或间接地跟谋取其中任一方面的资源有关。

对船舶的需求纯由英国的地理所决定,这个地理因素与英国重商主义在其他方面所采取的形式有很大关系。船舶既要用于致富的商业活动,又要用于战争中的防御和进攻,于是便有了对航运业的保护和鼓励。有些利益原本是值得追求的,但如今为了海上力量的培植,也只能抑制那些利益。例如,为了英国的海军力量,就牺牲了可能因外国船只进入英国港口而产生的关税,或者在需要建造船舶时,就只能限制其他行业(如萨塞克斯炼铁业)的木材使用。《航海法》坚决主张,英国与殖民地和其他国家之间的交通只能由英国的或殖民地的船舶承担,且船舶应主要由英国或殖民地的海员来开行,如此这番的目的就是要促进英国的航运业。同时,为直接刺激大船的建造,官方允许对大船建造给予优惠补贴。渔业作

---

① 关于这些作者的观点,参见 Hewins, *English Trade and Finance*, Introduction; Cunningham, *Industry and Commerce*, II, pp. 380-402,尤其是 Suviranta, *The Theory of the Balance of Trade in England* (1923); E. S. Furness, *The Position of the Laborer in a System of Nationalism: A Study in the Labor Theories of the Later English Mercantilism* (1920)。

② 关于英国重商主义的最好论述,可见 Cunningham, *Industry and Commerce*, I, pp. 467-472, 481-483, and II, pp. 13-24,但他对爱德华三世的看法应与昂温教授的看法对比参考,见 Unwin, *Finance and Trade under Edward III* (1918), Introduction. 也参见马歇尔关于英国重商主义的观点,见 Marshall, *Industry and Trade*, App. D.。

为某种航海培训学校,也受到了特别关注,强制民众遵守"吃鱼日"的做法,即源于扩大市场、激励渔业的初衷。此外,鼓励谷物生产、鼓励制成品出口,部分目的也是为了给船舶和水手提供更多的就业机会。

生养有活力的人口是重商主义的另一目标,这不仅本身是个可取的目标,而且也是英国本土防御和向外进攻的必要条件。对工业的保护和鼓励大体上也部分为了这一目标,对耕种和谷物贸易所采取的政策则更具体地要促进这个目标。各种形式的农业保护中,有关谷物的法律和补贴是最明显的例子,其初心是要维持充足的粮食供应,尤其在战争时期,同时也是为了保存坚固的、能提供优秀兵源的自耕农和小农群体。更狭隘一派的重商主义者主要感兴趣于促进对外贸易、保护和鼓励本国制造业,以便满足国内需求并向外出口。不过,托马斯·孟指出,过度聚焦于少数主要行业特别是毛纺织业并不明智。对穷人来说,毛纺织业固然是"最大的财富和最好的就业",但更多地进行耕作和捕鱼,而非完全依赖工业,会是有利的做法。这是因为,在战争时期或在其他某个场景,假如某外国君主禁止在其领地使用英国呢绒,那么由于穷人失去正常的生活来源,就很容易在英国造成贫困和动乱。因此,就业多样化大有裨益,增加耕作和捕鱼将意味着促进富足、安全、收益。这样一来,成千上万的人就能在战时为王国提供良好的服务,特别是在海上,前文所言鼓励渔民和水手的理由,也明显地体现于此。

然而,在重商主义理论和实践中,最引人瞩目的部分当数对金银财宝的关注。由于工商关系的扩张、货币经济的发展、信贷的相对缺乏、中世纪后期金银的实际短缺,还有西半球贵金属的涌入及其对价格的影响,以及近代和平与战争中国家收入需要不断增加——所有这些因素都促使人们特别关注钱币或金银,视之为国家财富近乎最主要的因素。于是便形成了一种不太开明的想法,即应该采取一切可能的措施,把已在国内的钱币或金块留存下来,防止可能流入的钱币再向外流出。这一想法产生于中世纪的环境,当时尚不失合理性,可是它一直延续到了近现代。前文中我们已经注意到了禁令、汇率操纵、单项顺差、现金使用法令等政策措施。随着商业条件的变化,如贸易中心城市制度的消失,以及冒险商人公司及其他外贸公司的兴盛,这些控制方法变得愈发不可行、难奏效,而贸易差额理论在与重金主义和单项顺差论分道扬镳后,最终占据了统领地位。无论如何,它比其他理论更进了一步,正如大范围的国民经济比自顾自的地方经济前进了一步。

贸易差额理论认为,在国际商业中,一国应设法确保其出口总值超过其进口总值,否则,差额将不可避免地要用钱财货币去冲抵支付。孟宣称,贸易顺差是可以获得钱币的唯一途径,他并且认为,旧的限制性手段已完全无效。[①]增加本国财富的通行手段是对外贸易,"在这方面必须永远遵守这个规则,即每年卖给外国人的东西在价值上要大于我们消费他们的东西",这是艾尔斯伯里和黑尔斯很久以前就倡导的规则。通常的重商主义推论是,如果与某外国的贸易所涉进口大于出口,那它就是一种"亏损"的贸易,应予阻止;而如果所涉出口大于进口,那它就是一种"盈利"的贸易,应予鼓励。官方对英国与其他国家的贸易展开调查,以查明哪些领域在"盈利",哪些领域在"亏损"。促进贸易顺差的策略包括禁入令或歧视性关税,重在反对输入外国制成品,赞成输入英国制造业所需的国外原材料,一定程度上也赞成输入可再出口而非仅供国内使用的货物。国家也进行干预,向必要的工业授予专利权,为拓展有益海外贸易向相关公司授予特许权,并多管齐下地运用监管、控制、限制、保护、促进的权力,以维持工业的自给自足和竞争实力,并以牺牲外国人的利益来增加本国的财富和资本。随着时间的推移,重商主义对这一政策的货币方面不再那么强调,相反对于该政策的工业方面则日益重视。

从原先看重保留或获得盈余贵金属,到后来着重发展民族工业,这种转变大致在17世纪末已相当明显。人们惯于认为,该节点标志着保护主义的起步,这种有别于旧重商主义的保护主义,是基于资本和信贷、工业和商业的变迁才应运而生的。劳动力的就业越来越成为一个政策目标,商业的状况、进出口的差额受到审视,着眼点是它们对国内生产的具体影响,尤其是它们所创造或所涉及的对本国劳工的需求。[②]约在18世纪中

---

① Mun, *England's Treasure by Forraign Trade*, cc. 2, 8 – 14.
② 参见 Cunningham, *Industry and Commerce*, II, pp. 396 *sq.*; Suviranta, *The Theory of the Balance of Trade in England*, pp. 141 *sq.*。

叶,我们发现乔赛亚·塔克(Josiah Tucker)给这个理想目标起了一个新名字。他告诉人们,应当追求"劳动加工的顺差",因为据称,没有劳动加工、只有钱财,"是祸不是福"。① 然而,这句话的新颖性只是相对而言的。如前已见,劳动加工原则始终存在于英国重商主义中,即使在过分强调钱币原则的当年也是如此。同样,即使在劳动加工原则占据前台的情况下,对钱币原则的依恋也依然挥之不去。简言之,恰如英国重商主义从来都没有单纯夸大贵金属的价值,作为其后期代表的保护主义可以说也从来没有完全摆脱对"钱币顺差"的焦虑,而顺差焦虑正是旧重商主义一个老生常谈的标志。

就托马斯·孟的影响而言,与部分同代人和继任者所宣扬的观点相比,他倾向于对当时某些棘手的经济问题采取更精明或更开明的观点。例如,他似乎更强调对外贸易的总盈余,而不是单笔交易的盈余。当时有许多人谴责东印度公司,说它把金银运往东方,仅仅带回货物,很少带回金钱,孟却指出,这些货物的价值远远超过输出的金钱,当出口到欧洲其他国家时,它们便能给英国带来钱币盈余。② 此外,孟还认识到,所谓差额的计算并不像人们通常以为的那么简单,而且他较早就看到,银行活动及其重要性正在上升,信贷在发挥日益重要的作用,这些都将削弱重商主义的基础。

重商主义作家们总是提出,公共政策的目标是要实现群体和国家的利益,并需要让个人利益服从社会利益。他们从未把经济问题作为单独的议题加以考虑,而总是把它们与国家的富强直接联系起来。然而,即使在重商主义作家中,尤其重商主义的实际政策中,表面上的目标通常被个人、政党、公司、阶级的利益所影响或改变。事实上,政府在试图决定为了社会利益应该支持或阻挡其他什么利益时,往往面临一项几乎无法胜任的工作。即使在纯粹的民族感情得到宣泄时,那也往往基于某种狭隘的、错误的概念,总以为某些做法能最有效地促进国家福祉。

---

① J. Tucker, *The Elements of Commerce* (1755), p. 103.
② 参见 *Discourse of Trade from England into the East Indies* (1621), and *England's Treasure by Forraign Trade*, c. 4。

如果说英国的重商主义在伊丽莎白统治时期得到了最好的见证,那么在王政复辟之后的一个世纪里,其某些表现就比较值得怀疑了,当时英国在扩张的同时,还试图以十分狭隘(虽非完全自私)的民族主义原则去控制附属国的生活。查理一世努力确立的规章制度到他儿子的时代被细化为一个体系,同时,革命时期的结束又带来了信心的增加,刺激了贸易的振兴。重商主义此时在大为拓展的规模上进一步发展,部分体现于国内工业的管控上,更多则体现于殖民地和对外关系领域。民族利己主义不仅在反对外国时清晰可见,而且在与本国的附属殖民地和英伦三岛的其他地区打交道时也表现了出来。

如前所述,排他性殖民政策的想法绝不是一个新理念。迦太基提供了一个古老的先例,威尼斯也以类似的方式对待其属地,而"专属市场(sole market)"论曾启发了西班牙和法国的殖民制度。查理二世的第二部《航海法》宣布,"把自家种植园的贸易留给自己"乃公认的习俗,各强国所做的一切均未超出这个常规,哪怕做事方式不完全相同,智慧程度、一贯程度或彻底程度也未必相近。英国《航海法》试图把殖民地的贸易限定给英国的或殖民地的船舶,而与外国的贸易则限定给英国的或殖民地的或货物生产国的船舶。对于英国最需要的特定殖民地产品,一律禁止出口到英国以外的国家;对于殖民地与欧洲的贸易,须严加限制和管控;对于殖民地之间的交通,也应加以限制。这一套制度的目的,是要鼓励种植园仅仅生产不会与英国产品相竞争的货品,并把殖民地当作英国产品的市场加以维持。可应当注意,如果英国努力要在种植园维持一种"专属市场",种植园的货品反过来也可在英国获得市场优惠。而且,鉴于一种常见的误解,还应特别注意,《航海法》总体上并不歧视殖民地航运,因为按解释,"英国船舶"也包括种植园所拥有的船只,尽管管理此项法律的官员有时对词语进行较狭义的解释。

17世纪的航海政策在很大程度上跟英国与荷兰的商业竞争有关,这种竞争在三次英荷战争中表现得更为激烈。包括托马斯·孟在内的许多重商主义者都愤愤不平地认为,荷兰人的繁荣主要基于其在大不列颠和爱尔兰周边海域的捕捞,这些海域可谓外国人名副其实的"金矿"。为此,英国人努力通过撤销许可证并主张对狭海(Narrow Seas)的专属权来阻止荷兰人的捕捞活动,而且趋于宽泛地解释"狭海"一词。但是,除这个财富来源外,进取精神也让荷兰人成了国际货物的伟大运输者,英国1651年的《航海条例》(Navigation Ordinance)及《收复法》(Restoration Acts)尤其针对荷兰的转运贸易。

长期以来,人们相信,荷兰强权的衰落、英国海上优势和商业优势的奠基,应主要归因于这项立法。然而,对立法实际作用的这一估计并不能得到多少实证的支持。《收复法》(也许还不是《航海条例》)毫无疑问成功摧毁了荷兰与殖民地的大部分贸易,但大量的非法贸易交易仍在继续,而且,相关地区的损失似乎刺激荷兰人加大了在波罗的海地区的力度,毕竟英国无法在这里立足。荷兰的航运肯定没有在17世纪后期遭受重大损失,它在18世纪的衰落可以用英国《航海法》以外本已在起作用的其他因素充分加以解释。此外,尽管英国航运在17世纪后期有了相当大的发展,但推断它得益于保护性立法,所依据的不过是这样一个观念,即既然航运业繁荣兴旺,则那些法律一定发挥了原本期望它们发挥的作用。可是须知,立法的实施很不完善,而且,英国航运业的增长似乎具体反映了英国的创业和扩张运动,但这场运动的一般动因与官方航海政策并不关联。①

如果在一种观点中,航海法律被视为"英国繁荣的象征""海洋宪章(Charta Maritima)"等,那么换个角度看,过分的抬举也让它获得了"糟糕的名声",从而需要为英国在北美失去旧殖民帝国承担主要责任。美国历史学家乔治·班克罗夫特(George Bancroft)写道,美国的独立,就像该国的大河一样,有许多源头,但令溪流变色的一个源头就是《航海法》。约翰·亚当斯(John Adams)②曾宣称,糖浆是美国独立的一个重要组成部分,另一个成分则肯定是茶。然而,我们必须区分一般性远因与特定的诱因,围绕这个问题展开的广泛而深入的调查,使我们有必要放弃或修改许多相关的旧观念。仔细研究的总体结果是,大家现在对英国政府的动机和困难有了更多的体察,而且对北美起义的原因复杂性也有了更深的认

---

① 关于这一主题,参见有关1651年《航海条例》的看法与注释(v. 8),以及有关《航海法》的文章,*Dictionary of Political Economy*, III, esp. pp. 10 - 11。

② 约翰·亚当斯(1735—1836),协助起草了《独立宣言》(1776),并于1797年继华盛顿后担任总统。

识。在争取更公允的观点方面,若干最好的工作是由美国学者完成的。①

不满的精神原先驱使许多英国人背井离乡、跨越大西洋,那种不满精神无论是宗教的还是政治的,似乎都在美国革命年代前的种植园历史上留下痕迹。②在英国自治思想的影响下,在新大陆生活条件的作用下,那种不满精神朝着美国独立精神的方向发展着,很长时间内,这都清楚地可见于殖民地总督与殖民地议会之间的不断冲突。总督代表王室权威,议会则代表殖民地日益增强的自我意识,双方斗争的结果是,某些情况下,殖民地远在构想出正式并完全独立的理念前,就已在法律条文之外获得了相当程度的实际独立。③

就重商殖民体系的实际运作而言,它既没有对英国那么有利,也没有像之前以为的那样对殖民地十分有害。执行相关法律的机制完全不足,而且在许多细节上,违法比守法更寻常可见。当时走私猖獗,只有非法贩运的利润才能使殖民地支付得起从英国进口的商品。虽然存在航海法律及其他措施,但殖民地还是向外国市场进行了大量的出口贸易,并从那里得到了所需的大部分欧洲商品和热带产品。当时那个《糖浆法》(Molasses Act),一心要防止北美殖民地用自己的产品去交换法国糖岛的产品,为的是照顾英国西印度种植园主的利益。④新英格兰的航运业一派兴旺,也许比老英格兰的航运业还要繁荣,殖民地商人在难免徒劳的重商体制下取得了很多收益,也没有遭受什么损失。殖民地经济就像在没有公开限制的情况下那样取得了发展,这样说也有一定的道理。

---

① 尤其是已故 H.L.奥斯古德(Osgood)教授、已故 G.L.比尔(Beer)先生阐明了英国17、18世纪的殖民政策。关于美国的一般修正性论述,参见 S. G. Fisher, *The True History of the American Revolution* (1902), and C. H. Van Tyne, *The Causes of the War of Independence* (1922)。英国方面对修正性观点最可观的贡献是 W. J. Ashley, "The English Commercial Legislation and the American Colonies 1660-1760", and "American Smuggling, 1660-1760", *Surveys, Historic and Economic* (1900)。最近的英国考察见 H. E. Egerton, *The Causes and Character of the American Revolution* (1923)。

② 关于这一主题,参见 F. W. Pitman, *The Development of the British West Indies 1700-1763* (1917)。

③ 参见 E. B. Greene, *The Provincial Governors in the English Colonies of North America* (1898), pp. 203-205。

④ 关于糖的问题,参见 Pitman, *British West Indies*; also C. M. Andrews, "Anglo-French Commercial Rivalry, 1700-1750:Western Phase", *American Historical Review*, XX。

正是七年战争(Seven Years War)改变了实际情况,为革命作了心理铺垫。形势要求英国保护其殖民地免受法国的侵略,英法两国的重商体制在西半球和东半球同时发生了最激烈的碰撞。然而,英属殖民地原已形成了与法国人通商的牢固习惯,所以战争期间它们继续与敌方开展贸易,还为法国人提供物资,帮助他们支撑战局。英国显然在美洲取得了胜利,就像在印度一样,随着加拿大被征服,法国的危险得以消除,也让保护完好的殖民地获得了安全感。可是,这一切反而强化了北美殖民地精神中的自决冲动。其实,那还仅仅是一种非常就事论事的精神,还不知道自己到底想要什么,同时,那种精神也意识到,只要继续藐视殖民制度中较严厉的部分,与英国的纽带终究仍可带来好处。面对殖民地的这种心理趋势,英国政府试图遏制独立的程度,而最近的研究表明,殖民地实已取得了独立。英国努力要进一步落实重商主义,且要确保看似天经地义的东西,即通过殖民地的税收来负担殖民地的防务开支。岂料,一场抗议运动就此而触发,经由一段时期的退让、回潮、报复、鼓动、希望、恐惧后,酿成了内战,最终演变为一场独立战争。

无论政府的确切动机是什么,在殖民地看来,执行《航海法》无非是要打击殖民地必要的贸易过程,执行《糖浆法》和《蔗糖法》(Sugar Acts)则势将损害北美殖民地利益,只会有利于英国西印度群岛的种植者。政府方面的其他做法也不免引发联想:驻军固然需要征税,可这种驻军与其说是为了保护殖民地,不如说是为了防止殖民地的扩张,毕竟英国担心扩张将助长经济的独立。[1]同时,允许东印度公司垄断茶叶贸易的那些措施,又使得本不情愿的殖民地商人去跟极端分子结成暂时的、极具影响力的联盟。[2]

在这里,我们不可能详细追踪双方争斗的各个阶段,并说明政府方面的错误如何帮助殖民地的激进分子战胜了温和审慎的意见。许多原因都在起作用,推动彼此较量滑向了一个干脆的结果。在法国人的支持下,殖

---

[1] 关于这一论点,主要参见 H. Thatcher, *The True Causes of the American Revolution* (1920)。关于扩张问题对革命的影响,一项有价值的研究是 C. W. Alvord, *The Mississippi Valley in American Politics* (1917), cp. II, pp. 249 *sq.*。

[2] 相关的精细论述可见 A. M. Schlesinger, *Colonial Merchants and the American Revolution* (1918)。

民地实现了独立,假如没有法国的帮助,殖民地本有可能被打败。当然也可能是,无论如何,双方的分道扬镳终究不可避免。然而,不难想象,假如采取更明智的政策,不仅有可能避免战争的爆发,而且可能引导北美人的精神,使其思想感情能与英国纽带的维系相安无事,特别是在运输和通信改进之后,原可能把距离的障碍降到最低的限度。当时的一些有识之士已经看到了这一点。

这个时代的所有主要大国都对国家利益秉持一种狭隘的看法,英国议会处理殖民地问题时亦不例外,在对待不列颠群岛的其他属国时同样表现出了这种狭隘性,这正是苏格兰和爱尔兰分离主义运动的诱因之一。

在属国保护制下,与苏格兰的联合伴随着商业上的平等,不列颠南北之间普遍实行自由贸易。王政复辟后,苏格兰恢复了过去的政治独立,这并非不得人心,因为之前的合并原未经过同意。不过,苏格兰现在又被当作一个外国经济体,这在王室合并后还是首次。①即使拥有一个共同的君主也无济于事,也无法抵消商业对抗的力量。当然,在殖民地贸易问题上,苏格兰一定程度上可以无视《航海法》的禁令,但其商贸活动还是受到这些法令的严重限制,所产货品或多或少地被排除在英国市场之外。苏格兰并未完全"躺下",它有一个独立的议会,并试图展开报复。英格兰与苏格兰的贸易自然受到影响,苏格兰人却也得不到任何好处。英方的嫉妒心在达里安计划(Darien scheme)中表露无遗,并给苏格兰人造成了不小的痛苦,这种情绪一度瓦解了要加强双方联合的一切努力,乃至酿成了一刀两断甚至兵戎相见的危险。正是慑于此类灾难性后果,人们不得不严肃看待联合的可取性。合并之后,苏格兰既能保持自身法律和宗教制度的独立性,又被允许享有商业上的平等,这终究对缔约双方都有好处。

在英国重商体制下,受苦最大者首推爱尔兰。②基于明显的宗教、经

---

① 关于这一段的主题,参见 T. Keith, *Commercial Relations of England and Scotland*, 1603–1707 (1910)。

② 参见 A. E. Murray, *History of the Commercial and Financial Relations between England and Ireland from the period of the Restoration* (1903); G. O'Brien, *The Economic History of Ireland in the XVIII Century* (1918), and *The Economic History of Ireland in the XVII Century* (1919)。

济和政治原因,重商主义在爱尔兰得到了更严厉的应用,可怕的爱尔兰问题因此大为加剧。爱尔兰不像苏格兰和美国那样以新教为主,它以罗马天主教为主,英国议会于是带着根深蒂固的怀疑眼光视之。再说,爱尔兰的工业潜力与英国的工业潜力十分相似,不免引发英国制造商和贸易商某种奇特的嫉妒心理。此外,爱尔兰议会不像苏格兰那样是一个独立的机构,相反自《波因斯法》(Poynings' Law)颁布以来它一向从属于英国议会,甚至在1719年《声明法》(Declaratory Act)之前就被认为已受制于英国议会至高无上的立法权。因此,爱尔兰议会甚至不具备苏格兰等级会议在独立时期尚能行使的那种小小的报复权。

伊丽莎白女王曾设法将爱尔兰的贸易仅仅留给那些最忠于英王的定居者,女王的那些措施流露出某种重商主义精神,不过,重商主义应用于爱尔兰的始作俑者还是温特沃斯。但如前已示,他的工作纯属行政工作,而且主要着眼于王室利益。王政复辟后,爱尔兰对英国的经济从属地位肯定是英国议会决断的结果。在英吉利共和国时期,两国之间并无自由贸易,可是没有发现王政复辟时期有法规条文曾对爱尔兰工业和贸易施加限制,或者对来自爱尔兰的进口产品征收过关税。然而,很快就启动过一项限制性政策,该政策最初是预防性的,后来则既是预防性的又是惩罚性的,一直持续到18世纪后半期。更难以理喻的是,尽管爱尔兰蒙受了最大损失,英国却也不是毫发未损,可能还没有哪条重商主义原则在其他领域的应用能如此鲜明地说明这一制度的内在弊端。

温特沃斯执政期间,爱尔兰的贸易得到了发展,但依照重商主义理念,那种贸易发展不容对英国造成损害,当时并未设想过可囊括双方的某种共同国力。查理一世统治时的首部《航海法》把苏格兰算作外国,它对英国与爱尔兰的航运倒未作区别,但在种植园贸易问题上,1663年的法案将爱尔兰排除在经济共同体之外。官方法令禁止爱尔兰向殖民地出口货物,而且根据后来的法案,货物也不得从种植园出口到爱尔兰。这些措施的总体效果是,它们毁掉了爱尔兰的种植园贸易,但另一方面所产生的后果也是英国议会始料未及的,即爱尔兰人被迫跟敌视英国的大国(法国和西班牙)及其殖民地建立更密切的商业关系。另一项产生类似双重结果的立法是著名的《养牛法》(Cattle Act),该法禁止爱尔兰牛输入英国,随之,英国的牛肉价格应声上涨。虽然爱尔兰被剥夺了英国的市场,但经由这种刺激,它倒是发展起了与外国的食品及其他商品贸易。羊群于是取代牛群,爱尔兰的羊毛开始输往外国,使得英国的大陆竞争者在毛纺织方面超过了英国,而爱尔兰食品在海外也超过了英国食品。此外,爱尔兰现在倾向于从其他国家购买它曾惯于从英国购买的商品,本土的毛纺织生产也有了相当大的发展。

为遏制这一势头,1698年的一项法令禁止爱尔兰羊毛或毛线出口到英国以外的任何国家,而英国自己那里,关税本已对爱尔兰纺织品的进口筑起了足够高的保护壁垒。爱尔兰的贸易无疑横遭英国禁令的破坏,但也说不定英国因禁运而遭受的损失反而要大于英国因爱尔兰竞争而可能遭受的损失,毕竟禁令的一个效果是刺激了爱尔兰人向外移民,那些移居海外的爱尔兰羊毛工人遂帮助其他国家发展了当地的制造业,从而夺走了英国的大量外贸。合理地考量英国或爱尔兰的利益可知,即使上述政策多有经济缺陷,也未能产生明显的补偿性政治好处。一直到了美国独立战争期间,看来存在发生叛乱的危险时,英国方面才作出若干让步,同意向较自由贸易的方向作调整。

王政复辟时期的一大特点是,法国的势力在欧洲走强,克伦威尔通过与儒勒·马扎然(Jules Mazarin)结盟其实有意促成了这一结果。尽管查理二世本人青睐路易十四(Louis XIV),并成为其养老金领取者,但我们发现人们普遍地对法国心生敌意。新教革命后,这种敌意体现于约翰·西利(John Seeley)爵士所谓的对法第二次百年战争(1689—1815)。英国原对法国在欧洲大陆上的政治和军事侵略性怀有戒心,在认识到法国广泛的商业和殖民计划后更是感到惊恐。法国的计划与英国的诉求和野心背道而驰,而且在重商主义者看来,法国明摆着在造成英国黄金的流失。[①]

[①] 关于反法国之重商主义,参见 Hewins, *English Trade and Finance*, pp. 133-144; W. J. Ashley, "The Tory Origins of Free Trade", in *Surveys*; D. G. Hall, "Anglo-French Relations under Charles II", *History*, VII, pp. 17-30; L. B. Packard, "International Rivalry and Free Trade Origins, 1660-1678", *Quarterly Journal of Economics* (May, 1923). G. N. Clark, *The Dutch Alliance and the War against French Trade*, 1688-1697 从盟国的角度展现了该图谋的失败。C. M. Andrews, "Anglo-French Commercial Rivalry, 1700-1750:Western Phase", *American Historical Review*, XX 主要依据18世纪重商主义小册子作者的著述。

查理二世执政初期,有人指出,自克伦威尔条约以来大大增加的对法贸易显然是一种"亏损"的贸易,因为自法国的进口值远远超过了英国的出口值,故而出现了要求征收高额关税以阻止进口的呼声。虽然贸易差额理论在重商主义政策中举足轻重,但如前所见,它并不是唯一的或始终是最高的考量。例如,官方鼓励与瑞典的商业关系,尽管那种贸易深受瑞典方面的重商主义限制,且明显是让英国"亏损"的一种贸易。在这个例子中,英国的决定性目标不是"钱币",而是船舶,因为其大部分海军物资来自瑞典的波罗的海地区,尚无法从其他地方充分获得。

然而,在对法国的贸易中,并没有类似的顾忌可使英国重商主义者容忍贸易逆差,及至重商主义大师让-巴蒂斯特·科尔贝主政时,英国更是忍无可忍。科尔贝的经济政策主要针对荷兰和英国的贸易,他引入了一项关税,简直就把英国商品排斥在法国市场以外。随着对某些法国商品的需求持续攀升,英国对法出口与自法进口之间的差额越来越大,重商主义运动最终变得势不可挡。1678年,英国以王国的钱财已被法国货的进口和消费耗竭为由,通过了一项法案,要为时三年绝对地禁入法国商品。詹姆斯二世(James II)没有延续这一禁令,但改为对法国进口货征收重税。随着国内新教革命的发生,以及英国因此卷入对法战争,所有与法国的贸易均告禁止。此后,禁令和保护的政策根据战争与和平的相继或者辉格党与托利党的轮换而交替实行,但即使在托利党掌权时,辉格党和重商主义者的反对也足以阻挠任何与法国签订商约的动议,乌得勒支(Utrecht)和约中曾提及签订此类商约。

部分是出于对法国的敌意,部分是为了设法弥补(重商主义者认定英国由对法逆差而遭受的)损失,英国试图加强与葡萄牙的贸易,英葡贸易中英国一般保持顺差,不同于对法贸易逆差。[①]在1653年战争获胜后,英吉利共和国按照真正的重商主义套路,利用自身实力向葡萄牙强加了一项条约,弱势一方在此安排中居于经济上的从属地位。英国与葡萄牙的

---

① 参见 Hewins, *English Trade and Finance*, pp. 129 – 137; A. B. Wallis Chapman, "The Commercial Relations of England and Portugal", in *Transactions*, Royal Historical Society, 3rd series, I, pp. 157 *sq.*。

相对地位跟英国与法国的地位正好相反。葡萄牙需要英国商品,而经济疲弱使之无法对等地提供交换商品,因此,贸易差额对葡萄牙非常不利,它只能用金银来支付差额。葡萄牙人认为英国商人将摧毁葡萄牙,英国重商主义者则乐见对葡贸易,因为其所带来的顺差大于与任何其他国家的顺差。葡萄牙试图通过禁止穿着英国的衣服来保护自己,但更有助于改善贸易平衡的应该是英法之间的战争,因为对法战争迫使英国更加依赖葡方的葡萄酒了。在英国看来,与葡萄牙的贸易应以法国为代价来发展,英葡双方不妨相互让步,当然这仍应有利于英国。英国购买法国葡萄酒时必须用钱币去支付,对葡方的葡萄酒则可以用货物去换购,于是,英国对葡方葡萄酒的需求可用来保证对英国呢绒需求的回升。因此,经由著名的《麦修恩条约》(Methuen Treaty)的安排,英国的毛纺织品重新进入葡萄牙,同时葡萄牙的葡萄酒获准按优惠关税进入英国。

  英葡条约究竟产生了何种影响,这历来都是诸多讨论或争论的主题。亚当·斯密抨击该条约,理由是英国拿出了优惠,葡萄牙却没有提供优惠。他还强调,人为引导到对葡贸易的那些资本,本可有利可图地用到其他地方,且不论条约引发了与其他国家的复杂政治问题。[1]反过来,李斯特认为这是英国商业政策的一个杰作。他说,该条约把荷兰人和德国人排除在与葡萄牙及其殖民地的贸易之外,使得葡萄牙在政治上依赖英国,英国通过这种贸易则获得了金银供应,极大地扩展了自己与中国和印度的商业往来,借此打下了其印度大帝国的基础,也得以夺走荷兰最重要的贸易据点。[2]然而,李斯特对英国重商主义政策的评价往往有些夸大其词。该条约固然增加了英葡双方的贸易,葡萄牙和巴西确实成了英国的商业附属地,这对法国和荷兰都是一个打击。但是,假如把条约安排之后的所有商业进展都解释为由条约引发,那显然夸大了它的影响,而当我们把损失与收益两相权衡时,英国在天平上真正得到了多大好处尚多有疑问。条约的一个后果是,它破坏了英法间的大部分贸易,从而加剧了两国的商业竞争,且普遍强化并延长了双方间的敌对关系。此外,葡萄牙也不

---

[1] Smith, *Wealth of Nations*, Cannan ed., II, pp. 47–50.
[2] List, *National System of Political Economy*, pp. 34, 49–54.

满于英国的主导地位和贸易顺差,毕竟自己需要用巴西的黄金去支付逆差,而英国的重商主义者却享受着顺差。葡萄牙主政者庞巴尔侯爵(Marquis de Pombal)于是向英国的垄断宣战,他成功地把部分贸易转往法国,并在一定程度上改善了本土工业。葡萄牙为维护经济独立所采取的措施,无论如何都是相当成功的,所以当亚当·斯密谴责《麦修恩条约》时,他在公众舆论中得到了颇多支持。[①]

英法两国的竞争在很大程度上决定了18世纪的对外关系,如前已见,《麦修恩条约》即与此有关。英法竞争主要基于殖民和商业方面的考虑,这一事实促使人们得出一个总体结论,即此前的战争都是宗教战争,18世纪的战争则出于商业原因。这种区分表面上看似合理,其实却太过黑白分明。之前的战争中也有经济动因在起作用,而之后的战争同样包含非经济动因。当然,战争与贸易二者交织于旧商业体系之下,到17、18世纪尤其显著,这也是不争的事实。也正因如此,我们如今强调重商主义的这个侧面,即,国家动用强力积极地经营国民的商业利益。[②]这一点不同程度地可见于荷兰的战争、威廉三世(William III)的战争、西班牙王位继承战争(War of the Spanish Succession)、詹金斯耳朵战争(War of Jenkins' Ear)、奥地利王位继承战争(War of the Austrian Succession)、七年战争、美国独立战争,以及大规模的法国战争。在可能情况下,各附属地被当作"专属市场"来安排和运行,这个事实就把商业侵略性与领土侵略性带到同一个政策计划中,并在贸易平衡和实力平衡之间设想了一种必要的联系。有鉴于此,用西里的话说,这个年代的贸易变得"酷似战争"。[③]

正是在王政复辟时期,为了保护英国农业,官方启动了一项明确的关税政策,对进口的外国谷物征收高额关税。此外,查理二世时的托利党人开始了一种做法,即当国内价格低于某个最低价时,便补贴谷物出口。迫于地主利益集团的压力,辉格党人在革命时期大规模地延续了这种做法。

[①] *Transactions*, Royal Historical Society, 3rd series, I, p. 178; *Dictionary of Political Economy*, II, p. 748.

[②] 有关这些论点,可比较 Schmoller, *Mercantile System*, pp. 64 *sq.*; Wakeman, *Ascendancy of France*, pp. 202-203; J. W. Wesford, *Strength of England* (1910), pp. 349-350.

[③] Seeley, *Expansion of England* (ed. 1899), p. 129.

第一部谷物法案似与其他原因一起刺激了谷物出口,尽管那是以大量消耗国库为代价的。围绕1689年《谷物补贴法》(Corn Bounty Act)所产生的影响,从来都众说纷纭。有些人认为这是一项非常成功的重商主义立法,极大地促进了18世纪英国的繁荣,特别是它能够稳定价格,年景好时可放开过剩谷物的出口,年景不好时又可确保国内消费的充足,由此激发了农业。然而,对于其有益作用,尚缺乏确凿证据。在立法实施半个多世纪后有人抱怨说,它未能实现重商主义者所期望的任何目标,而且也很难说它是否促进了耕作规模的扩大,同时可以断言,它并未导致航运业的扩张。①随着工业革命的进展和人口的迅速增长,英国不再是一个谷物出口国,以1815年为顶峰的谷物保护法尽管有助于抬高粮食的价格,但对农业其实没有作出多大贡献。

第六章 英国重商主义史:走向衰落

重商主义学说支配了英国的经济政策,18世纪后半叶前始终如此。不过,即使在17世纪末以前,重商主义的某些特征也已受到人们的猛烈抨击。

如前所述,商业上的嫉妒特别针对的是法国,但主要是辉格党人敌视法国,他们促成了近一个世纪中占主导地位的政策。另一方面,托利党人对法国敌意较少,甚至还颇为友好,他们赞成放宽对法国实施的那些禁止性或保护性规定。针对普遍的反法态度,托利党的部分小册子作者如乔赛亚·蔡尔德(Josiah Child)、达德利·诺思(Dudley North)、尼古拉斯·巴尔本(Nicholas Barbon)等人,出面表达不同意见,专就国际贸易的性质阐述自己的观点,这些观点看来预告了亚当·斯密后来提出的论点。②他们的观点主要涉及贸易逆差问题,尤其是质疑了关于英法贸易差额的流

---

① 参见 Gras, *Evolution of the English Corn Market*, p.254, and Hewins, *Economic Journal*, II, p.698,以了解跟坎宁安相左的观点。

② 关于这些作家及其观点提出时的处境,参见第五章相关注释中阿什利、豪尔(Hall)、帕卡德(Packard)的相关文献。最值得注意的是达德利·诺思(1641—1690)和尼古拉斯·巴尔本(1640?—1698),后者或许是普雷斯高德·巴尔本(Praisegod Barebon)之子。

行立场。他们争辩说,单凭英国自法进口超出英国对法出口这一事实,尚无法判断涉法贸易是否有利于英国,所以这不足以构成一个评判标准。问题的关键不在于我们与任何特定国家的贸易差额,而是我们与所有国家贸易的总体差额。事实上,无论是借由海关报表还是其他手段,都不大可能计算出两个特定国家之间的差额,而且,英法间的差额或许对我不利,但对法贸易有可能带来了对我有利的与其他国家的贸易机会。

据实而论,这里谈及的托利党人并未挑战一般的差额理论,而只是在挑战与任何特定国家保持贸易顺差的必要性,因此,他们没有超出托马斯·孟所曾达到的高度。然而,在支持自己的诉求时,他们中某些人曾就贸易和商业的一般特征公开陈词,而在解读有关陈词时,是有可能得出比其原义要宽泛得多的若干含义。例如,在巴尔本这里,我们隐约看到这一理论,即商品最终必须用商品去支付,假如我们禁止进口任何外来商品,那等于在限制同样多的我国商品的出口,因为我国商品是外国需要用其商品来换取的。诺思在谈到全世界在贸易问题上形同一个国家时,似乎在严厉抨击一国的排他性政策。尽管我们应努力避免在这些话语中读出比作者所思所想更多的东西,但它们无疑已经指向了斯密即将表述的关于自由贸易的连贯思想。

与此同时,既然贸易差额理论以钱币盈余为主要目标,那么,这一理论基础因为世事变迁而在遭到削弱,事实上使得重商主义的重点发生转移,开始把贸易顺差视为本国工业相对发达的一个标志。之前,为了国防的利益,获取金银钱财似乎天经地义,然而,随着信贷和银行系统的成长,特别是随着国债制度和英格兰银行的建立,对金银的渴求不再像以前那样迫切。庞大的开支如今可由贷款来解决,原先为产生财富流入而调节贸易的方式,已变得不再那么必不可少。此外,就重商主义的另一部分而言,日益增长的企业精神和英国市场的扩大促使人们感到,如果允许所有人自由地开展贸易,而不是将某些领域留给官控的公司经营,那就能最好地开发这些市场。然而,事实证明,政治派别是确立经济自由主义的一个强大障碍。

罗伯特·沃波尔(Robert Walpole)实施的变革总体上朝着自由贸易的方向发展,但他很难被列为当今通常意义上的自由贸易者,他的立场其实介于重商主义与自由贸易之间。①他 1721 年的声明常被说成是《国富论》原理的先声,但实际上那则声明并无任何与重商主义学说相抵触的内容。沃波尔提出了贸易顺差的目标,并且建议降低原材料的进口关税,却没有把降税建议扩大到制成品的进口关税,须知,降低制成品进口关税才是现代自由贸易政策不可或缺的一部分。不过,沃波尔关税改革的结果终究是取消了限制,从而推进了贸易自由。在殖民领域,如前已见,典型重商主义的《糖浆法》政策后来产生了严重后果,但沃波尔时代并没有试图执行该法律。此外,尽管他的殖民地政策受到了溢美赞颂,但就其不干涉特点而言,那其实是与旧重商主义理念的一种决裂,在其领导下,英国的和殖民地的繁荣都取得了长足进步。

英国在七年战争中的成功很大程度上依赖了沃波尔的政策所奠定的物质财富基础。结果,英国海外市场的覆盖范围和安全保障得到了拓展,无论旧的管控体制在早期曾拥有何种优势,此时看来它肯定需要适当调整,毕竟英国的商业经营面临着更广大的机会。正是由于在此关头未能读懂时代的端倪,这个时候才催生了北美的反抗。北美发生的事情固然成因复杂,但那看来尤其标志着旧商业体制的失败。因此,尽管世人远未普遍信奉现代自由贸易论点,但在《独立宣言》发表的 1776 年,出现了一部著作,它对重商主义的方方面面发起了说理清晰的攻击,并提供了一个比较简洁的替代方案。这让人产生一种印象,即那部著作虽未必理想地立竿见影,却有助于为随后的一场运动铺平道路,在接下来的 70 年里,该运动将彻底推翻国家经济政策的旧秩序。

托利派自由贸易者对法国的重农学家(Physiocrats)产生了若干影响,重农主义代表了法国对科尔贝体制的抵抗。②英国的托利派自由贸易者和法国的重农学家后继有人,《国富论》的作者亚当·斯密便是其得意

---

① H.W.V.坦普利(Temperley)强调(也许是过分强调)了沃波尔经济政策的重商主义特点,参见 *Cambridge Modern History*, VI, pp. 49 – 56。

② "重农主义"这一术语意在表明,该体系是以自然法则而非人为管控为基础的,其创始人为路易十五的御医弗朗索瓦·魁奈(François Quesnay, 1694—1774),参见 H. Higgs, *The Physiocrats* (1897); G. Weulersse, *Le Mouvement physiocratique en France* (1910); C. Gide and C. Rist, *History of Economic Theories from the Physiocrats to Our Own Time*, tr. (1905); *Dictionary of Political Economy* 中"Economistes""Physiocrats"及相关人名词条。

门生。但是,斯密以一种完整、中肯的方式论述了主题,即使未必总是令人信服,也还能引发人们思考,况且涵盖了以前单一综论框架内未能充分考察的诸多领域。①

亚当·斯密呼吁,如果允许个人不受限制地追求其私人利益,那么国家的财富就能得到最好的保障。国家对国内工业或国际商业的控制越少越好,尤其是税收应该着眼于财政收入而不是为了管控。他大力抨击了贸易差额理论,使得任何严肃的经济学家都难再老调重弹,而且他还揭露了重商主义关于货币与财富观念的虚夸之词。他指出,国际贸易本乃一件互利的事情。有观点以为,两个国家彼此贸易时,如果一方受损并受损多少,必然是另一方获利并获利多少,一国获利的唯一途径是让出口超过进口,从而获得盈余的金银钱财。斯密斥责这种观点纯属无稽之谈,他强调每个国家实际上都获得了自己想要的东西,并摆脱了自己不想要的剩余,这是一个相对价值的问题。重商主义观点把货币当作财富,真正的财富其实是货币所代表的价值。差额的要害不在于出口超出进口之差额,而是生产超出消费之差额,即使在毫无对外贸易的情况下也可能存在这种差额。针对争取盈余以增加国家财富、借助管控来促进英国工业的种种方法,斯密都进行了锐利的分析。他审视并谴责了补贴制度、旧殖民政策、爱尔兰工商条例、官控公司制度、《麦修恩条约》、对法国贸易限制,并定下了国际贸易的一条金科玉律,即为了一国的自身利益,其邻国应该富裕而不是贫穷。

亚当·斯密猛烈抨击重商主义(这是他取的名字),着重强调国际贸易的相互性,却引发了双重的指控,批评者认为他对重商主义者不公平,同时过度倡导世界主义。据澄清,重商主义者并不相信货币是唯一的财富;他们没有试图提出一个经济政策体系;在许多其所设计或采用的权宜之策中,经济考虑从属于政治考虑,故而不能像斯密所批评的那样,好像

---

① 亚当·斯密(1729—1790),苏格兰法夫郡人,在格拉斯哥大学和牛津大学接受教育,在格拉斯哥大学先后就任逻辑学教授和道德哲学教授,最后在爱丁堡担任海关专员。有关其著作等细节的精湛概述,参见 Dictionary of Political Economy, III, pp. 412 sq., 其著作最好的新近版本由 E.坎南(Cannan)博士、W.R.司各特(Scott)博士编辑。

它们属于某个环环相扣的经济学说体系。① 这种批评不是无的放矢,然而,重商主义的教导和实践虽说缺乏连贯性和系统性,但也不能因其所涉及的理论倾向和经济结果而让它免于批评。不应否认,斯密对重商主义的讨论还是有道理的,他甚至从国家实力的角度经常表明重商主义政策的徒劳性,这点也不无道理。斯密的论断,即自由贸易学说一般都倾向于世界主义,原无可争议,这种判断也未必就是一种谴责。斯密身上的世界主义,且不论在其追随者那里情况如何,却未必就与一种非常强烈的国家意识相抵触,奇怪的是,许多因为世界主义而攻击斯密的人忽略了这一点。例如,尽管斯密以经济理由谴责《航海法》,但又以政治理由为之辩护,毕竟他说过,国防比富裕更加重要。其实,他在这方面赋予《航海法》以那种功效,尚缺乏直观的证据。从斯密著作的主题中解读出世界主义内涵,② 显然不合情理,毕竟他曾明言,国家富强乃各国政治经济学的伟大目标。不过,斯密的这一观念远比重商主义者的观念要基础宽广,这一点从其关于帝国联邦(Imperial Federation)的构想中即可显见。需要指出的是,在斯密的关税联盟设想中,并无相应的优惠关税计划。③

《国富论》当年最伟大的学子是小威廉·皮特(William Pitt)。皮特上任前夕,北美殖民地的明确丧失事实上已让狭隘的国家利益观念信誉扫地,而斯密主要攻击的对象正是那种狭隘国家利益观。皮特不但是学子,还是一个门徒,在其和平年代,他就英国经济政策的改革取得了相当大的进展,改革的方向便是斯密论著中所指的方向。皮特降低了各种普通商品的关税,力图取消所有主要外贸领域中的限制,斯密曾因这些限制而谴责了现有体制。例如,皮特试图采取措施,在英格兰和爱尔兰之间确立自由贸易,却未能成功。他希望向美国提供充分的贸易自由,终究无法

---

① 关于此类批评,参见 Cunningham, "Economic Doctrine in the XVIII Century", *Economic Journal*, I。

② 参见 List, *National System of Political Economy*, p. 97。相关的纠正,参见 J. W. Nicholson, ib., Introduction, p. xiv, and "The Nationalism of Adam Smith", in *A Project of Empire* (1909); also Marshall, *Industry and Trade*, pp. 746–747。

③ 可比较 Nicholson, *A Project of Empire*, cc. 14, 15, 16。有关这一段的总体主题,参见 L. L. Price, "Adam Smith in Relation to Recent Economics", in *Economic Science and Practice* (1896), and "Free Trade and Protection", *Economic Journal*, XII (1902)。

做到，但人们发现，继续针对美国严格执行《航海法》已不切实际，因此最后放宽规定，允许原北美殖民地的人民可用自己的船只向英国出口。法国的经济政策已趋相对自由，法方建议，英法两国联合其他国家，一起废除所有排他性贸易，这一建议未有结果，可是数年后，皮特已能在互让互惠原则下与法国签订商业条约。① 根据双方协议，法国葡萄酒将获准进入英国，其适用关税将参照葡萄牙葡萄酒所享关税。前文已示，英葡《麦修恩条约》的运作并不如意，但没有人因为葡萄牙的情况而反对英法订约。皮特的主要目标是，通过这种较自由的贸易政策，促进英法之间更友好的关系，在把协议托付给议会时，他强烈批驳了重商主义关于国际对立不可避免的论调。值得一说的是，葡萄牙尚能处理好贸易平衡问题，它借助巴西供应的棉花，得以满足英国制造业日益增长的需求。

人们普遍预计，北美殖民地的丧失将相应减少原本正在增长的英美贸易，然而，新生共和国的需求却带来了相反的结果。英国在遭受政治上失分后，反而迎来了经济上的得分，这显然有悖于重商主义把政治实力与经济实力捆在一起的那种理念。这一事实产生了强大的效应，帮助人们认识到亚当·斯密理论的智慧。不过，最终推翻重商体制，靠的还是被称为工业革命的那一系列重大变化。在国家原拟施加保护的政策下，作为旧行当中龙头老大的毛纺织业受到了很大影响，新的主导行业即棉纺织业在没有王室任何照顾的情况下反而成长了起来。② 于是，如今各行业中出现的新制造企业阶层不免感到，重商主义限制形同某种枷锁，阻碍着已经创生的新力量的自由发挥。法国大革命后期的战争帮助延长了重商主义的统治，但当战争的最坏影响消退时，自由贸易运动便如日方升，它代表了自由主义壮大中的经济侧面，那是19世纪第三个十年的突出特点。

---

① 参见 Hewins, *English Trade and Finance*, pp. 144 - 158; Witt Bowden, "The English Manufacturers and the Commercial Treaty with France", *American Historical Review*, XXV, pp. 18 *sq.*。

② 对于棉纺织这一新支柱产业未得到王室任何恩惠就发展起来的说法，有人会提出异议，因为该"幼稚"产业受到过1721—1774年法律的保护，那些法律或多或少禁止了印度棉纺织品的输入。但必须指出，制定这项禁令的目的并非为了刺激英国的棉纺织生产，它原系毛纺织利益集团施加压力的结果，主要为了保护他们免受棉纺织品的竞争。再说，我们对兰开夏郡棉纺织业历史的了解尚无法证明，该禁令是棉纺织业发展的必要因素。

斯密及其他经济学家提出的理论现在经由商业阶层自己而向政府施加压力，1820年代伦敦商人和爱丁堡商会的请愿书明确无误地阐述了自由交换的原则以及保护制度的弊端。①

有人指出，我国商业体系中的诸多禁止性和限制性关税，是对整个社会的一种沉重税负，却没有给本拟照顾的群体带来任何可观的好处。更有甚者，我方关税还激发了其他国家类似的加税行为，特别是针对英国的报复行为。下议院任命一个委员会专门调查这一问题，委员会提出的报告充分证实了请愿者的论点，并建议应当逐步转向自由贸易体制，以此作为未来商业政策的基准。据称，英国此前的保护主义政策激发其他国家有样学样，其他国家还把英国的优势地位和经济繁荣归功于其排挤他人之限制政策。这是一个错误的观念，因为英国的商业成就和海上力量实乃国家自由宪政和人民进取精神共同作用的结果。于是乎，假如英国在自由贸易问题上起到带头作用，其所作所为无疑将有效促进世界各国的普遍进步，有望打造一个自由开明的国际交往体系。

这个运动不断发展壮大，然而我们应当记住，贸易自由化并非突兀而起的全新现象。甚至在法国大革命战争结束前，旧体制已经在一个又一个方面得到调整。《航海法》已经被部分废止，至少对美国和巴西是这样；《学徒法》(Statute of Apprentices)已遭废止，管控工商业的其他法律也已废弃不用。之前的旧行当受到政府的控制与保护，而由工业革命引入的工商新行业未经政府干预却照样生机勃勃，不加管控的商业公司也节节成长。不过，这场运动此时采取了坚决的攻势，下一代人便见证了威廉·赫斯基森(William Huskisson)、罗伯特·皮尔(Robert Peel)、威廉·格莱斯顿(William Gladstone)当政时期的立法成就，它们推翻了重商主义体制，确立了自由贸易。赫斯基森的名字与《航海法》中引入互惠原则具体相关，这个法律后来被完全废除。皮尔的名字尤其与废除《谷物法》(Corn Laws)相连，该法堪称重商主义精神在英国立法中的终极体现，其

---

① 关于这些请愿及其后续情况，参见 Select Documents, pp. 698 – 701, and L. Levi, History of British Commerce (1880), pp. 152 sq.。伦敦的请愿书由托马斯·图克(Thomas Tooke)撰写，已故罗伯特·吉芬(Robert Giffen)爵士曾称图克为"本国出过的最伟大的经济学家"。

效果不单在于抬高了粮食的价格,还在于束缚了英国产品的海外市场。这三位首相中的每位都参与了一般关税的改革,通过降低或废止关税的方式,确立起征税是为了财政收入而不是为了保护或控制的原则。不过,自由贸易运动的急先锋当推理查德·科布登(Richard Cobden)、约翰·布莱特(John Bright)、查尔斯·维利尔斯(Charles Villiers)及其他非官方改革人士。①

认真研究经济史的学者甚少质疑这一自由化运动在开展时的明智合理性。事实上,在批评无条件自由贸易最有力的人当中,即便是李斯特也认为,及早启动这项政策对英国有利无害,当然他也认为,在向其他国家推荐同样的自由化进程时,英国关注的是自身利益而非他人利益。但李斯特似乎没有充分认识到,这一时期英国对自由贸易学说作为一般原则还是真心赞赏的。无论如何,工业革命已切实需要经济政策也来一场革命,经济政策革命的结果则是英国工商业的大发展。《航海法》的废止远没有导致英国商船的覆亡,相反带来了英国航运业的大扩张。新的农业政策在地主和农民中激发起一种创业精神,证明农业可以在没有保护的情况下蓬勃发展。总体贸易量也经历了巨大的扩张,当然重要的是,不应夸大这种扩张的程度,或者给予它任何"单一原因"的解释。进出口价值的增长很大程度上是因为,随着加利福尼亚和澳大利亚发现金矿,价格有了上涨,这必然会降低钱币的购买力,还有其他因素也促进了事态的发展。然而,在考虑了全部因素后,进步的事实依然毋庸置疑,而且当考察那些有助于打造新繁荣的条件时,我们不能不得出这样的结论:放弃重商主义的国家管控确乃最重要的成因之一。

重商主义的历史在其他任何地方都没有像在英国这里呈现出如此连续和完整的发展,但它在英国的发展也必然受到外国政治经济趋势和运动的影响与塑造。事实上,英国重商主义之所以能够长期维持,无非是因为它的应用相对中和适度,在面对竞争性或冲突性力量时,又审慎地放松

---

① 关于自由贸易运动,除参见坎宁安的著作外,还可见 *Dictionary of Political Economy*, II, pp. 146 sq.; A. Mongredien, *History of the Free Trade Movement in England* (1881); G. Armitage-Smith, *The Free Trade Movement and its Results* (1903); B. Holland, *The Fall of Protection 1840–1850* (1913)。

了它的严格性。这明显有别于其他一些国家的情况,因为那些国家的经济政策显示出追求理论极端性的特点。然而,有一种强烈的印象不胫而走,在旧世界和新世界的印象中,好像英国的重商主义不是表现为报复,就是干脆表现为限制,况且这种印象不限于重商主义衰落期当中或之后所建立或统一的国家,如美国、德国和日本。因此可言,过往一个世纪中,在经济政策领域,英国的历史榜样,不论得到了正确的还是错误的解读,都比英国的当代榜样对崛起中的大国产生了更大的影响力。我们于是建议,在随后章节中,在重商主义特征最为明确的英国以外,不妨注意一下其他国家重商主义运动的主要特点。

第七章 欧洲重商主义史:西班牙、葡萄牙、荷兰

如果英国重商主义总体上比其他国家的重商主义展现了更多的平衡与适度,那么,在同时期大多数时候,西班牙的经济政策却最抢眼地呈现了缺乏连贯、过犹不及的恶劣性。

地域国家的重商主义首次崭露头角是在伊比利亚半岛,因为早在13世纪,阿拉贡的詹姆斯一世(James I of Aragon)所执行的政策中,已可见到某些相关的重商主义特征。不过,直到阿拉贡的费迪南(Ferdinand of Aragon)和卡斯蒂利亚的伊莎贝拉(Isabella of Castile)统治时期,才在西班牙建立起君主控制下的某种全国性经济。费迪南和卡斯蒂利亚通过联姻及征服格拉纳达(Granada),把葡萄牙以外的整个伊比利亚半岛都置于自己统治下。毫无疑问,这些重商主义统治者考虑的是对国家资源的全方位开发,然而,西班牙针对外部世界所采取的进取路径,加上其他若干因素,却产生了一种迥然不同的东西。

西印度群岛的发现以及中美洲和南美洲的开辟,让西班牙拥有了一个富含欧洲急需贵金属的殖民帝国,这决定了西班牙统治者的经济政策从此将要遵循的主要方针。就排他性殖民帝国这一古老理念的现代应用而言,葡萄牙和西班牙堪称先驱者,纯粹是因为葡萄牙在东方、西班牙在西方,双双引领了从遥远地区聚敛钱财的潮流。西班牙是大规模实施那种夸张版重商主义的始作俑者,这种重商主义将钱财视为最重要的财富

形式,毕竟西班牙能够吞并的领土上恰好存在大量的白银和黄金。贸易差额制度,即其他国家试图借此保留或吸引大量贵金属,以及西班牙的重金主义制度,即试图垄断西半球矿区的宝藏,同属重商主义精神的产物,它们在不同的环境下运行,并且相互作用与反作用。

跟其他殖民体系一样,西班牙的统治原则是,为了宗主国的利益而控制附属国的发展。殖民地的工业要尽量限于矿山的开采,矿山由土著和奴隶去劳作。行政管理由西班牙出生的官员负责,殖民地的商业和工业一律受到严密监管。贸易输运只能留给皇家船只,外国人被禁止与西班牙属地开展贸易。限制殖民地工业的主要目的,一方面是要确保工业活动集中于矿区,另一方面是要让殖民地依赖于西班牙的制造业和制成品,以便西班牙制品能谋取垄断价格。然而,殖民地工业受到遏制的程度通常被夸大了,因为即使是与宗主国相似的行当也不是一概遭到否决。也应补充说明,基于最近的研究,针对之前关于当地人和黑人受到无情剥削和压迫的论点,人们已作了某些修改,并得出结论说,总体而言,西班牙对美洲的管理可能并不比西班牙本土的管理更糟糕。[1]

西班牙希望,通过直接从矿区聚敛贵金属,再加从殖民地对欧洲货品的需求中牟利,本国将享有丰沛的财富并借此奠定稳固的实力基础。为把钱财留在国内,西班牙不仅依照之前的政策禁止钱财输出,而且下令,凡所购买的外国货物应当用西班牙产品去支付,而不是用西班牙钱币直接支付。可惜这一制度除人为制造国家富强的假象外,并未产生其他任何效果。对殖民地的垄断一度刺激了工业的发展,然而,贵金属的涌入在相当长时期内使得西班牙的价格上涨到了其他国家望尘莫及的高度,因为贵金属输出禁令阻止了趋于平均化的正常流动。此外,对钱财的贪婪在不断强化,且以牺牲工业企业为代价。垄断政策引发了以走私和海盗为形式的外国袭击,伊丽莎白时代的英国海员在这方面尤其表现突出,给

---

[1] 关于这一观点,参见 E. G. Bourne, *Spain in America* (1904), pp. 211 *sq.*, 239-242,研究西班牙重商主义的其他著作有 W. H. F. Roscher, *The Spanish Colonial System*, tr. (1904); C. H. Haring, *Trade and Navigation between Spain and the Indies in the Time of the Hapsburgs* (1918); J. Klein, *The Mesta: A Study in Spanish Economic History, 1273-1836* (1920); and C. E. Chapman, *History of Spain* (1918), esp. cc. 15, 28, 37。

西班牙造成了很大损失。相关的战争，也包括由哈布斯堡的财产和统治者彼此关系所引发的战争，意味着沉重的税收，对西班牙的经济生活产生了破坏性影响。

商业、工业、农业统统因过度监管而被扼杀，监管措施的初衷却往往是要保护或促进这些部门的发展，为此，那个世纪在见证西班牙辉煌的同时，也见证了该国人口的不断减少。及至下世纪初，随着摩尔人遭驱逐，西班牙农业和工业的骨干力量便风吹云散。卡斯蒂利亚的绵羊所有者公会（Castilian gild）（即梅斯塔，Mesta）对摩尔人的农业活动心怀嫉妒，似乎在反摩尔人的运动中发挥了某种作用。多个世纪中，西班牙的农业发展因国王对梅斯塔的青睐而受到阻碍。王室的行为逻辑是，梅斯塔羊出产的美利奴羊毛乃西班牙最重要的商品，可以用来购买外国黄金，或用来换取必要的外国商品。然而，既然授予梅斯塔特权，恩准它们去有关城市和乡村游牧放羊，就会严重影响那些城乡地区的生产，特别是会严重影响定居方式的畜牧业。

随着本国工业和农业的衰落，西班牙发现自己越来越依赖外来的物资供应，却又缺乏可以交换外国货品的本国货品，它便只得向外付出手中的钱财。更有甚者，西班牙卷入的那些战争，特别是在维持域外士兵的军团时，意味着把大量钱财花费于王国以外。强调贸易差额的重商主义者严厉抨击西班牙那种守金如命的重商主义，托马斯·孟在其论著中专章申论，称西班牙的任何禁令都不可能阻止其钱财流往其他王国。他说："那个国家因为战争的需要和货品的匮缺，必然会流失手中的东西。"

西班牙在西方针对自己属地所采取的政策，同样由葡萄牙在东方和非洲的殖民体制所采用，只不过有关矿藏贵金属的情况有所不同。葡萄牙推行了独占性质的商业体制，这很大程度上确实要为其帝国已在发生的衰落负责任。当然，1580年后，葡萄牙自身被西班牙王室兼并，扩大的西班牙帝国全部落入一种体系。其垄断独占的政策从此招致英国人和荷兰人的猛烈攻击，大多数葡萄牙殖民地就是在西班牙统治期间丢失的。1640年，葡萄牙被西班牙奴役60年后，再次成为独立王国，但它已不再拥有一个大帝国。随后更长的时期内，葡萄牙走向了最终体现于《麦修恩条约》的那种体制。在此体制下，葡萄牙的经济利益从属于搞重商主义的英国的经济利益,当然,英国由此获得的好处很可能被英国与法国关系的恶化所抵消。在以后年代,葡萄牙的经济进步则因为自身的限制性体制而遭到极大的阻碍。

与此同时,到17世纪末,不仅西班牙丢失了葡萄牙的属地,而且它的殖民地商业及其他对外商业事实上都遭到重创,工业甚至农业都处于极其凋敝的状态,游荡懒散的现象比比皆是。西班牙的状况与英国、法国、荷兰的殖民活动和商业活跃形成了鲜明对照。由于西班牙王位继承战争,西班牙的王位和财产落入法国波旁(Bourbon)家族手中。正是这种变故激发当国者努力尝试,希望模仿法国在路易十四统治前期由科尔贝所采用的工业和商业体制,以图恢复西班牙的繁荣。

这场运动落在文字上的首要倡导者是热罗尼莫·德·乌斯塔里兹(Gerónimo de Uztariz),这是提出了政治经济学体系的首位西班牙人。①乌斯塔里兹敦促人们遵守那种比重金主义更加宽阔的重商主义理论,按照这个思路采取系统性行动,去组织生产力量、管控劳工组织、分配有关产品。他并未完全抛弃重金主义,但强调应当通过发展工业来确保贸易差额的种种好处。乌斯塔里兹仔细研究过英、荷、法各国的经济政策,倡导西班牙引入同样的措施,只不过要依照本国的特殊需要而作出调整。他推崇英国涉及航运的《航海法》,尤其是法国涉及关税与制造业的科尔贝体制。如同其他重商主义者,乌斯塔里兹也认为政府对工业的直接保护实乃国家繁荣的主要源泉,其所追求的目标在于确立西班牙的经济独立。有观点认为,乌斯塔里兹把国民经济组织起来的想法堪称德国李斯特学派的先驱,李斯特是相关学派最杰出的代表。②

在费利佩五世(Philip V)及其继承者统治下,西班牙明确按照上述方针改革了本国的经济体制。在此过程中,虽不能说英国和荷兰没有产生示范效应,但占上风的还是法国这个榜样。总之,西班牙18世纪的重商

---

① 有关乌斯塔里兹(1670—1732)及其著作,参见 A. Wirminghaus, *Zwei Spanische Mercantilisten—Uztariz und Ulloa* (1886),或最好参考 A. Mounier, *Les Faits et la doctrine économiques en Espagne sous Philippe V: Geronimo de Uztariz* (1919),and M. Boissonade 刊于 *Revue historique* (Nov.-Dec., 1919)的评论文章。

② 参见 List, *National System of Political Economy*, pp.47, 54 有关乌斯塔里兹的论述。

主义不过就是尽可能照搬科尔贝体制,那是一种全面的政府控制与保护的体制。官方建立了王家工场,把特权给予私营机构,对工业一般施予细致管控,并力图通过降低关税鼓励出口,通过征收高额关税阻止外国制品的进口,通过设立并鼓励特许公司促进商业活动,还把西班牙货品的输运留给本国船只。由于囊括了这些要素,这一体制能够超越它所替代的狭隘重金主义体制,对激发工业和商业产生了毋庸置疑的效果。

然而,经济的复苏具有人为强制性质,终究证明行之不远。该体制同样蕴含了其仿效对象的那些缺陷,比如,像科尔贝一样单纯重视工业而忽略农业,这一点不像英国的重商主义;补贴政策和特许公司的效果喜忧参半;自上而下地强制建立工业体系并不能有效消除行为懒散、神不守舍之类毛病,重金主义政策原曾诱发了这些问题。重商主义改革运动在卡洛斯三世(Charles III)统治时达到高潮,不过,宰相坎波马内斯(Pedro Campomanes)看起来既受到科尔贝的影响,也受到了重农学派的影响,他的一项德政是给予梅斯塔可谓致命一击,尽管梅斯塔最终消失是在好多年之后。① 改革的成功并未在卡洛斯三世身后延续多久,毕竟它太过依赖于国王及其大臣的个人能力,一旦人事条件消失,新的工商业活力便自烟消云散。

西班牙嫉妒英国,又与法国有王朝联系,于是在北美战争中站到美国人一边,英国遂失去了在北美的旧殖民地,这是对英国重商主义体制的首次沉重打击。反过来,英国及其前殖民地虽未动用武力,但动用了实力和政策,协力让西班牙失去了在中美和南美的庞大帝国。在我们所考察的这一时期,西班牙的殖民体系已有了大幅调整。殖民地贸易已向所有西班牙人开放,殖民地之间的贸易获得了准许,伴随这一宽松政策,母国与殖民地的贸易也大幅增长。不过,既然政策的主要目的之一是将外国人拒之门外,那它可称徒劳无功,再说现在要抵消长期限制的影响也为时已晚。重商主义体制的出发点是,它认定只要获得对殖民地的政治掌控,掌控的国家便获得了独家剥削殖民地的权利。可在拉丁美洲,但凡出现可乘之机,殖民地的反抗精神就会应时出笼,它们总希望摆脱政治和经济控制。拿破仑(Napoleon Bonaparte)干涉西班牙并引发动乱正好为美洲的

---

① 有关坎波马内斯(1723—1802)这位法学家、经济学家、政治家,参见 G. Desdevises du Dezert, *Les Lettres politico-économiques de C.* (1897)。

叛乱提供了机会。当拿破仑战争在伊比利亚半岛开打时,墨西哥便起而反抗西班牙总督的暴政,那里最大的不满显然是,尽管形式上存在特许权,但商业及其他特权却仅留给西班牙出生的居民。如此揭开了一场运动,最终西班牙丢失了整个美洲大陆的属地,葡萄牙则丢失了巴西,一批新国家遂在拉美宣告成立。①

西班牙失去殖民地后,长时期内由于宪政问题及其他国内问题,也由于其极具禁止性的商业体制,而令经济进步备受阻碍。自由贸易理念在欧洲流行之际,西班牙的商业体制有所调整并产生了有利结果。然而,它的关税依然具有限制的天性,及至国际竞争加剧,西班牙即卷入新重商主义运动中,跟着提升了保护主义水平。1892年的法国关税引发了西班牙的报复,国内工业因此获得人为激发,可是也阻挠了商业进步的步伐。世界大战期间,西班牙作为中立国获利甚丰,但战时繁荣和战后繁荣终究崩塌,主要是因为原先敌国的工业得以复兴,国际竞争卷土重来,这自然激起了西班牙国内要为本土生产利益而加征"超级关税"的呼声。与法国的关税战随之到来,一段时间里给两国关系造成较大伤害,通行的保护程度比起战前远不止高出两倍。

西班牙的时势至此处于缺乏安宁的状态,不过,凭借非常丰富的自然资源,只要工商体制有所放松,西班牙便有望迎来更加稳定可靠的繁荣,甚至远胜于政治实力最为强盛的那些岁月。

在西班牙高歌猛进的16世纪,费利佩二世(Philip II)试图在哈布斯堡所继承的尼德兰确立中央集权的西班牙专制统治,未料引发北方多省脱离其控制。就在荷兰等省起而反抗的阶段,就在它们获得实际独立的最初二三十年,荷兰人成功打造了一个商业强国,既赢得了其他国家的惊羡,也激发了它们的嫉妒。这种双重效应多见于那个时代的流行册子和国家政策中,它们足可为证。②

---

① 参见 F. A. Kirkpatrick, in *Cambridge Modern History*, X, pp. 244 *sq.*, and esp. 276 – 279。
② 有关荷兰的相关篇章,参见 P. J. Blok, *History of the People of the Netherlands*, 5 vols. (1898 – 1912); J. T. Rogers, *Holland* (1889); 或可查见 G. Edmundson, *History of Holland* (1922)。英文界关于荷兰经济史最有价值的著作是 C. Day, *The Dutch in Java* (1904), 也参见 Marshall, *Industry and Trade*, pp. 689 – 696。有关经济思想,参见 E. Laspeyres, *Geschichte der volkswirth-schaftlichen Anschauungen der Niederlander* (1863)。

荷兰本身的自然资源比较有限,可是荷兰人下定决心要尽量利用所能获取的各种资源。他们对农业和工业双管齐下,却主要着重于航船输运,这是特别符合其地理环境特点的一个发展导向。加之荷兰人强烈的锐意进取精神,这种导向便塑造了重商主义在荷兰所采取的形式。荷兰人为了反抗压迫而起义,但他们一样钟情于那个时代的垄断主义思想,其工商体制在此时期清楚地反映了独占垄断的精神。荷兰工业受到的限制措施更接近于中世纪而非近现代,代表了那种行会或城市的重商主义而不是国家的重商主义。当然,随着商业分量的日益加重,而且由于荷兰产品在贸易量中占比较小,关税壁垒被压到相对较低的水平,为的是吸纳本国不能自我供应的货品。然而,荷兰这个国家的重商主义丝毫没有落于人后,为能独占海外商业探险所获取的遥远属地的贸易,荷兰人同样采取了非常严厉的措施。在某些殖民地,面对可能对国内制造业构成竞争威胁的外国行当,他们也采纳了一律禁止的重商主义通则,而且,他们对金银类贵金属也怀有通行的关切。

荷兰人把自己变成了国与国之间、旧大陆与新大陆之间商贸活动的大承运商,而得自贸易的财富又让他们开辟了银行等多种金融业务。17世纪第二个25年里,荷兰的显赫优势十分亮眼,成就了腓特烈·亨利(Frederick Henry)治下的"黄金时代",况且那种优势地位直到18世纪初仍不可撼动,即使是英国的《航海法》也未能阻止荷兰商贸活动的持续增长。然而,西班牙王位继承战争沉重打击了荷兰的商业,在随后一代人时间里,居首的荷兰不得不拱手让位于英国和法国。

应该如何解释荷兰的衰落呢?人们经常归咎于荷兰重商体制的不够完备,据称荷兰既缺乏也不寻求创建巩固的政治强权,舍此强权何以长期支撑商业霸权?又据说荷兰的自由贸易为自己挖了坑,最终牺牲于英法两国咄咄逼人的保护主义和强大无比的政治实力。还据说荷兰犯了错误,把自身的繁荣建立在商业这个流沙般的基础上,却没有立足于制造业的坚固根基上。[1]

---

[1] 有关荷兰衰落原因的看法,参见 Cunningham, *Western Civilization*, II, pp. 203 - 206, and *Industry and Commerce*, II, pp. 675 - 676 n.; List, *National System of Political Economy*; and Welsford, *Strength of Nations*, pp. 148 *sq.*。

这么说吧,荷兰的城市和省份毫无疑问呈现了各自为政的特点,它们的确未能建起一个真正统一的国家,荷兰也确实受害于英法等政治大国。但我们也看到,在针对荷兰的那些保护主义措施中,最著名者当数英国的《航海法》,可它并没有造成荷兰海运量的减少。至于说荷兰所允许的那种程度的自由贸易伤害了自己,此论恐怕非常不靠谱。但凡放松严格的殖民体制,通常情况下总会进一步促进繁荣,荷兰的工业看起来更加受累于行会和城市的种种限制,而不是关税保护的缺失。有人批评荷兰过分专业化于航运和商贸,可荷兰原本就特别适合这些领域,再说这种批评一定程度上基于一种夸大的估算,即夸大了制造业对一国经济健康的重要性。[①]事实上,荷兰在造船业方面毫不逊色,他们从事着这个制造业而且盈利极大。荷兰衰落的显著原因应该包括:多场战争、沉重税负(部分源于战争,部分源于荷兰地理筑造的人为性及其昂贵性)、行会限制、贸易公司过度的垄断、国民中创业精神的衰退,以及外来竞争的加剧。与这些原因相关联,政府因素无疑举足轻重,可是政府的作用被强调过头了。一方面,荷兰人干劲十足,这使他们在没有强大政府组织的支持下照样取得了超常的成功;另一方面,无论其政府采取何种形式、拥有何种力量,且不论前已提及的加剧因素,荷兰一家独大的优势迟早会因为其他国家的进步而全然翻盘。不过,荷兰的衰落决非荷兰的末日,尽管荷兰还会经受进一步的麻烦,但它在自由贸易体制下仍将迎来繁荣景象的回归。

在拿破仑战争中,荷兰只得屈从于法国。随后议和时,荷兰本希望在自由贸易的基础上争取国家复兴,无奈与比利时的联合让荷兰身陷保护主义体制中。[②]保护主义对荷兰不利,但保护性关税一旦确立便维持甚久,与比利时分离多年后才告废止。然而,自由贸易的势头越来越盛,于1860年代压过关税保护,在1877年终于登峰造极。从此往后,相关政策时有变化,但荷兰在自由贸易之下经济进步显著,故而其自由贸易体制并未受到严重干扰。由于其他国家中新重商主义运动不断高涨,也由于荷

---

① 注意 Marshall, *Industry and Trade*, p. 699 中的重要观点。
② 有关情况,参见 A. Heringa, *Free Trade and Protection in Holland* (1914), and Day, *The Dutch in Java*, cc. 6 – 12。

兰农业在1880年代经历萧条,荷兰国内出现了保护农业的呼声。但是,那些保护主义国家的农业显然并不比荷兰农业境况更好,这也使得保护的声浪未有成就。随着农户互助合作的日益推进,荷兰农业进入兴旺状态,农业保护于是从荷兰的保护主义宣传中销声匿迹。以后年份中,荷兰的保护主义宣传集中于保护民族工业这一理念。

就比利时而言,这主要是一个工业国。在经过了低关税的自由主义阶段后,比利时回到保护主义政策上,但也发现有必要更加谨慎、节制地追随这一政策。

第八章　欧洲重商主义史:法国

英国、法国、西班牙、荷兰的战争实乃广为流行的重商主义目标和实践的必然衍生物,政治考量与经济考量从来都在重商主义中紧密关联。一国的重商主义举措或试水经常会激发另一国相应而为,报复的劲头很容易转化为或寄身于军事对抗行动。假如既要考察重商主义的基本特征,又要同样考察一国重商主义对他国经济政策的影响,则法国的商业史和工业史最能提供显著的案例,足令我们看清重商主义原则是如何得到断然应用的。

法国在地域和政治上统于国王之下,这一直要到16世纪初才告完成,至于经济统一的取得更是一个缓慢的进程。[①]或许在14世纪腓力四世(Philip the Fair)统治时,我们方才看到真正开启某种企图,要确立起国家性或王朝型经济政策,用以替代或驾驭领主和市镇那些多少独立自主的经济运行。腓力确立的体制具有保护、禁止、限制的明显特征,并参与造就了那种经济环境,最终触发了英法两国的百年战争(Hundred

---

① 关于14世纪之前法国任何长时段的经济史和经济政策,英文界尚无概览性记述,法文界可参阅的著作有 E. Levasseur, *Histoire des classes ouvrières et de l'industrie en France avant 1789*, and Pigeonneau, *Histoire du commerce de la France*。Imbart de la Tour, *La Liberté commerciale en France aux XIIe et XIIIe siècles* (1895) 较好论述了法国经济政策,覆盖的时段也大大超过书名中的时段。A. Schatz and R. Caillemer, *Le Mercantilisme libéral à la fin du XVIIe siècle* (1906) 回顾了直到所示时候的法国经济政策。A. P. Usher, *History of the Grain Trade in France, 1400–1710* 提供了关于法国经济政策与实况的不少启发。

Years War)。战争之后的恢复期内,缔造了法国"新君主制"的那些君主基于经验实践,在较大的自由与较多的管制之间来回切换王家经济政策。应当指出的是,直到17世纪,那种经济政策很大程度上还是形式大于落实,所发布的敕令往往只得到部分的推行,有时干脆完全空转,所作出的宣示依然不过在表达虔诚的观点而已,毕竟那些敕令和宣示假定在法国存在某种程度的经济统一,可这终究子虚乌有。

然而,16世纪法国的宗教战争(Wars of Religion)导致了一种国民精神的确立,这种精神把法国社会全部利益团体统领到国家力量这一个目标之下。紧随宗教战争而来的波旁重商主义正好可以媲美英国紧随玫瑰战争而起的都铎重商主义。宗教战争期间,法国在许多物品的供应方面变得依赖于英国,这种依赖到该世纪末即已引发义愤,亨利四世(Henry IV)及其大臣在确立国内和平的过程中,也致力于打造国家的经济独立。

亨利四世前,固然也有某些重商主义的雏形和尝试,但我们完全可以把他在经济政策领域的家长式治理看作重商主义在法国最早的清晰呈现。不过,在这个问题上也有必要作出若干区分。就朝廷明确有意通过管控农业、工业、商业而促进国家富强来说,当时追随的政策明显具有重商主义性质。但如果将苏利公爵(Duc de Sully)视为重商主义治国者,那只能把他描述为一位比较另类的重商主义者。苏利尽管在财经领域推行了广泛的有效改革措施,但他跟夸大贵金属价值的那种重商主义并不沾边,当时作为法国劲敌的西班牙则特别青睐那种重金主义。苏利说过,法国的真正矿藏在于畜牧业和牧场地。前文已示,注重食物供应,奉此为国家实力中的一大因素,这始终是英国重商主义的重要内容,但经常有人说,当苏利聚焦于农业的鼓励与发展,而相对忽略工业的扶植时,某种意义上他可谓18世纪重农学派的开山人物,倒不像是重商主义学说的典型代表。

当然,有理由相信,有关苏利的相关表述与记录,人们的推论和总结不免有所夸张。然而,无论我们如何看待苏利,重商主义理念在拉弗马父子那里得到了明确有力的宣讲,并基本上决定了亨利亲自推行(甚少得到大臣支持)的政策。巴泰莱迈·拉弗马(Barthélemy Lafémas)特别强调国家经济统一的观念,并且倡导政府按照鲜明的重商主义路线,彻底管控工业和商业，尤其是要排除外国货品、激发国内工业。他特别敦促植桑养蚕，为的是扶植丝绸织造业、禁止从国外进口丝绸。不过，亨利时期培育丝绸业的实际努力并不成功，虽然总体而言法国经济肯定复苏了，但仍可争议的是，这种复苏未必得益于直接的管控和限制措施，更可能因为16世纪战争之后实现了普遍的和平，实行了总体的财经改革，撤除了对内贸的诸多限制，也包括撤除了粮食出口限制。

法国下一位了不起的大臣是阿尔芒-让·黎塞留（Armand-Jean Richelieu），此人在多方面堪称法国历史上最伟大的宰相，他继续弘扬着重商主义精神。①在商贸领域，就如在总体行政中，政府用强大的手实施管控。黎塞留特别重视商业和航运的发展，他鼓励商船队的成长，禁止外国船只承运法国产品的出口，他还努力促进海外殖民，把殖民事业统统托付给特许公司。不过，黎塞留的诸多措施虽必属进步之举，但恐不能说其经济政策总体上特别成功。过分依赖国家扶持，这很大程度上要为公司的失败负责。封闭的特权公司体制蔚然成风，再加苏利原本决意扫除的国内关卡因循沿用，致使农业和工业受到伤害。黎塞留肇始了法国过度的中央集权化，同时又忽略财经体制的改革，这很大程度上要为后续的抵抗和革命承担责任，反作用力量终将埋葬强大的君主制，哪怕黎塞留的主要目标正好相反。

然而，法国重商主义者中最伟大的人物非科尔贝莫属，他或许是所有重商主义执政者中最引人注目的一位。科尔贝这个名字如今已成为重商体制的一个代名词。②

科尔贝的目标是要建立一套工业和商业的完整管控体系，以为国家

---

① 黎塞留的目标与建树中的重商主义内容受到特别关注，参见 F. C. Palm, *The Economic Policies of Richelieu* (1922)。

② 让-巴蒂斯特·科尔贝（1619—1683）系羊毛商之子，初期侍奉红衣主教马扎然，马扎然临终前将他举荐给路易十四。科尔贝先期担任财政专员，在财政总监富凯（Fouqué）倒台后继任其职（1661），从此成为事实上的宰相。科尔贝的丰功伟绩很大程度上因君主路易十四的军事野心以及随后战争大臣卢瓦（Louvois）的崛起而遭到瓦解。论述科尔贝政策的著作有 A. J. Sargent, *The Economic Policy of Colbert* (1899); S. L. Mims, *Colbert's West Indian Policy* (1912); A. J. Grant, *Cambridge Modern History*, V, pp. 6 sq.; Wakeman, *Ascendancy of France*, pp. 197-203; Marshall, *Industry and Trade*, pp. 739-741。

实力服务。他就职之际正值法国财政混乱、总体经济萧条之时,他决心打造兴旺的国家商业根基,相信舍此无以拨乱反正。按其设想,法国应当完全自给自足,通过建立或改造各类工业,争取在必需品供应方面不再依赖其他国家。科尔贝的方法并无特别新颖之处,基本上一切原已在拉弗马的建议书中有过阐述。①然而,科尔贝在应用这些方法时,展现了几乎前所未有的干劲和彻底性。他实行的是一种严厉管控体制,依靠近乎绝对的王家权力去推行。为了激发林业和矿业,他也曾作过若干尝试,但后来发现,在国内无法生产本国工业所需的全部原材料。为此,官方允许按低关税进口原材料,焦点在于扶植工业,这一点有别于苏利的政策,苏利曾优先关注农业的发展。为了兴办新的制造业,官方向个人和公司授予特许权、补贴、奖金,生产的细节也成了政府细致规范的对象。

科尔贝力图促进国内的流通,因此对于限制国内流通的关卡收费,他都或者废除或者降费。就此而言,科尔贝诚乃国内或省内自由贸易的主导者,并且指明了通向财经统一的道路,当然,这一理想直到法国大革命时才完全实现。另一方面,为保护国内工业,科尔贝向进口制成品设置了高关税乃至事实上的禁入令。然而,科尔贝尽管努力让法国摆脱对外国货品的依赖,但还是认识到法国产品除需要国内市场外,终究需要销往海外。因此,他把制成品的出口关税压到了最低的限度。在这些方面,科尔贝的政策听命于重商主义的贸易差额理论,这套理论在他之前似乎未在法国得到明确阐述。

科尔贝宣称,国家的实力完全取决于国家手中钱币的丰盈程度,贸易必须加以引导,俾以在与外国的交易中能确保钱币的盈余。就如其他观察家一样,科尔贝也对西班牙的历史,包括对16世纪西班牙统治者傲人的对外实力,怀有深刻印象。科尔贝似乎把西班牙的扩张主要归结为由发现西印度群岛而收获了金银财宝,为此,法国需要保障自己的贵金属供应,于是就必须禁止输出金银。不过,虽然科尔贝高估了西班牙实力中的贵金属因素,但他如同英国重商主义者一样,也认识到西班牙忽略工业而

---

① 他毫无疑问也受到了 Montchrétien, *Traicté de l'Oeconomie Politique* (1615) 的影响,该书是以政治经济学为题的首部著作,但甚少首创性内容。

犯下错误。也即,只有依靠本国工业及其富余产品,法国才能借助外贸积累国家财富。然而,科尔贝相信,外贸的增长只能以外国为代价,他因此特别要以当时最敢闯敢干的英国和荷兰为代价来大力促进外贸。科尔贝的关税影响到英荷两国,他所成立的特许公司,按其基本设计,就是要把荷兰人从欧洲以外的贸易中赶出去。科尔贝还力图阻止英荷等国染指法属殖民地的贸易盈利,在他就任大臣之初,法国从中尚拿不到多少利润。

科尔贝的殖民政策在目标和手段上都是完全重商主义的,殖民地的利益肯定要从属于母国利益。照官方的观点,殖民地的存在理由不过就是为法国提供不断增长的贸易机会,成为母国制成品的市场,且不论进口商带给殖民地何种制成品。与此同时,殖民地要为母国的工业及母国与其他国家的商贸活动提供原材料。外国人理应被摒除于殖民地贸易盈利之外,不管涉及进口还是出口,总之,殖民地的增长与扩张都要受到这一排外条文的严格限制。

科尔贝的经济政策给同时代及未来的关注者留下了较深印象,他也许超过了其他任何治国者。在国民经济学家当中,确实存在一种趋势,将科尔贝奉为足可垂范的当国者,[①]美国保护主义者亨利·凯里(Henry Carey)称他为世所仅见的最伟大人物。当考察科尔贝的方法时,我们看不到多少原创的东西,其政策的主要思路原多见于英国或其他地方。可是无论如何,科尔贝十分出色地将相关内容集成一个融会贯通的体系,而且,经由高度集权行政体系中的代理人,强制推行其所形成的那些引领性政策工具,借以实现了国家富强和自给自足。

科尔贝成功的性质和程度向来引发争议。一般承认,他的财经改革在原则上得当,在实践中也有效,其不懈重视使工商业获得了亟需的激发。然而,他这些方面的成功更应归功于他个人的性格,而不是塑造其政策的那些原则的有效性。此外,我们需要鉴别他确立的体制所产生的眼前效果与长远效果。

对科尔贝最通常的批评说,他因为一味重视工业而忽略了农业,而且说他不但限制粮食的出口还限制其国内的流通,由此遏制了农业的发展。

[①] 参见 List, *National System of Political Economy*, pp. 57–58, 93, 274, 276。

还有人称,遭逢饥荒的时候,他禁止出口的政策不失合理之处,可延续这个政策自会打压生产,从而阻碍了农业的发展。但就事实论,科尔贝施政中其实始终允许粮食的国内跨省自由贸易,至于粮食出口,他不过是循旧例而行,根据收成的好坏而放行或禁止。1669—1674年间,曾有过前所未见的粮食出口自由,科尔贝这样做显然部分基于那种重商主义理由,即外国人购买法国粮食时,就可以把他们的钱币吸到法国来。①

科尔贝的工业管控体制,既未能达成其实施的初衷,又引发种种反噬反而加剧了实施的困难。与给予的补贴额相比,工业的进步毫不相称,总体的效应倒是形成了一种依赖的精神,败坏了有效工业活动所需的创业精神。通达的产业精英实际上意识到了科尔贝体制的缺陷,科尔贝曾问他们最希望他帮助做什么时,他们坦言最好不加干预。他的对外关税引发了英国的报复,英国一度发布了停止进口法国货品的全面禁令,所以,两国关系因关税而恶化,彼此怨恨后来转化为第二次百年战争。荷兰也实施了报复,科尔贝的政策应为1672年法荷战争负基本责任,而法国并未在那场战争中胜出。②

就殖民政策而言,科尔贝的确成功地把荷兰人赶出了殖民贸易的盈利场,可这是以殖民地承受巨大苦难为代价的,在许多方面,他的方法彻底没有实现既定目标。事实上,他在某些情况下被迫承认自己举措的不良后果,不得不抽身而去。例如,他想要把爱尔兰牛肉赶出西印度群岛,就如英国人力图限制爱尔兰牛进入英国。然而,即使后来有机会把法国牛肉运到那些岛屿,法国人也终究无力利用这个机会,最后只得放弃针对爱尔兰牛肉的禁令。再比如,科尔贝试图阻止用朗姆酒和糖浆去交换新英格兰的食物和木材,但这种贸易对双方都利润丰厚,所以政府后来被迫努力去鼓励这种贸易。不过,英国议会向以嫉妒的目光看待法国西印度群岛与新英格兰之间的贸易关系,故而最终在1733年通过了《糖浆法》,对于从外国领地(西班牙和葡萄牙的领地除外)进口的糖浆征收重税。当

---

① 参见 Usher, *History of the Grain Trade in France*, pp. 268 *sq.*。
② 可注意 H. O. 威克曼(Wakeman)关于这一战争的看法,他认为此战乃17世纪末及18世纪保护主义与战争发动彼此关联中的标志性事件(Wakeman, *Ascendancy of France*, pp. 202-203)。

这一法律尚能执行时，其效果反而削弱了新英格兰人进口母国制成品的能力。可是，英国的衮衮诸公很大程度上无视这一情况，执意实施《糖浆法》成了北美叛乱的诱因之一。整个糖浆问题充分展现了法国和英国的重商主义如何在发挥作用。

我们对科尔贝的评价必然需要具体情况具体分析。就工业管控而言，法国固然因此取得了立竿见影的成效，可这是以日后的工业衰败为代价的。那些用来拓展对外贸易的方法则引发了战争，结果反让法国成了大输家。另一方面，科尔贝的殖民政策造就了与美洲海外领地的稳固贸易关系，哪怕这给殖民地自身带来了很大的中介性苦难。然而，科尔贝政策任何特定方面的成效必须首先归功于这位主政者的正直笃行和精力充沛，而不是他所践行原则的合理正确。恰如阿尔弗雷德·马歇尔（Alfred Marshall）教授所指出，科尔贝通过保护制造业而不是农业而给法国带来的好处，就像苏利通过发展农业而不是制造业给法国带来的好处一样，说明家长式经济体制的成功很大程度上取决于主政者的天才和智慧，而不是体制本身的健全。科尔贝虽然赞同主流的重商主义理论，但他不是教条主义者，他终究注重实际，他的审慎表现在，当看到某种程序无法产生所期望的结果时，他会修改或放弃这种程序。

科尔贝的继任者们沿袭了他的方法，却缺乏他那种随时调整的审慎，于是，体制的弊端随管理者的无能而放大，直至被推到了前台。法国的财政和经济状况逐渐陷入混乱和衰竭，虽然还有复苏的可能，却为革命提供了机会和激励。有人提出，如果他身后还有其他科尔贝，国家可能会沿着经济发展的道路前进，从而避免革命精神的兴起。但是，除科尔贝要后继有人外，还需要其他几个条件才能实现这一点，而历史的教训无疑是，为了一个科尔贝的出现，往往需要付出后续的成本，至少必须有代代相传的科尔贝式接班人。可惜，他留下的政策非但没有保持在谨慎的限度内，反而被推到逻辑上的极端。保护主义发展到了违背其初衷的地步，蒸蒸日上的不是合法贸易，反而是走私贸易。路易十四统治后期，农业、工业和商业皆出现衰退，当然，除管理不善的重商制度外，还有许多因素共同酿成了这一结果。其中最瞩目的因素是《南特敕令》（Edict of Nantes）的废除，从经济角度看，它被称为路易十四最不可饶恕的超级愚蠢行为。经济利益固然也参与塑造了这一事件,但此事并非民族排他问题,更反映了宗教上的偏执。①这件事当然不符合工业自由的原则,可它也不符合试图阻止其他国家借法国工匠技艺而获利的科尔贝主义,客观上它助推了普鲁士的崛起。更有甚者,拒绝1713年英法条约中"自由贸易"条款的是英国,而不是法国。

在路易十五(Louis XV)统治时期,约翰·劳(John Law)大臣的观点和措施奇怪地混合了膨胀的重商主义和温和的自由贸易,给法国商业带来了虚假的活跃。②而安德烈·弗勒利(André Fleury)平和、简约的管理更有益于国家的总体利益,它大幅弥补了法国在西班牙王位继承战争期间所遭受的损失。

18世纪下半叶,法英第二次百年战争(且用约翰·西利爵士的说法)经历了七年战争和美国独立战争,这两场战争比之其他,更属迎头相撞的重商主义雄心的产物。毫无疑问,法国对美国独立的援助很大程度上受到重商主义计算的影响。法国相信,切断英国与其殖民地之间的政治联系,将有助于摧毁英国借政治控制而取得的富强之源。英法双方互有得失,但法国尤其身受压力,国家的弊政加剧了资金外流的不良后果。

然而,就在这些年里,针对法国一个多世纪以来盛行的体制,人们在思想上、某种程度上也在实践中开始逆向而为,研究者和观察家自然倾向于将法国遭受的苦难归咎于这种体制。即便在路易十四统治时期,科尔贝主义的方法和后果也已受到严厉批评。朱利安(Jurien)从纯粹的政治角度抨击了这位重臣的工作,德·贝莱斯巴特(de Belesbat)则谴责了他的政策,称其贸易上以邻为壑的政策应当为国家的苦难负责。皮埃尔·布阿吉尔贝(Pierre de Boisguilbert)曾抗议官方对农业的忽视和限制。③重农学派④的学说为法国的反重商主义思潮提供了理论支持,他们强调

---

① 可比较 J. W. Thompson, "Some Economic Factors in the Revocation of the Edict of Nantes", *American Historical Review*, XIV。

② 关于约翰·劳(1671—1728)的评价,参见 J. S. Nicholson, *A Treatise on Money* (1903), pp. 165 *sq.*。

③ 有关这些人及其观点,参见 Schatz and Caillemer, *Le Mercantilisme liberal*, &c., *Les Idées économiques et politiques du M. de Belesbat* (1906)。

④ 参见第六章相关注释。

农业是财富的唯一来源,以此抗拒科尔贝主义对制造业的偏重,还用普遍自由的学说去对抗科尔贝主义的工商管控原则。他们不仅要求取消限制农产品自由流通的一切束缚,还要求进行制成品的自由贸易。他们谴责利用关税体系去确保贸易顺差,认为这与自由秩序格格不入,立足于有关国家财富观的错误认知。

重农学派的说教并非全无效果,他们对行政管理还是产生了切实的影响,哪怕只是时断时续的部分影响。在此时期,严格的工业管控有所松懈,关税保护和禁令制度也有所放松。在保守偏见和既得利益势力面前,雅克·杜尔阁(Jacques Turgot)试图确立财经改革、开启农业和工商自由的局面,可惜功败垂成,他想做的事情太多且做得太快。[1]不过,新观念依然取得进展。部分在重农学派的影响下,特别是在亚当·斯密的影响下,自由贸易运动也在英国蔚然成风,结果是,继英法两国在北美大战中针锋相对后,皮特得以与法国签订一项商业条约,有关内容类似于托利党人在西班牙王位继承战争后原想签订却未能签下的条约。这一安排通常被描述为"自由贸易"条约,据称它给法国带来了灾难性后果,充分证明了自由贸易会造成的恶果。英国从中获得了大得多的利益,这一点毋庸置疑。

皮特看到,工业革命已赋予英国巨大的生产优势,所以英国远比法国更适合从贸易松绑中获利。实际情况也确实如此,这一事实本身就足以解释条约签订后,为何英国对法出口比法国对英出口立即大幅增长了。不过,将此描述为"自由贸易"条约,可谓术语的误用。有关条款对英国人非常有利,法国丝绸产品却不在条款适用范围内,这本身就让人完全无法称之为"自由贸易"措施。但认为该条约通过自由贸易措施消灭了法国的商业和制造业,这种观点得不到事实的佐证。在先期英国出口陡涨之后,英国的出口有所下降,法国的出口则略有增加。随着时间的推移,所产生的效果是刺激法国制造商模仿英国制造商,而这大大有利于法国的工商业。[2]条

---

[1] 有关雅克·杜尔阁(1727—1781),参见 *Dictionary of Political Economy* 中的赞赏性述评。

[2] List, *National System of Political Economy*, pp. 59, 259, 296 指控条约对法国产生了不良后果,与此相反的观点可见 Levasseur, *Histoire des classes ouvrières et de l'industrie en France avant 1789*, II (1901), pp. 563-565, and Hewins, *English Trade and Finance*, pp. 55-56。

约本身当然值得批评,可无论如何,它终有所得,即结束了旷日持久的军事和关税战争,再说条约修订的话,本可对英法双方都有好处。

有一个因素阻碍了法国充分利用英法条约,这就是法国不像英国那样享有境内的财政统一,须知,重商主义和自由贸易都要求国内财政的统一。及至法国大革命才给法国带来了这一恩惠,那时废除了所有阻碍货物过境的通行费和关税。至此工业也基本上得到解放,特权公司不复存在,以自由为基调的关税得到采纳,哪怕某些局部尚带有重商主义色彩。

然而,重农学派的胜利是短暂的。随着战争的进行,政治原因导致旧的限制和禁止体制死灰复燃,特别是在拿破仑统治时期,这种体制更着眼于要摧毁英国这一大敌的商业。拿破仑依照某种夸张的科尔贝主义精神,心中似乎怀有更大的目标,要在法国建立"大工业",组建强大的商船队,并确保法国能够垄断欧洲的沿海贸易和对外贸易。①这种膨胀的重商主义野心有力地招致了他自身的垮台。不过,既得利益集团的影响和对英国的恐惧使得限制和禁止体制一直延续到战后和平年代,哪怕存在自由派的反对也仍如此。

保护主义政策回潮持续到19世纪中叶。②然而,英国实行自由贸易以及随之而来的迅速繁荣给法国舆论留下了深刻印象。弗雷德里克·巴斯夏(Frédéric Bastiat)在法国领导了类似的自由化改革运动,③只是这场运动收效甚微。保护主义体制根深蒂固,是法国大革命未能永久废除的少数古老制度之一。然而,路易·拿破仑(Louis Napoleon)不仅意识到英国改革的成功,而且相信法国完全可以效仿这些改革。他大幅改革了法国的禁止和保护政策,大大促进了法国贸易,随后与英国签订了那项著名的条约。他在1860年初宣布的计划尤其是一份自由贸易宣言,为同年晚些时候签约铺平了道路。英法双方显然都出于政治原因才决定达成该

---

① 有关这一主题的最近研究,参见 F. E. Melvin, *Napoleon's Navigation System* (1919), and E. F. Heckscher, *The Continental System* (1922)。

② 这方面的观点参见 P. Ashley, *Modern Tariff History* (1920), cc. on France; H. O. Meredith, *Protection in France* (1904); and J. H. Clapham, *The Economic Development of France and Germany 1815 - 1914* (1921)。

③ 弗雷德里克·巴斯夏(1801—1850)著有广为人知的《经济学诡辩》。

协议,但经济动机不容忽视,而且协议的有利后果也是毋庸置疑的。英法条约以及与其他国家达成的类似安排,[1]代表了迈向自由的步伐,引发工商业的巨大扩张,而法国能从德法战争的影响中轻松恢复过来,也证明了其在第二帝国政策下的经济实力。

然而,法国从未真正皈依自由贸易原则,到1870年代末期,法国与其他国家一样,受某些普遍性原因的作用,感受到竞争加剧和价格几乎持续下跌的影响,于是,农业和工业利益集团纷纷要求推翻第二帝国开创的自由政策。为了国家的自给自足,人们要求保护本国免受其他国家日益激烈的竞争。这场运动逐渐取得了胜利,可是这种胜利并不符合德国人李斯特关于保护须有过渡性、培育性、科学性的主张,它在精神上和原理上更是一种典型的重商主义。人们特别指出,采取较自由的政策后出现了进口超过出口的逆差情况,这便成为必须实施保护的一个决定性因素,而且按其要求,保护将普遍适用于农业和工业的所有生产部门。费利克斯·梅利奈(Felix Méline)1892年的关税实际上为财政制度奠定了目前的基础。该关税出台前,法国与意大利打了一场长期的关税战,两国都受到伤害,出台后则与瑞士打了一场短暂的关税战,也造成了相应的损害。随着新工业和新方法的兴起,也由于外国的榜样力量,国内出现了修订关税的诉求,并于1910年实施修订。然而,这并不代表发生了原则上的任何真正改变,可以说,在最近年代,法国的政策总体上是一种民族排他和自给自足的政策,其立足基础还是要刺激、鼓励、保护、发展本国工业,限制外来进口,并通过优惠和关税之类手段促进本国富余产品的出口。

毋庸置疑,法国在实施该体制的过程中取得了工商业的巨大进步,但这些进步尚不如实行自由贸易的英国或实行保护主义的德国和美国同期所取得的进步那么显著。法国的进步很大程度上显然源于其他国家感受到的一种普遍运动,那场运动与关税政策完全无关,其成因或许与黄金的大量生产有关。此外,优惠和保护制度未能给造船等行业带来任何实质性繁荣,因为法国的地理条件和法国人的个性特点明显不适合在这些行

---

[1] 有关英法条约及涉及其他国家的商约,参见 Levi, *History of British Commerce*, pp. 417 *sq.*。

业中发挥优势。同时,法国人因其艺术品味和技能而出类拔萃的那些行业,却在几乎没有或根本没有国家援助的情况下取得了蓬勃发展。①事实上,在补贴较多的行业中,保护似乎存在抑制创业的倾向,而机械和半制成品通常的高价在许多方面无疑延误了工业活动。农业保护是法国新重商主义运动的一大特色,它使法国的基本粮食供应事实上做到了自给自足。但这只是以牺牲其对外贸易为代价的,更严重的是,它帮着限制了法国的人口,从而也成就了粮食的自给自足。

世界大战使得国家管控农业、工业、货币事务的重商主义理念与方法重新流行起来,人们一度以为这些东西似已过时。在法国和其他国家,战争产生了一个效应,即重新刺激了所谓通过关税或其他方式实现自给自足、积极自我保护的重商主义观念。然而,法国目前的就业活动虽有所异常(这源于跟保护制度不相关的异常情况),但显然,如果法国要想拥有其所期望的庞大人口,那它就必须放弃在粮食供应方面实现国家自足的理想,并且必须建立一种制度,以便通过出口越来越多的工业品来支付法国所需的海外食品。②这样的事态发展将指向某种更自由的交换制度。

无论人们对法国重商主义的特点和影响有何疑问,长期以来占主导地位的殖民政策所产生的令人不满的结果却是毋庸置疑的。③大革命期间,旧的排外政策被关税同化政策所取代,殖民地不再被视为任人宰割的领地,而是视同法国的一部分,这意味着法国与其殖民地之间的关税壁垒被一扫而空。然而,针对外国,排外体制依然在有效运作。在执政府和帝国时期,关税同化消失了,恢复了完整的排外体制,而在王朝复辟时期,同样的政策照样延续。在自由贸易思想的推动下,第二帝国放弃了古老的殖民体制,转而支持商业自由和关税自主,但随之而来的保护运动又在新的基础上恢复了关税同化,其目的是通过为法国生产商保留殖民地市场,使殖民地尽可能地为法国带来利润。同化的一般原则是,从外国进入被同化殖民地的商品之关税应等同于进入法国的商品;法国商品进入殖民

---

① 可比较 Marshall, *Industry and Trade*, p. 120, 书中整章都重要。
② 可注意 M. 凯洛(Caillaux)的建议和苏维兰塔(Suviranta)的评论,参见 *Balance of Trade*, p. 156n。
③ 有关本段主题,参见 A. Girault, *The Colonial Tariff Policy of France* (1916)。

地则免税,反过来,殖民地产品进入法国并不免税,只是允许以相当低的税率进口。这种殖民地从属政策在受影响的殖民地引起了很多不满,因为它意味着牺牲殖民地利益来换取所谓的(非真正的)母国利益。因此,在1912年爆发了一场改革运动,除某些例外情况外,殖民地产品在法国得以一律免征关税。不过,更激进的殖民改革者要求的不仅仅是改革,而是采纳所谓"关税特色"的新原则。如他们所敦促,这项新原则应当承认,法国的真正利益在于其殖民地的繁荣。

第九章　欧洲重商主义史:德国

在考察英国、法国和西班牙的重商主义历史时,我们关注的是国家已经统合的政治实体,以及它们如何为增强国力而有意设计并应用某些措施。与此相比,从中世纪晚期到19世纪晚期,德国并不拥有真正有效的中央政权,多数时候,德国土地上可见的国家或半国家政策,基本上不过是领地王公的政策。各路王公经常相互争斗,或在欧洲冲突中站队不同的阵营,但凡他们试图确立某种明确的经济制度,所追求的也无非是狭隘的地方性而非全国性目标,甚少关注任何德国统一的理想。然而,就在这几个世纪,受战争和内乱的困扰,思想和政治行动的大势已在缓慢地为统一运动开辟道路,最终在1870年建立联邦制的德意志帝国。

德国重商主义历史的各阶段与德国政治演变的各阶段紧密相连。城市的排他性经济为领地王公的重商主义树立了榜样,这种重商主义最突出地体现于近代普鲁士政权缔造者的工商体制中。腓特烈大帝(Frederick the Great)的重商主义跟晚近的新重商主义在基本精神上并无太大区别,新重商主义是腓特烈大帝后裔主政下德意志帝国的政策特点。另需指出,官房学派(Cameralism)乃17、18世纪的德国重商主义者,他们的学说比重商主义更加宽泛,已经包含19、20世纪德国社会经济政策的大部分元素。

中世纪末期,约即15世纪末,德国的工业和贸易蓬勃发展,但在经济生活中不存在任何具有国家性质的组织和活动。要说德国统一的想法有什么具体的表达,那可以在神圣罗马帝国的办公室和组织中找到,但那些跟本书主题不相干的原因使这些机构的权威已然大大下降。神圣罗马皇帝自称远不止是德国国王,事实上却远非如此。神圣罗马帝国和教皇乃西方基督教世界的有形代表,德国和意大利跟他们纠缠不清,这反而阻碍了二者实现民族国家的统一。在英国和法国,都铎王朝和瓦卢瓦(Valois)王朝都在建立强大的国家君主制,相比之下,就政治和实际控制而言,德意志则被众多世俗的或宗教的、地理上很少相连的诸侯邦国所分割,而且还有贵族、武士、帝国城市安插其中。工业活动主要集中在城镇,这些城镇把自己维持成独立的专属经济单位,只关心自己公民和居民的利益,并通过税收、过境费和限制措施来保护自身免受其他城镇及其居民的侵占和竞争。诚然,有时也有像汉萨同盟(Hansa League)那种情况,对外贸易中的共同利益将它们联结在一个联盟体中。与这些独立的城镇经济相冲突的是,某些王公试图将其权力扩展到自身领地所在的更大范围,在里面建立某种区域经济,一并管理城镇和乡村经济。无奈,这一进程至此为止进展甚微,然而,它符合当时其他国家流行的由君王控制国民经济生活的发展趋势。①

如前所述,人文主义者怀有让教义回归异教的理想,主张按照父权的套路加强王公的权力。德西德里乌斯·伊拉斯谟(Desiderius Erasmus)献给查理五世(Charles V)皇帝的《论基督君主的教育》基本上就属于这种性质,他的某些意见,如建议食货不足的王公应向外商的货物征税,明显具有重商主义的精神。据说,这一建议对制订某项计划产生过一定影响,假如该计划得以实施,将朝着德意志民族的融合团结迈出坚实的一步。1522年提出的建议是,在整个帝国边境对全德所有外贸征收过境费,以维持皇室和政府的运作及一般行政开支。情况表明,该建议首先着眼于财政的需要,可是它也吻合了非商业阶层中广为流传的一种观点,即认为,国家因支付进口商品的费用而蒙受损失,而征税将有助于遏制这种损失。其实征税建议未能顾及出口贸易,提出一视同仁地向进口商品和

---

① 有关15、16世纪德意志的状况,参见多卷译本 J. Janssen, *History of the German People at the Close of the Middle Ages*,尤其是关于商业和资本的 II, pp. 43 *sq.*,关于神圣罗马帝国的 II, pp. 105 *sq.*,以及关于经济状况的 XV。

出口商品征税，这本身就有违出口必定获利的逻辑推论。

然而，征税的构想遭到城镇的强烈反对，城镇代表们敦促说，这一税收会彻底毁掉德国的工商业，将导致工匠和商人移居国外。鉴于海关数量已经众多，他们不希望在帝国的整个边境线上新增一系列海关。其他阶层则反驳称，拟议的税收不会影响生活必需品，其他国家为了公共利益也征收类似税种，却并未破坏贸易和商业；再说，无论如何都不能听任少数商人把自身牟利凌驾于公共福利之上，某些钱财的使用方式无疑会破坏公共福利。可是，城镇的反对意见还是占了上风。人们于是斥责城镇，指责它们对抗整体国族利益，纯属自私自利，浇灭了通过关税改革而迈向国家联合的热情。但需要指出的是，除财政方面的问题外，城镇的情绪与其说在对抗德意志统一的理念，不如说是针对王公的旨意，它们认为王公力图利用帝国机器为自身服务，而不关心国民的共同福祉。①

宗教改革倒是推进着王公独大的进程。德意志的宗教改革领袖希望赢得全德各地世俗力量的支持，因此倾向于强调王权。他们的教义总体上赞成一种区域广泛的重商主义，倡导把同一民族所有的社会经济生活部门都置于君主的家长式控制之下。因此，这鼓励着向国家主权的方向发展。在财政和经济领域，该运动表现为哈布斯堡奥地利（Hapsburg Austria）和霍亨索伦勃兰登堡（Hohenzollern Brandenburg）带头主张帝国和其他王公在税收问题上绝对独立，并以牺牲城镇经济为代价去扩大王公的管控。这一切并无民族精神可言，相反，在16、17世纪，从全德的角度来看，这形同一场"所有人反对所有人"的内战。②在这场战争中，一个地区对另一个地区设置关税壁垒，区域经济和城镇经济竞相争夺控制权，由此而极大损害了德国的工业和贸易。

三十年战争（Thirty Years War）爆发后，德国不幸成为内外各方彼此争斗并展示野心的战场，改革时期原已肇始的毁灭也在这场战争中登

---

① 有关这一构想，参见 Janssen, *History of the German People at the Close of the Middle Ages*, III, pp. 317-319, and IV, pp. 15-19, 29; E. Armstrong, *Charles V*, I (1990), pp. 203-204. 有论者称该事件提供了一个显著例证，可见拒斥"关税改革"产生了破坏性后果，参见 Welsford, *Strength of Nations* (1907), cc. 12, 13。

② Janssen, *History of the German People at the Close of the Middle Ages*, XV, p. 21.

峰造极。①皇权虽存,但几乎一切化为乌有。工业和商业纷纷逃往尚能苟安的地方,在这个被战争摧毁大半的国度,只剩下已不幸大减的人口。然而,从重商主义史的角度看,1648年和约的主要成果乃是领土主权原则的胜出。王公邦国的权利和主张统统得到确认,而指导民族生活复兴的任务也落到了它们身上。王公们得到了各种王权,包括征税、铸币、保有军队的权利,甚至是与外国缔约的权利,但凡这些权利不针对皇帝或帝国,它们都得到了明确的保障。这些权利的拥有加上人民的贫困,为领地统治转变为诸侯专制开辟了道路。大多数王公缺乏任何宏大的国家目标,并不反对抓住这样的机会。

这个时代最显眼的政治现象就是法国的强盛,德意志王公们努力在自己寡民小国的范围内模仿路易十四的专制主义和科尔贝的重商主义。邦国的政策实践和理想追求部分反映在官房学派的理念中,部分则受到该学派的激励,毕竟某些官房学者原本就从事行政工作。②官房学派被称为德国的重商主义,关于其起源,我们不得不追溯到改革者有关王公经济的学说。不过,直到三十年战争之后,重商主义才真正开始得到系统阐述,当时,被誉为重商主义之亚当·斯密的路德维希·泽肯多夫(Ludwig Seckendorff)在《德意志公国》(1655)中首次发表了涉及该主题的德文论述。随后,其他作家也相继发表作品,近一个世纪后,官房学派的学说和实践汇成一体,在约翰·尤斯蒂(Johann Justi)的作品中得到了系统总结。

官房学派的目标是国家的实力和福利,它相信国家堪称一切其他福利的源泉。官房学家们认为统治者拥有绝对的权力,王室的收入以及收入的维持、增加和管理是需要研究的中心问题。如此关注发生在三十年战争造成财政枯竭之后,亦完全合情合理。因此,经济主题与政策构成了官房学派探究的优先问题,它处理这些问题的精神以及所主张的方法,就

---

① 有关三十年战争的后果,正如已故 A.W. 华德(Ward)爵士所言:"也许有史以来最为震惊地展现了战争的恶果。"参见其文 Ward, *Cambridge Modern History*, IV, pp. 471 *sq.*。

② 有关官房学派的出色述评,参见 A. W. Small, *The Cameralists—The Pioneers of German Social Policy* (1909)。泽肯多夫(1626—1692)、尤斯蒂(1720—1771)、宗南费尔斯(1733—1817)最值得关注,另一位施罗德(卒于1688年)曾在英国居留多年,显然受到了托马斯·孟著作的影响。至于斯莫(Small)未涉及的作者霍尔尼克,参见 L. H. Haney, *History of Economic Thought* (1911), pp. 141-144。

像其所效劳的统治者的精神和方法一样,跟重商主义的教导非常合拍。二者就政府管控、贵金属、人口、国家自给自足、国际竞争等问题拥有相似的观点。然而,因为官房学家主要关切陆地强权,所以与英国和法国的重商主义者相比,他们对外贸及"差额"问题关注较少,对农业的重视程度则高于科尔贝。他们是重商主义者,但也远不止于此。他们的研究课题是政治学,涵盖了狭义重商主义并不关心的法律、政治、行政、技术等各种问题。其著作不过是对当时德意志邦国正在制定的政策加以系统化和理想化,它们以所谓胚胎的形式,蕴含了当今熟知的德国社会政治的一切鲜明特征。那种政策在德意志不同邦国以不同程度的智慧和连贯性得到推行,到18世纪,那些邦国出现了五花八门的准绝对行政体制,从小号的有限官僚制到勃兰登堡-普鲁士家族高效的大专制,诚不一而足。

在全德范围内,没有哪里的统治者能像普鲁士统治者那样干劲十足、意志坚定地贯彻国家重商主义原则。17世纪下半叶和18世纪大部分时间里,普鲁士统治者致力于打造普鲁士政权,在神圣罗马帝国灭亡、奥地利被赶下德意志宝座后的下一个世纪,普鲁士将成为德帝国的领袖,代表着真正有效的德意志统一。事实上,从1740年选帝侯(Great Elector)登基到1786年腓特烈大帝去世的这些年,勃兰登堡-普鲁士的历史为我们提供了一个独特例子,可见历代统治者如何为建立自给自足的强国而严格并一贯地采用重商主义的理论与措施。[①]

无需对这一体制再作冗长的说明,本质上那是走得更远的科尔贝体制,不但用于工业还延伸至农业。但是,德国的这个体制并无科尔贝体制中涉及海洋、殖民及欧洲以外地区的那些内容。三十年战争后,为了招募人口、振兴种植业和制造业,政府鼓励从其他国家(尤其是荷兰和法国)吸引移民,特别是那些能带来实用技艺和有用知识的移民。容纳法国新教徒成了勃兰登堡-普鲁士重新繁荣起来的开端。国家建立、支持、补贴那些被视为必要的产业,通过细微的法规加以管控,并通过实际的禁入令或

[①] 有关这一主题,参见 Schmoller, *Mercantile System*, pp. 56–57, 81–91 及其原版德文著作,以及 Haney, *History of Economic Thought*, pp. 134–135; E. Daniels, *Cambridge Modern History*, VI, c. 18, esp. pp. 208, 224–225, and c. 20, esp. pp. 718–723。

禁止性关税去保护这些产业免受外国进口的竞争，国家也动用外交手段去协助制造商推销其产品。为了制造商的利益，国家同时禁止出口原材料。腓特烈大帝还特别重视农业的发展。一方面，他引进养蚕技术，种植了成千上万棵桑树；另一方面，他面对强力抵制，推广了土豆的种植，他认为土豆可成为穷人的极妙资源。

腓特烈大帝的伟大功绩毋庸置疑，不过，经常用作佐证的一些数字显然具有误导性，夸大了普鲁士在重商主义统治者主政期间所取得的经济成就。[1]进步确实存在，但进步比较缓慢，且伴随着无穷弊端。这个体制蕴含根本性缺陷，当伟人的大手移开时，这些缺陷必然显露出来。腓特烈大帝去世数年后，伦敦出版了一部用法语撰写的详尽论著，对其统治下的普鲁士君主制作了批判性考察。[2]该书以米拉波（Victor Mirabeau）伯爵的名义发表，但主要作者是定居德国的法国人之子雅各布·莫维永（Jakob Mauvillon）。作者在重农学派和亚当·斯密的影响下著述，称誉斯密为"天才之人"，所著《国富论》已成为"某种经典"，堪称"一座永不磨灭的丰碑"。作者提出的原则是，政府应当仅限于处理国防、司法、维持秩序等事务，应当让工业享有尽可能大的自由。

这些作者指出，作为重商主义政策首要原则的贸易差额理论无法成立，并通过研究普鲁士的状况来证明自由贸易思想的合理性。众所周知，普鲁士依靠"有史以来最了不起的掌权者"的天才和资源，实行了比其他任何国家都更严格的保护主义规制。他们的结论是，尽管某些方向的商业有所增加，但这绝非由禁止性体制所造就；这只是欧洲普遍增长的一部分，而普鲁士是否在总扩张中获得了相应份额尚令人怀疑。除布匹和农产品外，普鲁士的商业其实萎靡不振。这种体制带来的利润是有问题的，带来的不利也不言而喻，其农业、工业、商业系统并未依靠自然的发展，而是依靠了国家的首倡、补贴、支持、救济，故而只能认为这种体制处于不健康、不稳定的状态。

虽然论著作者可能过分贬低了官方的成就，但他们无论如何都提示了官方成就的主要缺陷，那就是有赖于强有力管理机构的持续存在，有赖

---

[1] 参见 *Cambridge Modern History*, VI, pp. 722-723。

[2] *De la monarchie prussienne sous Frédéric le Grand* (London, 1788).

于该管理机构始终如一地奉行其所坚持的原则,无论这些原则如何谬误连连。腓特烈去世后,体制的弱点渐次显露,杰出统治者的成功也随之终结,恰如科尔贝离去后体制的缺陷也逐渐暴露。这样的体制其实需要有接连不断的指挥天才和不懈干劲,可这些东西永远无法保证。在偏弱的国王和大臣的统治下,在政治和国际的复杂新局面中,普鲁士遭受了茫茫世事纷至沓来的恶果,这种局面只有靠腓特烈大帝那种超人的天才和干劲才能维持。拿破仑时代终于让局面陷入彻底的混乱。

不过,这也是在为强力崛起作铺垫。当时的环境为重农学派和亚当·斯密的反重商主义学说提供了有利的氛围,米拉波和莫维永原本也在呼唤此类观点。在这些人看来,应用自由主义观点有助于"拯救世界""复原人类"。这些观点的影响一定程度上体现于海因里希·斯坦因(Heinrich Stein)和卡尔·哈登贝格(Karl Hardenberg)所采取的措施中,目的在于拯救并振兴普鲁士国。

就普鲁士的福祉究竟需要什么这个问题,斯坦因深思熟虑地阐述了自己的观点。他用很可能受《国富论》启发的语言,提出了自由工业和自由贸易的理论。虽然他的实际政策远未达到充分自由的程度,但斯坦因、哈登贝格及同期其他大臣所推行的改革计划标志着与18世纪重商主义体制的全面决裂。①解放农民并确立土地的自由交易形同一场社会革命。国家不再利用奖励或其他财政资助去直接扶持工业发展,并且取消了进口禁令,降低了高额关税。毫无疑问,这种经济自由化政策很大程度上促进了普鲁士的崛起,令其摆脱了曾经陷入的政治窘境和内部混乱。1818年,长期以来阻碍王国众多区块彼此交通的全部关税被一扫而空,普鲁士的财政统一就此建立在国内自由贸易的基础上。这一步虽非有意为之,但它揭开了经济领域的一场运动,伴随着其他领域的进步,德意志最终将在开辟财经联合的这个强权主持下实现国家统一。②

---

① 关于斯坦因(1757—1831)的丰富记述,参见 J. R. Seeley, *Life and Times of Stein* (1878), and G. S. Ford, *Stein and the Era of Reform in Prussia* (1922)。

② 有关这一点,参见 P. Ashley, *Modern Tariff History* 中涉及德国的章节;W. H. Dawson, *Protection in Germany* (1904), and *The Evolution of Germany* (1919); and J. H. Clapham, *The Economic Development of France and Germany 1815–1914* (1921)。

在实际需要的压力下,普鲁士的财政联盟随后扩展到毗邻的德意志邦国。德国其他地区也组建了类似的联盟,这场运动的顶点便是关税同盟(Zollverein)的成立。及至19世纪中叶,关税同盟几已囊括整个德国,只有奥地利是例外。自此,普鲁士及整个德国获得了英国早已享有的国内自由贸易的好处,这种好处在法国是大革命留下的最重要的永久成就之一。

德意志的财政联盟,无论是小联盟还是大联盟,都以内部自由贸易原则为基础,但是,它对外却采取了适度保护的政策。在这一运动的推进中,德国出现了对所谓"斯密主义"这一风尚的明确抵制。亚当·米勒(Adam Müller)和李斯特是抵制运动的先驱,他们以"国民经济"学说对抗亚当·斯密学说中的个人主义以及他们认为不当的世界主义倾向。米勒特别强调了国家及国家管理的美德、国家利益和国家实力的永恒需求,以及国际纷争的常态性,①这种精神从根本上说是保守反动的和重商主义的。

李斯特尽管远为雄辩、远为有力地阐述了其政治经济学说,②但在理论上向古典经济学家的理想作出了更多的退让。世界主义和普遍自由贸易固然是其推崇的理想,但他认为,经济政策必须考虑一国所处于或已达到的特定发展阶段,决定经济政策的应该是这个阶段,而不是那些假设存

---

① 亚当·米勒(1779—1829)即使批评了亚当·斯密,依然称他为"政治经济学所有时代中最伟大的作者"。

② 弗里德里希·李斯特(1789—1846)系"科学保护学说"的创立者,符腾堡人。早年进入公务系统,成为大臣秘书,再后成为蒂宾根大学教授,但由于他积极参与取消国内关税并建立德国关税同盟的运动,并倡导其他改革,遂失去教职。经选举他进入符腾堡议会,继续力推改革,却被逐出议会且投入监狱,最终流亡海外。李斯特去往美国后,在金融投机和报刊经营中取得成功,并且发表了《美国政治经济学大纲》(1827),该册子包含其后来著作的主要观点。李斯特返回欧洲最初为美国执行一项在巴黎的使命,后则回欧担任美国驻莱比锡领事,他倾全力在报刊及其他场合倡导发展德国的国民经济。1841年,他出版了《政治经济学的国民体系》,原定此书为一部三卷大书的第一册,可连续操劳伤及健康,1846年他在奥格斯堡附近自尽。李斯特比其他任何人都更配享关税同盟"创建者"的称号,他总体上对保护主义运动产生的影响也许大过其他任何人。由S.S.劳埃德(Lloyd)英译的李斯特代表作中载有一篇回忆短文,及J.W.尼科尔森(Nicholson)的一篇导言。也参见 Dictionary of Political Economy 中关于李斯特的介绍。人们亦将李斯特与美国保护主义者汉密尔顿、凯里相提并论,参见 U. Rabbeno, American Commercial Policy (1895)。

在其实却不存在的理想化条件。李斯特重视经济政策对应于时间、地点、人物等情况的相对性,他就此堪称历史学派的先驱。李斯特的历史解读受到民族主义情绪的影响和干扰,民族主义是他思想和行为的主要动力。如其所见,现实世界由一个个独立国家组成,国家之间冲突和竞争不断发生,任何民族凡希望保持自身繁荣,只有遵循国家实力原则才能如愿以偿。普遍的自由贸易作为理想,有朝一日有可能会实现,但与此同时,自由贸易制度只有对工商业高度发达的国家方属万全之策和明智之举。例如,英国既已达到领先程度,完全有能力实行自由贸易,可是,一个制造业初出茅庐的国家,若无国家保护则无法与先进国家相抗衡。事实上,李斯特毫不犹豫地指称英国自由贸易者纯粹出于本国私利,而向工业欠发达国家主张自由贸易,毕竟这将使落后国家更加无力抵抗英国商人的冲天干劲。虽然李斯特极力主张对新办工业征收"培育性关税"(educational tariff),但当一国的工商业发展成熟后,他便谴责这种扶持并主张取消扶持。然而,尽管他接受自由贸易的理想,但其论点主要强调,尤其是就德国而言,应该对制造业而非农业实行强有力的保护政策,以此壮大他所崇尚的国家实力。

李斯特不仅批评重农学派和亚当·斯密,而且批评了重商主义者,这一点做得相当精明。①他谴责重商主义的禁止与保护制度太僵化且一刀切,在一味追求政治目标的过程中未能容纳世界主义原则,未能认识到,所有国家未来的联合、永久和平的建立、普遍的贸易自由恰恰是各国必须努力追求并争取接近的目标。不过,李斯特的抨击主要针对了古典自由贸易经济学派,他对国家层面的重商主义政策抱持总体赞赏的态度,他认为,英国正是通过重商主义政策确立了工业霸主地位。李斯特也推崇科尔贝在法国推行的重商体制,以及霍亨索伦家族一个多世纪以来在勃兰登堡-普鲁士实施的重商体制,他相信德国保护体制的确立事关德意志民族的生存、独立、未来,这是他最关切的命题。②

---

① 有关重商体制的缺点,参见 List, *National System of Political Economy*, p.272。当被指控"不过是力图复兴所谓的'重商主义体制'"时,李斯特作了自辩,参见 p. xliii。
② List, *National System of Political Economy*, p. 341.

李斯特的教导某种程度上可能加强了德国关税中保护主义的增长趋势,无论如何,至少是与这种趋势相吻合的。然而,纵然他提出了支撑本人学说的具体论点,可英国在明确采用自由进口原则后却更加繁荣了,这在德国激发起一种态势,令德国人更有意效仿英国当下的商业政策,而不是这个强国过去的商业政策。在英国和法国谈判达成商约之后,德国人愈发相信这一点了,故而,在1860年代及1870年代初,德国呈现了决意迈向自由贸易的发展进程。

1870年,在普鲁士主导下,德意志的统一运动大功告成,这一运动的真正起点是1806年神圣罗马帝国的废除和此后不久普鲁士的复兴。普鲁士发起并控制了财经联盟的进程,从而得以及时地将奥地利赶出德意志的领导地位,之前在伟大的法国战争后,这一领导权尚且留给了奥地利。值得注意的是,普鲁士在联盟中维持相对自由的贸易政策,这本来就是一种要把奥地利挡在联盟之外的手段,因为奥地利的关税制度具有强烈的保护主义特征。

德意志帝国的建立标志着民族主义在德国的胜利,正如它以前在希腊、比利时、意大利所取得的胜利一样,但在此之后,自由贸易政策并未立刻受到冲击,也即没有立刻转向民族保护体制。既然自由贸易带来了繁荣,那就没有理由改变既有政策。然而,法国赔款涌入后一度造成非同寻常的经济活跃,随后却出现逆向的调整,包括一段时期的经济萧条和价格低迷,这与财经政策无关,部分出于德国战后的特殊情况,部分出于某些普遍性原因,特别是运输方式的改进新近带来了西半球的有力竞争,这种竞争影响到所有欧洲国家。这些情况激活了德国及欧洲各国的保护主义运动。1879年,一向都是自由贸易者的奥托·俾斯麦(Otto Bismarck)也在实践中(说不定还在理论上)皈依了国家保护政策。还有两个因素也极大地促进了保护政策的确立,一是英国在德国市场上展开了倾销,二是铁路网开通后给德国地主们引来了俄国的竞争,致使他们要求保护农业。

关于俾斯麦的动机,人们议论纷纷,但似乎很清楚,他部分是受到了保护民族工农业这一思想的影响,部分则是出于财税方面的考虑。他需要为帝国财政筹款,而间接税比直接税相对而言尚可接受,于是,增加关税似为唯一的办法。工业和农业需要保护,这也只能通过增加关税来实现。因此，他的目标是建立一种关税制度，这种关税应该足够高，以起到真正的保护作用，但又不至于高到完全阻止进口，反而不产生任何收入。无论财政需要、工业保护及农业保护在俾斯麦的思想中占多大分量，反正俾斯麦开创了保护性关税政策，这一政策从此成为德意志帝国的常态政策，并随其他国家关税的提高而加强，经由国际商业条约而修改。

一段时间内，德国的重点是工业保护，但工业人口的快速增长引发了一场农业运动，旨在阻止德国变成一个以工业为主的国家。据称，如果没有充足的粮食供应，就不可能实现国家的自给自足，且据某些强烈主张，国家的实力其实取决于众多强健的农业人口。有鉴于此，保护农业利益应该是国家政策的首要目标，所有其他利益都应服从这一目标。部分受到这一主张的影响，特别是由于觉得战时确保粮食的充足供应至关重要，在帝国后期，德国保护主义的重点遂转移到农业方面，与其他保护主义领先国家相比，德国的制成品关税处于较低水平。

在制成品和农产品方面，相关利益集团合谋维持着保护体制，当一种论点，如"幼稚产业保护论"，明显不合时宜时，它们便会找出其他论点，来为维持保护体制继续提供理由。不过，虽然私利的力量影响了德国保护主义的细节，但德国经济政策的主要特点却取决于十分宽泛的考虑。自由贸易和自由放任的理论从未在德国深深扎根。1870年帝国的建立是19世纪民族主义运动最耀眼的胜利，强大帝国政府的成立为新重商主义的发展铺平了道路。在新重商主义中，德意志邦国一贯的家长制传统自然被应用于对工商业的管控和规范，借以促进德国的自给自足和实力规模，使之与新政治统一体的权威能够相称。[①]在民族观念的新潮流和国际竞争的新情况双重刺激下，以重商主义为本质的保护主义在各国卷土重来，这进一步激活并强化了德国统一运动中本就蕴含的、与德国历史传统相关的那种倾向。德国跟新重商主义运动的其他代表一样，都把关税作为攻防兼备的政治经济武器，但无论如何，在工业领域，德国对关税的信任度比其他保护主义国家要低，德国针对比如英国制成品所构筑的壁垒

---

① 对于俾斯麦和重商主义的实力论，相关评述可参见 C. G. Robertson, *Bismarck* (1918), p.416。

比法国构筑的壁垒要低不少,比美国构筑的壁垒要低很多,与俄国的壁垒相比也确实低。

德国新重商主义的特质更体现于,毅然决然地采用其他方法来巩固并提升国家,如在国内对教育和工业实行国家管控,在国外则执行扩张和渗透政策。①当其他保护主义国家热衷于排挤外国、自给自足时,其国家资源受到的压力要小得多。相比之下,大自然对德国的内部可能性设下了诸多限制,德国的人口也在迅速增长。为此,德国越来越多地致力于制定一项影响深远的政策,为的是能够控制(最好是政治上控制)额外的市场和资源,德国认为它们对满足德国人民当前和未来的需求将必不可少。如已所见,政治目标与经济目标的这种结合正是重商主义的精髓所在。

世人常说,德国的工业进步是近代最令人瞩目的现象之一,不过其成因过于复杂,无法简单概括。有人认为,那主要在于俾斯麦1879年放弃了自由贸易政策,这种观点过于肤浅,不值得明确反驳。无论关税有何确切影响,德国工业和实力的进步终属多种因素综合作用的结果,若关税在其中占有其地位,那也只是一种从属性地位。更重要的是德国有组织地把科学应用于工业的能力,以及持续地展开团队合作的能力,这是德国面对大规模生产的需求作出的独特贡献。②此外,在某些方面,德国的保护体制显然阻碍了健康的发展,③它有利于某些农业、工业、社会阶层,却牺牲了其他阶层的利益,它以国内市场上的高价格来支撑国外市场上的低价格,即使它不应该对德国的低工资负有全部责任,也至少可说它未能将工资提高到与德国工业国地位完全相符的水平。④再往更大的范围看,虽说保护主义的东山再起总会导致国际感情的恶化,但是德国新重商主义在政治和经济扩张中所采用的方法却令德国在国际社会陷于孤立,终让本国体制最要实现的防备战争的目标付诸东流,从而令自己步入最后的灾难。

---

① 有关德国商业扩张和渗透的方法,参见 H. Hauser, *Germany's Commercial Grip on the World* (1918)。

② Marshall, *Industry and Trade*, p.134,书中有关德国工业领先的整章都重要,也参见 Appendix F。

③ 有关德国"新重商主义"的有力批评,参见德国作者的文章 W. Lotz, "The Effect of Protection on Some German Industries", *Economic Journal*, XIV (1904)。

④ 有关德国大战前的工资,可比较 Marshall, *Industry and Trade*, p.853。

第十章 重商主义史：奥地利、意大利、北欧国家、俄国、日本

几乎所有欧洲国家都或多或少参与了史上的重商主义运动，不过后来，受英国成功实施自由贸易的确认和影响，多数欧洲国家还是卷入了迈向较自由体制的后续趋势中，只是近来它们又先后加入至今未竭的保护主义回归进程。本章只能简要概括迄未引起注意的三类国家的相关情况，无论其发展历程是典型还是特殊。它们一是剩下的若干欧洲国家，二是欧亚帝国俄罗斯，三是亚洲岛国日本。

当哈布斯堡家族仍正常享有神圣罗马帝国内的选帝领导权时，奥地利的经济制度获得了重商主义的洗礼。约瑟夫二世（Joseph II）实行积极的工商业政策，在18世纪力图改革的重商主义君主中他并非最不起眼的一位。[1]他在这方面堪与俄国的彼得大帝（Peter the Great）、普鲁士的腓特烈大帝、西班牙的卡洛斯三世相提并论。神圣罗马帝国解体后再过一段时间，奥地利成为松散的德意志邦联的主席国，重商主义精神随之延续，但在哈布斯堡庞杂的领地上并无真正的国族基础。如已所见，普鲁士利用关税同盟较低的关税为手段，把实行保护主义的奥地利挡在同盟之外，后来又设法把奥地利完全赶出德意志体系。在欧洲关税自由化时期，奥地利的体制也经历了相当大的调整，然而，在随后保护主义回潮的过程中，奥地利又是很早并全面跟进的一个国家。该国与霍亨索伦德帝国的结盟历程是个不便在此讨论的话题，但对奥地利的命运而言，与其保护政策相比，更重要的是它近年来屈从于德国新重商主义所追求的中部欧罗巴计划（mittel-Europe scheme），该设想出于政治和经济原因，力求有效

---

[1] 约瑟夫二世1765—1790年在位执政，据说他对Hornig, *Oesterreich uber alles wann es nur will*（《奥地利富强论》，1684）印象很深。此书敦促奥地利应当效仿法国、荷兰、英国的方法，开发所拥有的全部资源，排斥外国的制成品，等等，如此便可超越其他任何欧洲国家的富强（*Dictionary of Political Economy*, II, p. 331; Haney, *History of Economic Thought*, pp. 141-142）。约瑟夫在某些方面持有重农学派的看法，但在其他方面他是明确无误的重商主义者和科尔贝主义者（*Cambridge Modern History*, VI, p. 639）。

控制从北海到波斯湾这片地区。这种从属关系使奥地利卷入了最大规模的战争,从而引发其帝国的解体。①

正如霍亨索伦王朝统一德意志的第一步是把奥地利排除在德意志国家体系外,意大利的统一也需要把奥地利驱逐出意大利,而这同样借助了把奥地利赶出德国的那股力量。卡米洛·加富尔(Camillo Cavour)的经济思想主要是在英国古典经济学家影响下形成的,在其指导下,皮埃蒙特(Piedmont)地区采用了自由主义商业体制。②加富尔相信,英国既往的繁荣不是因为保护主义,倒是因为排除了保护主义的干扰;英国正是在保护最少的地方取得了最大的繁荣。他的政策是要使皮埃蒙特成为一个模范政权,就此赢得欧洲的尊重和整个半岛意大利人的信任。其政策的一部分就是把皮埃蒙特的经济建立在自由贸易基础上,恰如英国用自由贸易取代了重商主义。

随着意大利的统一,所有地方关税均被废除,皮埃蒙特相对宽松的关税标准遂成为全国统一的关税标准。然而,意大利后来也加入了反对经济自由主义的潮流,其后果之一是与法国爆发了长期的关税战,严重损及两国贸易。事实上,很难说意大利从自身保护体制中得到了什么好处,似乎这种体制非但没有助长,反而阻碍了意大利的经济发展。意法争端的解决及关税的修改,使得意大利的工商业状况得到了明显改善。由于嫉妒法国的殖民冒险,意大利之前与德国和奥地利结成了三国同盟。而源于国界问题的反奥情绪,又导致意大利参加了对奥大战。战争冲突结束以来,意大利也加入彼此提防的国家保护主义浪潮,把关税率提高到战前的两倍左右。但是,这样做似乎更着眼于当下的安全,而不是为了未来的进步与拓展。

在 17 世纪晚期和 18 世纪,北欧各国都盛行严厉的重商主义。③尤其在丹麦,禁止性和保护性体制极大地阻碍了自身发展,人为激发了本不适

---

① 有关这一设想以及奥地利对此的反应,参见 A. E. Zimmern, *Nationality and Government* (1919), pp. 309 sq., and Ramsay Muir, *Expansion of Europe* (1922), pp. 246 sq.。

② 有关加富尔本人所表达的经济观点,参见 *Dictionary of Political Economy*, I, pp. 234-237。

③ 有关这些国家,参见 P. Drachmann, *The Industrial Development and Commercial Policies of the Three Scandinavian Countries* (1915), and H. L. Westergaard, *The Economic Development in Denmark before and during the World War* (1922)。

宜的制造业,却牺牲了农业和商业。部分由于这一体制的具体恶果,部分由于受到重农学派教导的影响,丹麦在18世纪末明确放弃了重商体制,并开始实行自由主义的商业政策,自那时起,这项政策得到了大致一贯的坚持。近几十年来,以畜牧业和动物产品为主的丹麦农业并非在保护的基础上,而是在合作的基础上得到了长足的发展,当然,政府通过支持努力改良农业的那些协会和机构,也会向农业提供援助。石勒苏益格(Schleswig)的农业在德国的保护体制下始终萎靡不振,而自脱离之后,此地开始分享丹麦的农业活力。丹麦的制造业也在没有关税保护的情况下蓬勃发展。事实上,很少有国家能在其历史上如此明显地证明旧重商主义带来的负担,以及自由贸易体制下在组织良好的工业和企业的配合下可能取得的进步。

过去一百年里,瑞典和挪威的经济政策所遵循的路线与丹麦不同。挪威以前在政治上与丹麦相联系,1815年则与瑞典建立政治联合,但各自保留了独立的经济制度。这两个国家在体制中都保留了禁止和保护的混合体,后来都参与"自由贸易"运动,也都加入了保护主义复兴的行列。然而,瑞典在自由主义运动方面落后于挪威,而且受贸易萧条和外国榜样的影响,瑞典更早地回归到保护主义体制,并发出了"瑞典人的瑞典"这样的呼声。不利的"贸易差额"在导致挪威恢复保护的过程中发挥了也许是决定性的突出作用。

自从二元君主制解体以来,民族主义精神在瑞典和挪威得到了极大的强化,并对两国的经济政策产生强烈影响。在瑞典和挪威,新重商主义运动在以下措施中表现得尤为明显:将两国丰富的水力资源更多地置于国家或本地人的控制之下;试图从国家利益出发保护和保存铁矿资源;通过补贴和其他方式扶持航运事业。鉴于这项政策可能对与外国的经济关系产生影响,特别是由于它所涉及的对外国资本的态度,国内对这项政策提出了批评,但现在要对其结果作出判断似乎为时尚早。

俄罗斯的历史于本书主题有三重意义。[①]18世纪初,俄国是有史以来

---

① 有关俄国的经济思想和经济,参见 *Dictionary of Political Economy*, III, pp. 336 *sq.*; J. Mavor, *Economic History of Russia* (1914); K. Leites, *Recent Economic Development in Russia* (1922)。

最彻底地应用重商主义原理的地方。19世纪后期的新重商主义运动中，俄国在高关税保护方面走在前列。近年来，俄国又历经一场剧烈的政治和社会革命，这场革命的过激行为，无论是在重商主义还是在其他方面，很大程度上都可用之前家长式专制政权的过激行为来解释。

虽然第一位沙皇伊凡雷帝(Ivan the Terrible)致力于发展与英国、荷兰、法国及其他西方国家的商业关系，但17世纪末以前，俄国可以说一直属于亚洲而非欧洲。之后，才由彼得大帝开始在帝国中引入他认为促进了西方进步的条件和因素。①他希望为建立一个自给自足的民族国家奠定基础，即使不能完成其全部结构。为了胜任他所选择的事业，彼得付出了巨大努力。他游历了许多西方国家，目的不但通过询问和观察，而且要通过亲手劳动，对这些国家的工商体系有清晰的认识和了解。彼得在英国和荷兰的所学所见给他留下尤其深刻的印象，他充分吸收了当时盛行的重商主义思想。他不满足于亲身体验，还派遣索尔季科夫(Saltykov)前往法国、英国、荷兰，探究这些国家经济制度的运作。索尔季科夫在报告中特别提到了英国的政策与做法，并据此敦促俄国创建民族制造业，从而不再屈从于外国人；应当发展商业以确保贸易顺差，为此有必要组建特许公司并为之提供财经支持；制造业应当得到秩序井然的农村经济的补充，这是国家自给自足的必要条件。卢贝拉斯男爵(Baron de Luberas)也向沙皇呈交了关于如何恰当发展俄国经济的看法，他认为，俄帝国的繁荣有赖于对航海和工业这两方面的应有关注。与当时的普遍看法一样，卢贝拉斯也指出，英国在克伦威尔的严厉体制即航海体制下达到了繁荣境地，他错误地以为，通过这种航海体制，所有进出英国的商品都只能由英国船只运载。卢贝拉斯补充道，荷兰同样寻求从航海中获利，借以实现贸易顺差，而北欧国家也在关注这一做法。卢贝拉斯向彼得展示了俄国在商业中后来居上的前景，以及沙皇作为俄国且全世界的恩主所享有的至高无上的地位。

彼得大帝借鉴了亲身经验，也利用了他人观点，显然是一位坚定的重

---

① 有关彼得大帝事业的全面记述，参见 Pernet, *Pierre le Grand*, *Mercantiliste* (1913)。也可注意李斯特有关俄国史的章节。

商主义改革家。他决心为本国奉献自认为必要的良策,并为此而奋斗,哪怕前进道路上尚且障碍重重。他起初凭经验行事,后来制订系统的计划,几乎使用了西方重商主义者用过的一切措施和手段,其国家主导的程度在发挥效力的范围内超过了西欧国家中可见的任何情况。外国工匠被请来向当地人传授技艺,新的行当如丝绸业和毛纺业也得以创立。囚犯和闲散人员被迫加入产业大军,一个新的农奴阶层由此产生。一方面,本国工业得到了禁入令和保护性关税的扶持,另一方面又不得不服从有关产品形式、质量、数量、价格的细微规定。官方建造了船只,成立了外贸公司。彼得还试图促进农村经济的蓬勃发展,但总体而言,农业被视为制造业的附属品,相对遭到忽视。

彼得大帝的努力极大地刺激了俄国的经济生活,可他推行的改革很大程度上是人为的,终究难以持久。这些改革与其说是对人民的培育,莫如说是对人民的强加。他引进的工业并不适合其臣民的特点或所处的发展阶段,产品的数量和质量皆不如人意,他的商业公司也收效甚微。此外,其体制所依据的农奴制度对人民造成了沉重的负担。

彼得大帝给俄国的国民经济上打上了禁止和保护、监督和控制的烙印,这种烙印经调整后一直延续至当今时代。[①]我们没有必要详细追溯其发展历程,但必须指出其中若干主要阶段。亚当·斯密的影响主要是由冯·施托希(Heinrich Storch)这位《国富论》的信徒(但非盲从者)向俄国官方阶级传播的。[②]在此影响下,1815年和约之后的几年里,俄国出现了支持较自由经济政策的舆论趋势。不干涉原则得到了某些支持,关税也朝着自由贸易的方向演变,只是这一运动非常短暂。管控的思想在沙皇和官方的头脑中根深蒂固,不可能长期遭受动摇。1822年,俄国恢复保护体制,从此往后,那里再未出现过真正自由主义的商业体制。

在欧洲大陆相对自由贸易的风潮中,主要由于英国的榜样作用,俄国的关税尽管总体上仍属明显的保护性关税,但还是有所降低,为的是确保

---

① 至于卡捷琳娜"大帝",她虽持有自由主义的观点,但还是改变主意转向了保护,参见 *Cambridge Modern History*, VI, pp. 691–692。

② 有关海因里希·弗里德里希·冯·施托希(1766—1835),参见 *Dictionary of Political Economy*, III, p. 479。

俄国农产品和原材料能进入西欧市场。而此时铁路用铁的自由进口使得铁路网建设成为可能,那些铁路堪称迄今为止俄国工业发展的最大动力。此外,在此时期还发生了农奴解放,这对俄国历史的未来意义重大。

然而,1870年代末,在关税减让达到目的后,关税基本上又恢复到原来的水平。在"自由贸易"时期,俄国作为一个农业竞争者出现在西方,随后又恢复高度保护,这些都成了刺激整个欧洲新重商主义运动的重要因素。俄国关税保护的全面升级是在1891年,并引起了与德国的关税战。除关税外,沙皇政权还通过财政及土地、矿山、木材特许权等方式帮助工业企业,家长式政府的精神体现在细微的监督和管理制度中。为了满足国内市场的需求,本土工业得到了发展,但商业的扩张受到关税壁垒的限制,虽然工业品的数量超过了农产品,但大部分人仍在从事农业生产。俄国在沙皇末期所享有的繁荣,与其说建立在保护体制的基础上,不如说是建立在自然财富的基础上,而保护体制确实对人民造成了压迫。制造商从政府那里获得的补贴和关税扶持抬高了价格,以至于许多俄国产品在国内的价格比在国外还要高,而工资却低得可怜。因为这种体制服务于某个阶级的利益,不是为了广大人民的利益,而且是由腐败无能的官僚机构运作的,所以它必定有助于产生革命者。

俄国在对日战争中的失败为革命运动提供了第一个大好机会,不出十年,世界大战造成的局面便彻底推翻了俄国的旧秩序。然而,沙皇政权的垮台、共和专制的试验与失败、苏维埃政权的暴力与混乱,这些话题太大,不适合在此讨论。新政权同旧政权一样,都具有专制和限制的精神,无非细节上有所差别而已。尚需观察的是,这种精神在多大程度上会让位于政治和经济的自由主义原则,世界和平终究建立在自由主义原则之上。

虽然可以将上述国家的保护主义与早期的重商主义作一些重要区分,但远东的日本是个不同的国家典型,它在19世纪后半叶和20世纪前半叶再现了史上重商主义的所有基本情况,包括大多数典型的重商主义措施。

大约在19世纪中叶,日本外贸的开放标志着日本介入复杂的国际经济关系。改革初期,封建单位合并为国家这一综合单位,为中央政权奠定了基础，中央政权对建立全国经济体制至关重要；日本的统治者以明显的家长作风，按照英国伊丽莎白时代的塞西尔和法国的科尔贝在西方实行的体制，大力培植国家的经济资源，借以巩固和厚植国力。就其复制并引进外国思想与方法的程度而言，日本尤其让我们想起另一重商主义巨匠彼得大帝在俄国所做的工作。[①]日本在工业、商业、海上的发展中采用了全套旧体制措施，包括奖励、补贴、免税、特许权、保护性关税。其总体目标在于限制进口，除非是国内采购不到的商品，并且鼓励出口，俾以增加国民生产，实现贸易顺差，令国家在经济上自给自足、独立自主。考虑到日本在参与外贸后必须积累财政储备，贸易顺差概念在日本政策中强调有加自然可以理解。于是可见，人们努力把货币立于黄金基础上，并为此目标而调节关税以确保黄金流入，同时对黄金出口实施控制。

日本在20世纪取得的工业进步已成老生常谈，可是，这种进步所依靠的条件与日本的财经政策完全无关，因为毕竟是世界大战的空前环境，才使得日本如愿以偿地赢得了贸易顺差。直到战争爆发前，日本尽管征收了关税，但进口额一直超过出口额。但现在，日本虽为交战国，却不同于其他盟国，仍可按正常程序发展本国工业。加之外国对商品、物资、航运服务需求量大，使得日本获得了所期待的出口盈余，使其商船增长速度仅次于美国，并使其黄金储备持续增加。事实上，人们怀疑以前的出口补贴政策是否妨碍了出口顺差的实现，因为当时的出口固然也有增加，但补贴政策往往压低了出口价值，同样，航运方面的退税和补贴也在很大程度上抵销了日本海运盈利本可带来的盈余。

然而，即使日本尽享眼前的繁荣，其经济状况还是显示出重商主义体制带来的诸多不利。为实现工业多样化的目标，日本政府扶持了那些本国并不特别适合的产业，而不是让资源自然地集中于本国拥有天然禀赋的那些产业。须知，这些产业就算依靠人为援助，也很难在世界市场上以有利可图的价格展开竞争。况且，只有在非常片面和有限的意义上，才能说日本具备经济独立的条件。假如遇上孤立无援的情况，日本的粮食资

[①] 参见 Trevor Johnes, "Notes on the Social and Economic Transition in Japan", *Economic Journal*, XXXI, pp. 50 *sq.*。

源最多只能勉强自给自足,而其繁荣所必需的工业,除丝绸外,主要依赖于国外的原材料。为消除这种依赖性而作出的努力,如在羊毛方面,都以失败告终且代价高昂。同样,国家扶持的风尚也造成了打压士气的后果,因为它使人们养成了一种习惯,惯于在任何工商创业中都不断地寻求政府支持。①

然而,经济繁荣的崩溃和贸易收支的倒退,也把日本带入了战后保护主义卷土重来的浪潮中。可日本面临的困难和不满,恐怕很难通过强化原已造成了这些问题的一种体制来解决。随着本就庞大的人口继续增长,需要谨防重商主义的领土扩张政策。为了解决生存与发展的问题,剩下的方向应当明了,那就是迈向较自由的贸易体系,日本应借此用自己的制成品去购买所需的原料和食品。最近的地震灾难更加凸显了各国终究要相互依存这样的必要性。

第十一章 重商主义史:美洲

英国在维护自由贸易方面,与欧洲大多数重要国家形成了明显对照,它与美洲新大陆国家则反差更大。值得指出的事实是,英国今昔的美洲殖民地都是保护主义运动的首要代表,其实可以说,美国的保护主义就是从英国重商主义的土壤中生长起来的。

尽管北美殖民地在旧殖民制度下可能没有遭受多大苦难,但是要把北美起义描述为对殖民制度的反抗仍属持平之论。殖民制度并没有也不可能得到一贯的执行,规避有关条文还是很容易的,英国从对殖民地的占有中获益甚微,殖民地的实际工业发展与享有经济独立情况下本可获得的发展似乎也大同小异。不过,世人普遍相信,在适当服从的情况下,殖民地终究是殖民母国富强的源泉。英法七年战争期间,美洲殖民地曾经诉诸英国的这种重商主义情绪,要求母国提供保护,抵御法国人的侵犯。

---

① 可比较 T. H. Sanders, "Japan's Financial Opportunities", *Economic Journal*, XXVI; J. Soyeda, "Effect of the War on Japanese Finance", ib., XXXIII; J. H. Longford, "Japan's Economic Independence"。

战争期间所获得的救援,很大程度上助长了北美殖民地的独立精神。此时,它们深恶痛绝殖民制度所体现的殖民地从属思想,无奈自己动手试图砸碎这种制度的努力均告失败。

然而,殖民地认识到,按照重商主义的信条,自己对英国而言可谓无价之宝,于是它们巧妙利用了这一观念。既然强国们相信英国从殖民地获得了富强,北美殖民地便转而向那些嫉妒英国的列强求援。相信解放北美贸易可让列强得利,这是它们支持美国独立事业的一大诱因。可是,战后结果证明,美国人所援用的这种逻辑是虚妄不实的。战争并未改变英美两国天然的商业关系,英国虽然失去了对殖民地的政治控制,可它与殖民地的贸易却日益增长。如前已见,这一事实很大程度上削弱了旧重商殖民制度的可信度,并使重农学派和亚当·斯密的学说风行一时。

即便如此,重商主义的规定和重商主义的秉性在欧洲的工商业政策中却依然盛行。而美国人在与旧大陆重商主义的斗争中,同样表达了重商主义的国民经济独立思想,这一点不足为奇。这个北美新国家还产生了国家保护主义政策的一位先驱倡导者,这就是亚历山大·汉密尔顿(Alexander Hamilton)。虽然美国的保护主义在某些细节和程度上有别于旧重商主义,但它仍然是旧重商主义的衍生品和继承者。[①]

有人说,汉密尔顿在著名的《关于制造业问题的报告》中所提出的保护制度,实乃重商主义旧体系的翻版,再根据美国的国情作了调整。[②]事

[①] 亚历山大·汉密尔顿(1757—1804)生于西印度群岛,在纽约接受教育。18 岁年轻时,他写过一个小册子,支持殖民地反对母国。独立战争中,他先担任炮兵上尉,后有数年担任华盛顿的副官。回归平民生活后,他成为纽约的一名律师,并于 1782 年选入国会。他在有关宪法的讨论中发挥了重要作用,是《联邦党人文集》系列文章的发起人和主要撰稿人,该文集是美国政治文学中最著名的作品。1789 年他被任命为财政部长,负责了财政部的首次组建,根据国会指示而编写并于 1791 年 12 月 5 日发布了《关于制造业问题的报告》。在此报告中,他发表了陶西格教授(此人为自由贸易支持者)所谓"美国当政者关于保护理由的最有力陈述"。报告全文可见 F. W. Taussig, ed., *State Papers and Speeches on the Tariff* (1893)。汉密尔顿于 1795 年辞职,重操律师旧业,但他始终为联邦党领导人,直至与政敌决斗身亡。有关汉密尔顿的书有:H. C. Lodge (1882), W. G. Sumner (1901), F. S. Oliver (1906), W. S. Culbertson (1911), and F. S. Scott (6th ed., 1915)。最近的一部大作是 A. H. Vandenberg, *The Greatest American: Alexander Hamilton* (1922),关于其保护观点的论述,参见 Rabbeno, *American Commercial Policy*。

[②] 这是萨姆纳(Sumner)的观点。

实上,汉密尔顿的观点标志着对旧重商主义的明确超越。他看到了自由贸易的最终优势,并对重商主义的过度限制表示遗憾。然而,就其主体精神和所谓直接适用性而言,他的观点本质上属于重商主义这一类。亚当·斯密的影响体现于汉密尔顿反对重农学派关于制造业无作用的论点上,但他本质上是第一个批判《国富论》的民族主义者,哪怕他并非有意要当这种开山鼻祖。汉密尔顿的目标主要是政治性的,他寻求确立美国的有效统一,使之能与欧洲的老牌国家相抗衡。为此,经济独立至关重要。他故而主张促进制造业的发展,使美国不仅在农业方面而且在工业产品方面也自给自足。他敦促在制造业的萌芽期或初创期,通过关税、奖励等类措施对其进行保护。在汉密尔顿看来,美国之所以需要这种保护,主要是因为英国对殖民地制造业采取压制政策,致使美国缺乏技术和经验。汉密尔顿怀有真正的重商主义信仰,也即相信国家指导和监管的价值,只是可能还没有达到重商主义的极端。他也把保持贸易顺差作为政策的首要动机,尽管对于该原则之逻辑含义的局限性他似乎也有一定的认识。

汉密尔顿的教导暂时收效甚微,但是美国的关税反映出人们日益增长的保护意识。① 由于美国在法国大战争的早期阶段享有经济繁荣,这客观上推迟了关税运动的胜利。然而,及至战争后期,拿破仑的大陆封锁体系(Continental System)和英国枢密院令竞相运作,并且引发英美两国的敌对,美国于是被迫关门自己过日子。美国制造商在国内市场享有了前所未有的实际保护,新行业为满足需要遂应运而生。战后和约必然涉及取消战时的进口限制,随之,外国商品尤其是英国商品蜂拥而入。这在制造业利益群体中引起恐慌,他们便要求动用关税手段来提供战争条件下所曾提供的某种保护。汉密尔顿的教导再次被人提出,并获得了总统的采纳,其大意是,各国都应努力让本国来供应国民所需的一切必需品,以满足国内的食用、居住、防御等全部需求。1815 年英国通过《谷物法》,此乃英国最后一次积极的重商主义立法。1816 年,美国首次明确征收保护

---

① 有关美国的保护主义运动,参见 E. L. Bogart, *Economic History of the U.S.* (1912); H. C. Emery, "The Economic Development of the U.S.", *Cambridge Modern History*, VII, c. 22; F. W. Taussig, *Tariff History of the U.S.* (1914); P. Ashley, *Modern Tariff History* 中关于美国的章节。

性关税,这是美国相关政策的开端,在更广泛的大陆范围内,该政策会在门罗主义中得到体现。这一早期保护主义运动随"可恶关税"(Tariff of Abominations,1828)而达到巅峰,该关税立法既可以归因于汉密尔顿著作的影响,也应归功于其时在美国的李斯特。当然,它终究受到了当时美国状况的影响。鉴于"幼稚产业"或"培育关税"在保护主义宣传中已如雷贯耳,有必要提请注意,一位美国关税史的清醒研究者撰文特别论及此阶段立法时下结论,称尽管美国当时的条件的确可让幼稚产业保护有利可图,但美国在19世纪上半叶实行的保护并没有带来多少好处。①

保护体制得到了明显带有重商主义色彩的论点的支持,南方各州对此愤愤不平,因为自己分享不到北方制造业的利益,并认为税收主要是针对南方所用物品,有关支出却造福于国内其他地区。南方人认为,这种体制还不如英国的旧重商殖民制度。一位南方代表宣称,②关税州对种植州商业所施加的限制,就其危害性和压迫性而言,比起英国对殖民地商业所施加或想施加的全部限制和税收还要高出百倍。"一场革命把一个强大帝国肢解得支离破碎,而作为革命之肇因的限令和税赋,在精神上丝毫不比如今强加给南方各州的限制更加专制,其压迫性事实上还不及如今强加给南方各州这些限制的百分之一。曾经那种禁令说要禁止我们的祖先与英国以外的所有其他国家通商贸易,却不过徒具虚名而已。假如没有那项禁令,殖民地的贸易也几乎只能与母国进行。南方各州现在不折不扣地被重新殖民化了,就好像它们的商业还掌控在英国议会的最高立法权下。"无论人们对该描述的真实性有何看法,这些表述都很有意思,毕竟它们反映了人们对旧殖民政策的看法,再说关税问题终究是南北争吵并引爆内战的诱因之一。

1828年的极端保护主义数年后有所松动,但关税壁垒仍居高不下,直到1846年前后才有所改变,这种改变部分是矫枉过正,部分是受英国自由贸易运动的影响。自此往后到内战前夕,美国一直盛行所谓的"自由贸易体制",实际上也只有跟之前严格的保护制度相比后,才能称之为"自

---

① 这是陶西格的看法,也参见 Marshall, *Industry and Trade*, pp. 773 - 784。
② 来自南卡罗来纳州的乔治·麦克杜菲(George McDuffie)1830年发言。

由贸易体制"。

在美国关税政策的这个阶段，主张保护的人绝非沉默不语，美国最热忱的保护主义者亨利·凯里就在此时发表了其主要著作。① 凯里以自由贸易者起始，却以绝对保护的倡导者而收场，他是迄今最受欢迎、著述最多的民族主义保护运动的拥护者。凯里的代表作问世时，美国的"自由贸易"运动已走到所能到达的最高点，随后美国的贸易政策便开始反弹，凯里的学说对此不可能毫无影响。凯里抨击英国的自由贸易政策，判定该政策使英国越来越依赖于世界其他国家，必将酿成灾难，故而他敦促美国采取国家保护和自给自足的政策。凯里的论点巧妙而新颖，但就其新颖性而言，诚可谓似是而非，就其对实际政策的影响而言，某些方面与旧重商主义相差无几。凯里过分强调一国的货币或贵金属数量，并力主保持出口对进口的顺差，视之为确保必要钱币盈余的唯一手段。他谴责当时美国的"自由贸易"政策，认为这种政策会带来逆差，造成国家的贫困和衰弱。

内战爆发时，保护政策的反弹趋势已经开始，但正是战时国家财政的拮据促成了保护体制的建立，从此成为联邦坚定不移的政策。战争的需要导致不仅对内而且对外都必须征收重税，而为了减轻国内税收的压力，制造业集团要求并获得了对制成品征收进口重税的权利。战争中这样建起的保护体制待战争结束后依然留存，自此直到近期始终是美国关税的真正基础。就其起源论，高关税并非得自某种蓄意的保护政策，可它创造了既得利益，相关利益集团反对撤销既已享有的保护。在那些依靠关税扶植的产业领域，人们振振有词地宣称，恢复自由贸易哪怕是相对的自由贸易都意味着这些产业的毁灭。所以尽管国内税消失了，保护性关税作为对国内税的一种抵销却保留了下来。不过毫无疑问，保护主义的卷土

---

① 亨利·查尔斯·凯里(1793—1879)生于费城，是出版商兼贸易保护倡导者马修·亨利(Matthew Carey)之子。亨利先进入其父的企业，1821年成为唯一的经理。他1835年退休后，全心致力于社会、经济、政治这些学科的研究和著述。其作品量很大，代表性作品译成数种语言。他在《社会科学原理》(1858—1859)中概括了自己的观点，此书的浓缩版见 K. Mckean ed., *The Manual of Social Sciences* (1864)。日后岁月里，凯里受到的关注远不及汉密尔顿，但可注意 D. H. Mason, *Time's Vindication of H. C. Carey* (1891)。有关其主要观点，参见 Rabbeno, *American Commercial Policy*, and Haney, *History of Economic Thought*。

重来和牢固确立,除源于私人既得利益外,一定程度上也源于民族排他意识的加强,排他意识本身则因战争而强化,联邦的维护也拜其所赐。这种战争效应,就如同后来的普法战争造就了德国统一,进而为德国的新重商主义运动开辟了道路。

随着时间的推移,幼稚产业保护论必然会被抛弃,而国家自给自足的理念,尤其是当它立足于维护国内市场时,会越来越受到重视。在保护主义宣传中,"贫穷劳工(pauper labour)"论也屡见不鲜,这种论点强调,保护的必要性在于防止欧洲低薪劳工的竞争来打压美国的高工资。关税不但成为私人和企业利益冲突的焦点,还成为政党之间聚讼纷纭的热门话题。1888年的麦金利关税(McKinley tariff)特别突出了对农业的保护,而1897年的丁利关税(Dingley tariff)一直延至1913年,把美国的保护主义推向了高潮。

在高度保护体制期间,美国跃升为世上最大的工业国,保护政策的倡导者颇为自然地从该事实中看到了某种因果关系。然而,冷静思考一下美国的历史,我们便会得出这一结论:关税令政界闹得沸沸扬扬,不免让人对其重要性充满想象,可是美国工业进步中关税实际起到的作用却远没有那么重要。①事实上,在相对自由的贸易时期,美国也按相称的快速度在发展。考虑到美国所拥有的自然优势,以及美国人民的警觉性和进取心,似已清楚,纵然是仅为财税目的而征收的关税,也能让美国工业取得同样显著的进步。撇开关税而论,美国相对来说并无重商主义管控,其繁荣多赖自身工商体系中比较自由的因素,尤其得益于拥有一个巨大的国内市场,并在全境范围享有国内自由贸易。其实在美国的落后地区,即便在缺乏较先进工业区那种保护的情况下,它们也成功建立了制造业,这有力地证明,幼稚产业在没有人为援助时也能蓬勃发展。

认为保护性关税是美国工业大发展的主因,这是一种幻觉,与此相关的一个观点是,认为保护性关税让美国工人享有了较高的工资标准。毫无疑问,关税可能会导致某一行业在某一特定时期的工资居高不下,但考

---

① 有关美国工业进步的原因,参见 Marshall, *Industry and Trade*, pp. 140 *sq.*, and 773 *sq.*。

虑到影响工资的各种因素,我们清楚可见,美国工资的总体水平并不取决于关税保护,而是取决于美国的劳动生产率。事实上,同样在保护之下,美国的工资一直很高,德国的工资却一直很低,德国工资以后的增长幅度不是由于保护的加强,而是由于本国劳动生产率的提高。随着生产率和工资的提高,德国成为一个愈发强大的竞争对手。美国的保护主义论调中,保护本国工资免遭其他国家"贫穷劳工"的剥削,是一项比较突出的诉求。这种诉求看来建立在错误认知的基础上,即未能正确理解工资是由哪些因素决定的。

保护体制的恶果比好处更容易查寻,关于它对政治生活腐败的影响,无需更多赘述。托拉斯的恶性发展似乎在很大程度上依靠了保护性关税。如果说高关税不是高工资的罪魁祸首,那么它肯定是高物价的一个主因。因此,研究一下美国高保护时期的工资和物价史,就会发现美国实际工资的增长高于英国。

然而,在战前年月,有迹象表明美国的保护主义运动已是强弩之末。哪怕是受保护的制造商也开始意识到,关税抬高了生产成本,进而妨碍了他们在世界市场上的拓展。在公众心目中,生活成本的居高不下、托拉斯的不健康实力,显然跟高度的保护主义脱不了干系。为此,舆论出现了反弹,要求修改丁利关税。继 1909 年修订后,再过四年又可见美国关税继续反转,此时定下的关税总体上比相对自由贸易时代以来的任何税率还要温和。这是约 50 年前设置高度保护以来美国关税政策最惊人的逆转。

世界大战的爆发阻碍了关税改革在正常情况下所能发挥的作用,可这场动荡给美国带来的经济结果实与关税状态并无多大关系。由目前观点看,总体的影响是,由于美国成了欧洲需求的主要供应者,美国从"债务国"摇身一变为"债权国"。按重商主义或保护主义的看法,美国在战前因出口超过进口而享有所谓"有利的贸易差额",可是,这并不代表美国获得了比其他国家更大的价值差额,而仅仅是外国通过其出口,支付了美国对外贷款和外国在美投资的利息,外加向美国海外承运服务支付了运费等费用。无论如何,美国现在成了一个债权国,一个世界上最大的债权国。美国的债务人除通过出口货物来清偿债务外,目前看不出还能采用其他什么方法来改善处境，这一点就像美国之前也只能通过出口去偿还债务一样。不过，既然外国产品开始涌入并势将增加，同时外国的需求又出现崩塌，自然就在美国引发了一场新的保护主义运动。人们于是敦促，且不管外国欠美国的债务往下如何变化，美国都必须保护本国产业免受外来竞争，国内的市场必须留给本国产业。总之，必须遏制进口的增长，以防止贸易顺差变成贸易逆差。

保护政策的一位倡导者坚称，保护政策不过是把民族主义转化为经济科学，现在国家利益正需要它。"它诉诸爱国者的情感、人世间的逻辑，以及现实生活的需要。它让《五月花号契约》（Mayflower Compact）、《独立宣言》、《联邦宪法》以及门罗主义中规定的伟大原则在国家层面得到广泛应用。"[①]

针对这种重商主义的国家独立观，美国自由贸易者指出，阻挠债务人用他们唯一能支付的方式来偿还债务是错误的；美国必然需要增加进口，乃至让进口超过出口；基于"我得你失，你得我失"思维的贸易差额概念是一种简陋的重商主义观念，必须让位于商品和服务交换互利的另一种认知。美国不可能永远当一个与世隔绝、自给自足的国家，它已经走到了几乎难以自足的阶段，随着时间的推移，美国必然会变得越来越工业化，越来越依靠外国对美国制成品的需求。如今美国正在出现的情况，与18世纪末到19世纪中叶英国的情况相当类似。当时，英国不再是粮食出口国，而成了一个制成品出口迅速增长的粮食进口国，最终，制造商自己要求降低关税并撤除其他重商主义限制。

不过，美国还没有达到最后这个阶段，就目前论，大大提高的新关税标志着保护主义的卷土重来已经取得胜利。

然而在另一个方向上，重建重商主义管控的趋势迄今尚未定局。美国政治家非常关切的一个问题是商船的未来。共和国早期的政策沿袭了英国《航海法》的路线，即通过征收歧视性关税去保护作为民族产业的美国航运业。但一段时间后，互惠政策取代了歧视政策，美国着手通过共同

[①] Edward N. Dingley（丁利关税提出者之子），in *Proceedings of the Academy of Political Science in the City of New York*, IX (1920 – 1922), p. 175.

条约，放弃对本国航运的特殊保护。航运业一路蓬勃发展，直到铁船取代木船，再加造船技术的改进，使得美国失去了在该领域原有的天然优势。美国未能在新条件下建起强大的商船队，此事引发纷纷议论包括争论。显然，未能建起强大商船队，这很大程度上是由于美国长时期内对造船材料和本国劳动力实行了保护政策，人们在认清这一事实后便对限制措施作了某些修改。然而，保护主义者认为，美国未能建起强大商船队，主要是因为其他国家采取了补贴和奖励政策，美国方面却没有提供任何特殊的保护。故此哪怕效果甚微，官方还是引入了实质性补贴，并在《安德伍德关税法》(Underwood Tariff Act)中规定，如果货物进口用的是在美注册的船舶，则关税一律减免5%。可是，这并不影响美国与其他国家之间的条约规定，而且对于几乎所有航运可能受影响的国家而言，它们都与美国订有相关条约，条约规定了不得歧视其货物或航运，因此，美国的上述规定缺乏实际效力。

然而，世界大战爆发后，出于经济理由以及辅助海军的需要，建立美国强大商船队的事业得到了有力推动。随着美国的参战，造船业开始活跃起来，使得美国拥有了全世界四分之一的吨位，能够承运超过本国60%的对外贸易，并决心要让造船业成为永久的国家产业，要让商船队成为一项国家资产，即使经济上有所牺牲也在所不惜。人们为此引用亚当·斯密论及《航海法》时发表的看法，即虽然航海条例在经济上是错误的，但在政治上还是合理的，毕竟"国防比富裕重要"。如此美国便开始实施一项明确的政策，按照重商主义方针去保护本国航运。1920年通过的《商船法》(Merchant Marine Act)是这种重商主义回潮在美国航运方面的首次实质性体现，其中有一条文规定，如果对外条约中有条款限制美国征收歧视性进口关税或吨位税费，则所有此类涉外条款均应废止，规定还指示总统就这一废止发出通告。这样做的结果是，激活了《安德伍德关税法》中有关美国船只所输入商品一律减免5%关税的条款，使得美国重新拿起重商主义武器，立国初期它就曾试图用这个武器去对抗旧世界的重商主义。伍德罗·威尔逊(Woodrow Wilson)总统拒绝执行这一指示，但人们估计其继任者会同意这一要求，即便如此，舆论上显然不大可能给予谴责。眼下毕竟船只大量闲置，相关问题挥之不去，人们正在讨论出台帮扶措施。①不过,也有不少人谴责重商主义的回潮,理由是商业歧视政策总会招致国际上的恶意和报复,而且从长远看,对国家航运业的帮扶也难有效果。②

旧的英国美洲帝国和旧的西班牙美洲帝国的后续发展历程有着明显的相似之处,它们那两次起义或多或少都是对重商制度的反抗。从西班牙获得解放的南方新国家依照美国宪法制定了自己的宪法,这并非毫无意义。与此同时,二者之间的差异也同样显著。③与西班牙统治下的拉美国家相比,英属北美殖民地生活中的限制措施要少很多,因此,它们原已为自由自治作好了准备。然而,西班牙的老殖民地面对自己新获得的自由,却缺乏同等的适配程度。因此,仅仅模仿美国宪法的形式特征不足以使那些拉美共和国走上进步的宪政道路,长期的屈从对民众性格的影响也不可能在一瞬间甚或经一代人就消除。虽然殖民地业已摆脱西班牙和葡萄牙的枷锁,但它们在政治和经济领域实际上无不受到管控体系的束缚。在政治上,美国能够根据门罗主义的原则对领土以南的整个美洲大陆实行保护,而在经济上,拉丁美洲的工业发展主要是在欧洲资金的帮助下进行的,这自然使那里的经济生活受控于欧洲资本家,尽管美国近期在拉美不断扩展其商业利益。拉美共和国制定的高关税通常被认为具有明显的保护性质,它们也确有保护的成分,但总体而言,那些关税似乎基于增加财政收入的考虑,源自当事国工业、商业、社会生活的特定境况。④

第十二章　重商主义史:英属自治领、印度

实现自治的英属殖民地的财政迥然有别于英国自身所维持的政策,

---

① 人们设想对于由美国船舶进口或出口的商品给予铁路运价优惠,但这种区别对待的想法目前不得不放弃。

② 有关之前段落所概括的美方观点,可比较 Proceedings of the Academy of Political Science in the City of New York, IX, the whole of Pt. 2; also C. M. Pepper, American Foreign Trade (1919)。

③ 关于南美国家的国际处境,可比较 S. P. Triana, Cambridge Modern History, XII, pp. 689 sq.。

④ 关于这一点,参见 F. R. Rutter, The Tariff System of South American Countries (1916)。

在每个自治领,部分出于普遍原因,部分出于特殊原因,保护主义体制均得以确立。印度则根据新宪法,已开始试走相同的路,按其民族主义情绪的趋势看,应该会全面走上这条道路。

就在英国把保护性关税一步步转变为自由贸易关税之际,加拿大获得了财政自主权。不过,随着时间的推移,加拿大利用这种自由权建立起来的不是自由贸易体制,而是一种国家保护体制。该体制与英国放弃的重商主义体制多有共同点,在其发展过程中且受到美国榜样的很大影响。① 加拿大所形成的政策旨在实现国家的孤立和排他,确保国内市场留给本国产品,令加拿大独立于所有其他国家。该政策的倡导者总是以美国的工业进步为佐证,借以证明保护主义的成效。他们呼吁,针对美国和英国的竞争,应当征收防卫性关税。"加拿大人的加拿大!"便是他们的呼声。

1879年,俾斯麦实际皈依保护主义,同年,加拿大立法明确启动了一项以关税为形式的国家政策,目的在于保护本土工业。此项关税特别针对来自英国的进口产品。自联邦宪法制定以来,自治领的疆界不断扩大,这无疑与民族观念的强化有关系。从那时起,加拿大建起了一种保护体制,虽然在关税墙的高度上没有美国那么明显,但这一体制在对工业的奖励及其他援助,以及一般的政府监督方面,都表现出更多的重商主义因素。自治领在政策上的重商主义体制特征表现为:强调"国家"理念,强调对产业的家长式管理和鼓励,强调贸易差额,它们在不同时期对加拿大的关税运动产生了重要影响。

即使对加拿大的"国家"理想作某种简化性解释,也不能说其"国家"政策已经实现了既定目标。由于保护主义在政治体制中根深蒂固,纵然贸易十分繁荣乃至不要求出台优惠政策,制造商也照样能获得更多的关税保护,如此却也滋生了对高度保护的依赖,往往会打击相关行业的士气。与此同时,尽管消费者以高物价的形式缴了税,关税在提供保护方面

---

① 有关这段历史,参见 S. J. Maclean, *The Tariff History of Canada* (1895); E. Porritt, *Sixty Years of Protection in Canada, 1846-1907* (1908), and *The Revolt in Canada against the New Feudalism, Tariff History, 1907-1910* (1911); C. Chomley, *Protection in Canada and Australia* (1904).

却成功有限,须知,关税的初衷本就为了提供这种保护。有人经常举证说关税为财政收入作了贡献,以此显示繁荣的景象,可应当知道,这恰恰表明关税并未很成功地防止竞争性商品的进口。

此项国家政策后来有过调整,主要是把优惠也给予了英国,但这种变化不等于放弃了针对英国商品的保护,它只是在程度上实行了区别对待。无论如何,在提供优惠的早期阶段,保护体制下成长起来的大型联合企业能够操纵价格,以至于消费者未能得到其所期望的照顾。关税在战后时期有所降低,反过来又激发了要加强保护本国工业的呼声。英国尽管享有优惠政策,但它对加拿大的出口一直在减少,而进口的美国货却一直在增加,人们于是震惊于对美国日益加深的"经济依赖",呼吁应当采取措施减少依赖。然而,保护主义运动的复苏遇到了相当大的阻力,主要是因为,农民反对这个看来牺牲农业利益而保护工业利益的制度。

在英国转向自由贸易之前,澳大利亚殖民地和美洲殖民地一样,也受到重商主义体制的束缚。母国启用新政策后,人们觉得,随着殖民地获得财政独立,它们会根据时兴的更自由的经济理念来行使自主权。但是,这一期望落空了,多年来殖民地关税政策的记录可谓澳大利亚历史上不光彩的一章。[①]保护主义的大家是维多利亚(Victoria)的戴维·萨姆(David Syme),那里的运动多受幼稚产业保护论的影响。许多自由贸易者谴责保护主义时,也把"幼稚产业"论视为自由贸易论的一种审慎例外。再后来,维多利亚的保护主义运动颇受"贫穷劳工"论的影响,这一点跟美国和加拿大类同。自由主义在维多利亚之所以被迫与保护主义走到一起,主要是因为母国对殖民地事务干预过度或试图过度干预。另一方面,新南威尔士(New South Wales)几乎始终如一地支持自由贸易,在邦联时期,它比实行保护主义的维多利亚要繁荣得多。然而,联邦成立后虽然扫除了阻碍澳洲大陆范围内商业的关税壁垒,从而建起了一个庞大的自由贸易区,但维多利亚的声音却强大到足以确保对外颁布保护主义关税,尽管所采用的关税比维多利亚普遍采用的关税要低很多。对母国的关税已作

[①] 有关说明见于 C. D. Allin, *A History of the Tariff Relations of the American Colonies* (1918)。

出修改，给予了大量特惠，但最低关税仍保持在一定的高度，以便为澳大利亚的"幼稚产业"提供充分保护。与其他国家一样，澳大利亚在战后岁月重新掀起保护主义运动，造成了关税壁垒的增高。

除保护性关税外，澳大利亚政策中的重商主义还体现在国家监管的形式上，其中一个显著特点为，工党支持保护性关税，但条件是制造商从关税中获得的利益应反映在工资水平和劳动条件上。①然而，无论对国内市场影响如何，保护体制严重限制了澳大利亚在国外市场取得进展的可能性。补贴的试行在这方面收效甚微，在现有制度下，如何协调内外贸易的要求和利益，是澳大利亚政治家面临的一个难题。

关于其他自治领的财政政策，这里无需赘述，只需说明新西兰和南非都优先实行保护政策即可。关于帝国特惠政策的争论，我们将在最后一章讨论。

不仅自治领实施保护主义，而且如前已述，印度的民族主义运动也带有显著的保护主义倾向，历史的和当代的条件都促成了这一特点。

印度民族主义者倾向于把英国在印度的统治视为对本国的经济奴役，从印度保护主义倡导者的一篇文章中，可大致了解印度方面如何解释历史借以支持本国保护政策的。作者认为，②东印度公司统治的大多数时候，印度一方面被当作英国工业的原料产地，另一方面又被当作英国工业品的强制市场。英国商品进入印度只缴纳名义关税，而印度商品在英国须缴纳高关税，其实，由于关税壁垒的高企，印度产品要么绝对地要么几乎是被禁入英国。因此，印度的内陆贸易受到打击，对外贸易则被引往有利于英国的方向发展，原本兴旺的本土产业遂遭摧毁。从东印度公司解散到晚近时期，印度被迫遵循自由贸易原则，表面上是出于理论考虑，实际上是为了英国的利益，那不仅违背了印度人民的意愿，有时也违背了在印殖民政府的意愿。如果印度企业碰巧与任何英国工业发生竞争，哪怕是微弱或间接的竞争，英国都不允许发展这种印度企业。

---

① Ambrose Pratt, *David Syme* (1908). 有关总体的运动，可比较 Chomley, and H. Heaton, *Modern Economic History, with Special Reference to Australia* (1922).

② P. Banerjea, in *Fiscal Policy in India* (1922).

关于英印经济关系的这一叙事忽略了其历史构成中的各种因素,而且还有"另一面"没有说出来,但是,就其中有关印度重商主义体制的表述,自然不出人们的预料。及至后期,只要进口自由意味着在做法或政策上打压印度本土制造业,那这种贸易自由显然不符合全面自由贸易的要求。

对过往历史的反应,以及对英国自治领、美国、德国,特别是日本这一东方案例的思考,汇合到一起,不免在当地印度人中间产生一种支持国家保护的情绪,[1]进而把关税用作"产业斗争中一件防卫性甚至是攻防兼备的武器"。当这场运动以较温和的形式呈现时,它甚至还赢得了英国人的同情。自世界大战以来,关税保护运动的力度大为增强,且已征收了若干保护性关税。在新宪法制定之前和之后,印度政府任命了一个混合委员会来研究整个问题。委员会 1922 年发布的报告明确支持适度保护,[2]报告强调了印度工业发展的必要性,并坚称若无保护性关税的激发,印度工业将不会有足够迅速地发展。然而,委员会认为,不加区分的保护会给消费者带来跟有利结果不相称的牺牲,因此拟选中保护的"幼稚产业"应当是那些最终能够自立的行业。委员会关于特惠问题的讨论未达成完全共识,但已定原则是,凡会削弱对本土工业保护的任何特惠,都不应当提供给英国。由委员会多数本土成员签署的少数派报告则不那么温和,事实上,他们赞成在保护性关税的庇护下推行"强有力的工业化政策"。

委员会报告中提出的论点无甚新意。"幼稚产业"保护论提醒我们,以此为由受到保护的产业,永远不会发展到足以不再需要保护或不再接受保护的程度。此外,保护主义考量和增加财税的考量通常会混杂在一起。不过,在征收关税的方向上,印度方面已经采取某些步骤,主要是为了保护那些被判定属必要的产业。这一新的出发点是否明智,值得认真推敲。印度对棉制品征收进口税在英国兰开夏郡引起不安自不必说,即便在印度也有许多人强烈反对这种关税政策。他们认为,这种政策只会

---

[1] H. B. Lees Smith, in *India and the Tariff Problem* (1909) 清晰论述了印度想要保护的基本理由。

[2] *Report of the Indian Fiscal Commission*, *1921 - 1922* (1922). 正式的报告概要刊于 1922 年 9 月 25 日报纸。

有利于国内贸易而牺牲对外贸易,只会保护制造商的利益而牺牲广大人民的利益。

第十三章　重商主义的旧与新

本书的考察充分表明,近现代经济政策的总趋势主要由重商主义因素所决定,这一历史特点毋庸置疑。世人一般认为,无论在理论上如何强烈地批评或谴责重商主义,它的方法都是世界各国在发展过程中以及在相互接触与冲突中由其所处环境所决定的;各国确实受不得已的力量而被迫实行重商主义,它成了国家经济建设和发展中的首要因素。然而,从其历史流变必然可以推断,重商主义通常是自觉的民族主义在经济思想上的出发点,而且往往也是经济思想的落脚点。不同的国家即使实行共同的国家政策,命运也会千差万别,其中的实践智慧、效果和影响之类问题必须基于积累的证据来判定,不论这些证据涉及几个特定国家,还是涉及大批或众多国家。

通过对重商主义运动的晚近阶段进行更多的联系性研究,我们才能就这一问题得出总体结论。

人们经常注意到,重商主义是近世那些成长型国家所构建的一种制度,它一直兴盛到18世纪末才因为经济条件和思想观念的某些变化而走向衰落。但事实上,重商主义虽有起伏却从未消亡。诚然,信贷和银行业的扩张、工业革命以及重农学派和亚当·斯密的学说引起过一场走向更自由商业的运动。维也纳会议关于奴隶贸易、河道航行、外国人权利的声明似乎表明,欧洲列强在某些方面不管观念如何偏狭,在另一些方面却在超越重商主义的狭隘性。[①]英国抛弃旧体制时展现的榜样力量,也激励了其他国家商业体制的自由化趋势。然而,这些影响终究是局部和暂时的。在所有大国中,只有英国较为长期地背弃重商主义学说并保持这一姿态。19世纪后半期,一种新的重商主义以保护主义为形式在大多数国家确立起来。前文已指出若干国家加入了重商主义回潮运动,但对这场运动的

[①] C. M. Andrews, *Historical Development of Modern Europe* (1896), p.101.

总体原因与特点却言之甚少,现在不妨简要地加以探讨。①

鉴于世人对极端的自由放任学说产生了自然的反弹,另一种信念便东山再起,而且给国家赋予了远比自由放任时代要多得多的职能。在英国,即使在从保护贸易转向自由贸易的过渡期,对劳动条件的干预思想也足以让第一部通用的《工厂法》(Factory Act)获得通过。工业革命促使英国转向自由贸易,在英国和其他国家,工业革命伴随着恶行、弊端、苦难,激起了一场改造社会现状的运动。这场运动可称为宪政运动,它希望通过立法措施来达到改良目标。社会主义思想在新兴工业阶层中的传播无疑有助于国家对工商业的干预。社会主义和新重商主义尽管多有差异,但就其特别关注的利益而言,同属对自由放任的反弹,都具有保护主义精神。②俾斯麦的新重商主义融汇了国家保护政策与国家社会主义政策,体现出他对二者相近性的一种意识。美国、加拿大、澳大利亚的"贫穷劳工"论展现了对工人的关切,同时各自治领的工党都对有条件保护予以支持,这也证明两套学说所追求的两类利益之间存在明确的契合点。③在德国,对国家实力的强调到了登峰造极的地步;在法国,国家权威的观念始终根深蒂固;在其他国家,也普遍趋向于要让政府进一步积极有为。

法国大革命和拿破仑对欧洲体系的进攻激发了各国民族精神的高涨,比利时、希腊、意大利等王国纷纷建立,美利坚联邦克服干扰得以存续,还有德意志帝国的成立,挪威和瑞典二元君主制的解体,都是民族精神高涨中最显著的胜利。民族精神的张扬,加上对自由放任的反弹,一起促使民主程度较高和较低的国家都形成或重新形成了国家保护主义政策。如已所见,美国目前的保护主义体制实际上是在维护联邦的战争中建立起来的,而在欧洲,新德意志帝国则成为新重商主义的首要代表。

---

① 有关这场运动以及本章面上所涉议题,参见 C. F. Bastable, *Commerce of Nations*, revised by T. E. Gregory (1923), and A. Viallate, *Economic Imperialism* (1923)。

② 有人指出了保护主义与社会主义之间的亲近特点,参见 Cavour, in *Dictionary of Political Economy*, I, p. 237。有关重商主义与社会主义的异同,参见 Hewins, in *Dictionary of Political Economy*, II, p. 727; and H. Levy, *Economic Liberalism* (1913), pp. 1 - 3。

③ 在下议院最近(1924)关于优惠问题的辩论中,工党议员的某些讲演即可说明这一点。

工业的飞速发展以及通信和运输手段的巨大进步，令世界各地更紧密地联系在一起，这些都为保护主义的回潮赋予了动力和特点。例如，轮船和铁路使美国和俄国能越来越多地把产品运往西欧，正是在国际竞争加剧的这一背景下，重商主义的复兴风头日健，关税作为一种攻防兼备的武器在冲突中日益得到使用。

同样，欧洲各国古老的保护措施也向觉醒的东方民族精神展现了魅力，正如我们在日本看到的那样。那些取得自治的英属殖民地在制定经济政策时，更是借重了它们认为英国建成工业强国过程中所采用的方法，而不是英国赢得霸权后才采用的方法。故此，加拿大跟德意志帝国一起明确启动了国家保护主义政策。最终，保护主义成为东半球和西半球新旧政治实体财政制度的共同特征，中间不过有所变通而已。

保护主义体制其实仅仅恢复并调整了旧的重商主义体制。在这种回潮的体制下，撇开战争时期不论，禁止性措施少有采用，关税率一般也不高，只是涉及的范围很大。在动用重商主义工具时，大家提出了新的理由来补充或取代旧的理由。说来这是新重商主义，但终究还是重商主义。

各国共同的目标在于实现国家经济的自给自足，可在新时代工业条件下，任何一个欧洲国家如果仅仅在本国疆界内折腾，这都是无法实现的理想。有鉴于此，随即出现了在海外争夺领土或势力范围的现象，旨在让殖民者、征服者或掌控者占有或操控外部的原料资源及民众劳动，这一运动史称欧洲的扩张。[①]美国提出的门罗主义禁止了欧洲列强在拥有巨大诱人财富的南美洲获取领土或政治控制权，欧洲人的兴趣只得限于利用欧洲资本去搞经济开发，可是，门罗主义又何能保护墨西哥免遭美国蚕食的命运？在此背景下，欧洲的扩张就在非洲、亚洲、太平洋部分地区展开，抢夺则主要发生在非洲。殖民活动的实施、欧洲列强之间的角力、重商主义措施的推行，其间的相互联系鲜明地体现于法国与意大利的关系中。法国对突尼斯的占领遭遇到意大利的强烈不满，意大利曾希望在那里建立一个受保护国，德国便利用这种情绪把意大利拉入德、奥、意三国同盟。意大利的入盟反过来又引起法国的不满，很大程度上因此导致法、意之间

[①] 有关这一运动较为清晰有力的阐述，参见 Ramsay Muir, *Expansion of Europe*。

长达十年的有害关税战。

如果说新保护主义运动,除一般性原因外,某种程度上是对英国工商优势地位的一种强势回应,那么,欧洲列强的殖民活动,除一般性原因外,某种程度上也是对大英帝国广泛扩张的一种强势回应。然而,英国也加入这场争夺战中,似乎多半出于某种担忧,即假如英国不参与这场争夺,则在目前尚对自己开放的市场上,英国就可能被保护主义强权们排除在外。以前,英国曾在海外攻城略地,努力把相关商业利益留给自己。但如今,根据其新的经济政策,英国在确保获得更多领土、市场、资源的同时,总体上无意阻止其他国家分享这些利益。英属殖民地在取得自治权后,大多效仿欧洲主要国家建立了保护体制,而英国不但在国内坚持自由贸易政策,还在所有附属殖民地奉行同样的原则。保护主义国家通常把自己殖民地的关税同化进本国的关税,但留下对母国的特惠,只有德国未在自己殖民地实行关税歧视,这点应当提及。① 与东西方主要工业国相比,与英国下属自治领相比,英国展示了一个完全自由贸易国的姿态,但凡在它能掌控的地方,它都这样做了。

这种显著区别让部分人产生了一种联想,即用英国和其他国家各自的财政政策来解释19世纪后半期英国与其他国家相对经济地位的变化。在这方面,最明显的现象是德国和美国工业的飞速发展,以及英国丧失世界工业第一大国的傲人地位。英国张伯伦先生在南非战争结束后,以帝国主义为旗号发起了关税改革运动,他把1870年代末欧洲大陆保护主义回潮以来国内一直效果不彰的所有保护主义势力纠集到自己麾下。张伯伦关税改革运动的基本论点是:英国正在遭受"单边自由贸易"的不良后果。② 人们说,以前科布登希望所有其他国家都能受到触动而以英国为榜样,假如它们这样做了,自然皆大欢喜。可惜,各国这样做的时间和程度都很有限,结果是,尽管英国给其他国家提供了自由市场的好处,它自己

---

① J. W. Root, *Colonial Tariffs* (1906) 一书对了解事实有用,但用来推论时应当谨慎。
② 有关这场运动的文献卷帙浩繁,这里只能择要提及一方面的 W. J. Ashley, *The Tariff Problem* (1903; 4th ed., 1920), and W. Cunningham, *The Case Against Free Trade* (1911), 以及另一方面的 A. C. Pigou, *The Riddle of the Tariff* (1903), and *Protective and Preferential Import Duties* (1906)。

的出口贸易却受到外国关税壁垒的阻挠。张伯伦的主要补救措施便是一项整合帝国的政策，此即帝国特惠制。该制度重新调整了英国及殖民地的关税，对帝国外的商品征收歧视性关税，殖民地输入英国的货品可享特惠，英国输入殖民地的货品也可享特惠。如此一来，英国及其殖民地的贸易将主要保留给英国及其殖民地。这实际上是旧重商主义殖民政策在新情况下的一种翻版，但为了向自由贸易者宣传这一理念，人们把它说成是迈向帝国内部更自由贸易的一场运动。

然而，保护主义运动一旦开启，就牵扯上那些与帝国政策关系不大或毫无关系的因素。人们主张征收保护关税，所依据的原则是要对外国的保护关税进行报复。他们强调，英国坚持绝对的自由贸易，由此剥夺了自己与外国讨价还价或进行斗争的唯一手段，这样便无法促使外国去降低或取消关税壁垒。根据这国或那国对待英国货的方式来设置区别对待的关税，这可能是促进普遍自由贸易的有用工具。因此，人们称赞贸易报复政策，称它与自由贸易的理想并不冲突，可谓一场用来终结关税战的关税战。但是，支持报复的论点之所以有吸引力，主要不在于所谓自由贸易理想，而在于视关税为国际纷争之武器的观点，已故的施穆勒博士指出，这种观点是20世纪新重商主义的一个特征。[1]报复理论现在往往汇入那个粗糙简单的保护主义信条中，该信条称，如果英国不采用跟外国相应的体制，那就无法成功地跟它们抗衡。至此，已不再谈论自由贸易理想，只剩下满世界关税战中跟着打关税战。

总之，这场保护主义运动逐渐具有了号召英国加盟当下新重商主义的性质，其拥护者只要去历史中寻找，就总能在过往重商主义措施中找到榜样。在他们看来，英国原借助那些重商主义措施奠定了自己工业强国的基础，于是乎，既然英国希望重铸辉煌，那就必须采用（尽管要有所变通）以前用过的方法。有人写道，[2]没有哪种政治经济学体系堪比重商主义体系更适合各国当下的目标，只要国家作为独立的实体存在，并努力在国家之林中保持自身个性，重商主义理论就必须成为指导原则。

---

[1] 引语可见 W. J. Ashley, *The Tariff Problem* (1920), pp. 30–31。
[2] J. B. Crozier, in *The Wheel of Wealth* (1906), pp. 128–129, 131。

可是,对这个问题考虑得越仔细,上述形势解读的准确性和关税改革者拟议补救措施的有效性就越令人怀疑。诚然,在过去十年,相对于其他几个国家,英国取得的进步确实不够大,但这本是意料之中的事。人们很难想象,英国会无限期地甚或较长期地继续保持其工业革命先驱的优势。其他国家作为工业领域的后来者,也始终在参与有关进步。英国固然已从这些进步中获得了最大利益,但其他国家并未缺席,这个事实本身就会让各国经济发展的相对速度出现变数。再说,尽管英国失去了工业上的优势,但它在商业和航海方面依然保持着至高无上的地位,在资本主义掌控的范围上,它也超越了所有其他国家。

研究英国和德国的外贸总额便可发现,两国在争夺外国市场的竞争中显然不相上下。① 德国的进步主要是在欧洲大陆,这明显是由于它在地理上的中心地位、发达的铁路以及与周边国家的水路交通,而不在于关税保护主义的作用;另一方面,英国由于越洋的交通和高效的大商船队,在与世界其他国家的贸易中享有更大的优势,这方面的繁荣显然跟自由贸易的维持相关联。就德英两国的贸易而言,德国出口的增长似乎更缘于德国的自然资源、德国人民的坚毅和进取精神、他们对组织方式的用心、科学在工业中的应用,以及他们的团队工作能力,而未必是因为德国本土市场受到了保护、英国本土市场却没有受到保护。

同样,对美国情况的研究也充分说明,美国在工业领域之所以后来居上,盖源于合众国境内巨大的本土市场(这是一个没有关税壁垒的市场)、人民的活力和创造力,自然条件和社会条件,这些都使美国能在大规模生产方面取得领先地位。美国的商业繁荣相当依赖英国,英国不仅为美国的经济发展提供了大量资金,而且为美国的外贸提供了大部分航运服务,这种依赖对两国都大有裨益。英国因此获得了运费利润,美国则可以把精力和资本投入在经济和地理上都比航运更适合的活动中。在争夺美国市场的竞争中,英国保持着对所有其他国家的优势。

至于英国丧失优势或未能再创优势,其中有若干可避免的原因,总体

---

① 参见 H. H. O'Farrell, "British and German Export Trade before the War", *Economic Journal*, XXVI, pp. 161 *sq.*。

上或许是因为既有的显赫地位令英国自满过度。这似乎酿成了发明创造的停滞不前,以致其他国家在重要发明或新工业理念的构想方面,或者在把这些理念沿用至多个领域,特别是在技术教育领域,反而冲到了前头。其实,更合理的结论似乎是,不是坚持自由贸易招致了英国相对国际地位的变化,倒是自由贸易阻止了自满和停滞酿成更坏的结果。①

关税改革的宣传,就如它面向公众的民粹说辞,诉诸的都是进口大于出口这种差额论,就此而言,它再现了重商主义关于贸易差额的陈旧谬论。这套理论面临显而易见的难题,即,作为两大工商"敌人"之一的德国,它虽然实行保护体制,却遭遇着贸易"逆差"。此外,这一理论没有考虑到国际债务的因素,这些因素使德国(而且还使英国)成了事实上的"债权国",同时,美国虽然拥有"顺差",却是一个"债务国"。事实上,英国在大量进口黄金,乃至它在航运服务、海外投资、对外贷款等方面的获利都无法弥补由进口过多生成的逆差。英国的那些获利项一般被称为"无形出口(invisible exports)",这个称呼未必最恰当但姑妄用之。与此对应,那些"无形进口"终究要用出口去偿付,美国的巨额出口盈余不过确认了它对其他国家特别是对英国的负债。

英国某些训练有素的经济学家们倒没有单纯捡拾陈旧的谬论,他们如今根据进出口(无论是"有形"还是"无形")的质量和特点进行论证,考察这种贸易对国家实力和安全的重要性,以及对一国的国际负债度有何影响。这些经济学家强调本国自我约束的必要性,既为了在和平时期滋长自主的力量,也为了在战争时期拥有安全的保障。简言之,他们批判国际分工理想,倡导国家独立这个重商主义目标。然而,如此一来,他们不过在提出一个越来越不切实际的理想,追求这个理想只会带来风险,只会减少英国实际拥有的资源。

面对英国据说正在遭受的灾难,他们提出的补救措施本身难以自洽,也很难看出采用这些措施会给母国或殖民地带来什么真正的好处。殖民地倒是愿意提供特惠,但前提是不得影响对本土制造业的保护。另一方

---

① 有关这些比较问题,涉及英国、法国、德国、美国工业领先地位的章节,参见 Marshall, *Industry and Trade*。

面，只要英国坚持自由进口，它就只能提供特惠。这倒不是说要按照比原来更宽松的条件来接纳殖民地产品（这是不可能的），而是要制定区别对待的关税，对殖民地产品的征税要低于对外国商品的征税。在此情况下，进口商品或材料特别是进口食品，对英国消费者来说会成本更高。因此，相对于特定利益集团的优势，总体的贸易如何在一方或另一方受到激发，并非一望而知。此外，英国与外国之间的报复做法有时会涉及关税安排，使之与自治领的关税政策或帝国特惠要求并不一致。更有甚者，放弃自由贸易、英国加入新重商主义运动、建立帝国特惠并歧视外国的体制，这些都不可避免地会导致其他列强对英国的庞大帝国不再像以前那样抱默许态度。

头面经济学家除少数外，都从理论和实践两方面反对这场运动，这场运动也未能改变广大民众的看法，因为据说只能用关税改革去救治的所谓灾难并非一目了然。贸易在继续增长，那些试图将眼前繁荣描述为虚假或不健康的分析缺乏说服力。要说存在社会问题的话，其成因似乎不在于现行制度下财富生产的数量不足，更在于财富分配方式上的某些缺陷，目前尚不清楚关税改革将如何纠正这一缺陷。干涉自由贸易所带来的好处值得怀疑，而引发物价特别是食品价格的普遍上涨似乎必然如期而至。因此，公众舆论对于财政政策遭受攻击再次漠不关心。在国外，保护主义似乎引而不发，美国经历了一番回潮，导致其在1913年大幅调整了关税税率。及至世界大战爆发时，关税改革几乎不再是个鲜活的问题，大战引发的政治和经济问题，比欧洲各国及其"扩张"所及地区面临的其他任何问题都要更加重大。

然而，大战提出的问题与英国关税改革争论期间的问题不无关联，关税改革运动的纲领不过是新重商主义在英国的翻版。新重商主义成了其他国家的政策特征，它部分地源自国际不和谐因素，又部分地加剧国际不和谐，乃至酿成了世界大战。德国咄咄逼人的重商主义为之提供了动力，德国在欧洲大陆扩张边界，并在欧洲以外地区扩张其帝国，它主要由经济自足和独立强大这样的目标所驱使。德国构想的统治范围从北海一直延伸到波斯湾，意在这片区域维持一个封闭自足的经济体系，即使该体系不在德国的直接政治统治下，实际上也将置于德国这个军事主导国的无形控制下,这一构想本质上是重商主义的。①反对德国的各方或多或少都赞同重商主义的思想和做法,可是在任何其他国家,重商主义和帝国主义均未如此紧密地结合到一起,并以如此坚定的决心推行其总体强权政策。在世上两个最兴盛的保护主义国家中,对其中一国开战的结果只是由另一国的参战所决定。尽管如此,协约国的胜利某种程度上就是对夸张的重商主义精神的胜利,那种重商主义精神因其夸张性而让德国身陷孤立,德国灭亡的根源就在于孤立。

不过,世界大战最显著的影响,就是给重商主义的措施和政策注入了新的活力。在直接相关的全部国家里,政府对各方面、各利益都施加了管控,个人的、社会的、经济的自由在战争期间多遭废止。随着大英帝国拿起武器,在帝国特惠制度下实现经济独立的理念得到了众人的接受,此前和平岁月的大力宣传造势完全没能做到这一点。同样,保护关键核心产业并制定战斗性关税也成为深思熟虑的建议对象。战后首份预算案把帝国特惠原则引入立法,并在随后几年得到确认,特惠政策已经在各自治领的财政关系中发挥作用。下一步是采取措施保护新近花大钱发展起来的染料工业,规定相关进口必须用许可证加以管理。随后,还颁布了《工业保障法》(Safeguarding of Industries Act),规定为保护其中界定的关键核心工业而征收关税,并打击补贴及其他倾销行为。②但是,随着停战后经济繁荣的崩溃,失业变成普遍问题,作为大动荡的滞后效应,它在继续大规模地发生。有人提出唯一的救治方法就是系统性保护和特惠政策,却又缺失张伯伦先生认为对该计划至关重要的粮食税,该建议于是遭到选民的坚决反对。战争和战后的紧迫性所引发的保护主义回潮,确实没有在人们的思想中产生切实的影响。③

---

① 可比较 A. E. Zimmern, *Nationality and Government* (1919), pp. 309 *sq.*; Ramsay Muir, Expansion of Europe (1922), pp. 246 *sq.*。

② 该法案是在主要银行家发表宣言的情况下通过的,1921 年 5 月 12 日《银行家宣言》回顾了伦敦商人"在一百年前的战后经济萧条时期"向议会提交的自由贸易请愿书。关于特惠和保护主义运动发展至今的情况见述于 *The Industrial Crisis and British Policy* (Tariff Commission, 1921)。

③ 上届议会取消了麦肯纳关税(McKenna duties),指责了特惠安排,但关于特惠的辩论显示,工党中存在一个保护主义小派别,该派别在这方面同情澳大利亚工党的理念,而上届选举的结果又引发了新局面。

鉴于战争及和平安排所引发的混乱和困难,其他国家也爆发了本国保护主义,这在一定程度上刺激了这场运动,它在前交战国和未参战国之间,在补贴水平低的国家和补贴水平高的国家之间,在新兴国家和老牌国家之间,在东半球和西半球之间,都得到了同样的表现。美国对于拟成为充分关税壁垒的内容作了详细的阐述和讨论,所花时间比以往制定任何财政措施所花费的时间都要多。①财政收入的需要、物价的高企、交换的不平等、竞争的重新展开,所有这些都与高关税的产生有关,但强烈的民族主义精神,即首先要保护本国工业的用心,乃共同的主要决定因素。

然而,世界大战以前所未有的力量强调了各国经济上相互依存的可取性,②以及重商主义自给自足和强权理想的虚妄性。国际联盟的成立使人意识到,为了国际和平有必要采取合作行动,这或许标志着国际经济中出现了某种新气象。这种进展符合相互依存的现实要求,可望在国际经济秩序中发挥作用,这一点正是历史潮流的大势所趋。

在经济组织的历史发展过程中,出现过太多的倒行逆施和循环往复,所以,断言事物必定循序稳进容易误导人心,追求准确哪有大而化之那么简单?国民经济本身的发展阶段千差万别,又岂能一概而论?然而,通过研究国民经济迄今为止的主导精神和方法,我们可以得出若干一般性结论。

在一个又一个国家的历史中,本书追溯了一种或多或少自顾自、排他性经济政策的产生与实践,这种政策借重国家机器发挥作用,并力图促进国家实力。出于林林总总的原因,在不同时代和不同社会,其结果也大相径庭。重商主义因实施者的性格而异,因适用的人民和土地的性质而异,也因竞争各国的相关国情而异。重商主义的政策理想显然不可能对所有人同样有效,况且经常可见,国家规范所发挥的管控作用远不如人们通常想象的那么大,甚至在很大程度上不起作用、被绕道而行,或

---

① 福特尼关税法案(Fordney Tariff Bill)被称为"美国国会历史上修正最多的法条", *Journal of Commerce*, New York (September 14, 1922)。有关这一法律的评论,参见 F. W. Taussig, *Quarterly Journal of Economics*, XXXVII, pp. 1 *sq.*。

② 可比较 P. Mantoux, "The War and the Industrial Revolution", in *History*, N.S., V, pp. 15 *sq.*。

者被膜拜神化了。比较明了的是,在许多情况下,保护主义措施与其说具有实际保障的价值,不如说具有偶像神物的心理效应,结果往往与初衷背道而驰。

重商主义者的某些目标本身是令人钦佩的,原也是所有明智政策的共同目标,即使我们现在批评重商主义的基本精神,这一点仍不难理解。但是不得不说,重商主义给经济和政治的组织方式以及国际事务的管理和处理方面带来了某些特点,对世界和平造成了令人不快的后果。有观点把历史上的所有战争都归咎于纯粹的经济决定因素,这与人性和历史事实的复杂性格格不入。虽然我们已经提示了各国保护主义和经济野心与其卷入战争之间的共生关系,但并没有对此详加阐述,毕竟我们无法充分说明多重因果关系中的其他因素。不过毫无疑问,建立在国际对立和纷争假设基础上的重商主义,确乃战争延绵不绝的一个突出因素。

新重商主义的流行伴随着或者偶遇了某些新变化,这些变化似乎为世界各国提供了更光明的精神和政策。工业、通信和交通的巨大发展,人口的急剧增长,全球遥远各地不断拓展的供求关系,都在为世界创造经济一统的局面。国别的保护壁垒在尚能奏效的情况下,致力于阻挠国际经济交流中可取的必要流通,国别保护主义逆时代的持续存在阻碍了世界性经济本该的实现。如果旧国家一仍旧贯,新国家又依样而行,世界新秩序的前景必然姗姗来迟。但如果国别经济体能抛弃逆时代的偏执,它们便可为那个新秩序保存一种真实具体、彼此共存的价值观念。

自由主义国民经济可以把个人创业的应有自由与明智的社会指导结合起来,这种境界远没有跟真正的世界经济不可协调,它会成为追求理想目标过程中的强大动力。国际联盟想必可以为大大小小的经济体提供其所需要的彼此联系。当然,国联目前更像是伟大理想的重要承载者,而非各国决策中的决定性因素,但在其现有组织架构和发挥作用的范围内,它毫无疑问已在出色工作。就国联严格的政治内容以及必要的细节支持,这里不拟涉及。然而,国联另有经济的议程,它在这方面并非无所事事。随着该领域国联工作的展开,它在吸取战争教训的问题上或可大有作为,不仅可致力于遏制各国给世界基本商业活动设置的国别壁垒,而且可致力于通过正面的国际合作来满足世人的需要。国联尤可合理合情地落实这一原则,即任何个别共同体的经济生活也同时有赖于并贡献于全人类的经济生活。

参考文献说明

最可推荐延伸阅读的著作是:W. Cunningham, *Western Civilization in its Economic Aspects*, 2 vols (1911, 1910),重商主义出现于其历史背景中。G. Schmoller, *Mercantile System* (1884), W. J. Ashley tr. (1910),就重商主义的范围和意义作了精当评述。但不妨比较更新近的经济史观,见 N. S. B. Gras, *Introduction to Economic History* (1922); A. P. Usher, "The Generalizations of Economic History", in *American Journal of Sociology*, XXI, and *Introduction to the Industrial History of England* (1921), c. vi and p. vii。

有关重商主义理念的历史追踪,参见这些著作:L. H. Haney, *History of Economic Thought* (1920),不单是重商主义和官房学派的章节,还有之前和之后的章节。R. Gonnard, *Histoire des doctrines économiques* (1921),在论述重商主义时非常重视其创立时期的影响。关于贸易差额论最主要的著作多为德文,如 E. Heyking, *Zur Geschichte der Handels-bilanztheorie* (1880); H. Schacht, *Der theoretische Gehalt des englischen Merkantilismus* (1910); L. Petritsch, *Die Theorie von der sogenannten günstigen und ungünstigen Handelsbilanz* (1902),不过现在也有 Br. Suviranta, *The Theory of the Balance of Trade in England* (Helsingfors, 1923),涉及 17、18 世纪的作者。T. H. Boggs, *The International Trade Balance in Theory and Practice* (1922),属于对重商主义问题的最新探讨。

重商主义的实际发展历程一定程度上可在通史中研读,尤可见于经济史,如下列著作的相关部分:C. Day, *History of Commerce* (1922),乃最好的一卷本考察。G. M. Fisk, *International Commercial Policies* (1907),也相当有用。更充分的查询可参见一批法文著作,包括:G. Glotz, *Le Travail dans la Grèce ancienne* (1920),属上乘的希腊经济史书; P. Louis, *Le Travail dans le monde romain* (1912); P. Boissonade, *Le Travail dans l'Europe chrétienne au moyen áge* (1921); G. Renard and G. Weulersse, *Le Travail dan l'Europe moderne* (1920); L. Capitan et H. Lorin, *Le Travail en Amérique* (1914); B. Nogaro et W. Oualid, *L'Évolution du commerce et du credit depuis cent cinquante ans* (1914), and G. Renard et A. Dulac, *L'Évolution industrielle et agricole depuis cent cinquante ans* (1912)。但不同书册中相关内容的篇幅和价值差别甚大。关于国别重商主义的参考书目会在相关章节的注释中提供,不过这里要提及两部英国经济史著作,因其对本书主题特别重要: W. Cunningham, *Growth of English Industry and Commerce*, 2 vols (I, ed. 1915; II, Pt. I, ed. 1919, Pt. II, 1917,两卷页码连续); G. Unwin, *Industrial Organisation in the XVI and XVII Centuries* (1904)。坎宁安论述重商主义时虽有批评但抱同情态度,而昂温教授持强烈反重商主义立场。有关19、20世纪,与本书主题直接相关的两部著作是:C. F. Bastable, *Commerce of Nations*, revised by T. E. Gregory (1923),涉及1922年前商业政策的理论与历史。A. Viallate, *Economic Imperialism* (1923),考察了以往50年经济状况与政策的变迁。J. Grunzel, *Economic Protectionism* (1916)系奥地利学者翔实、公允的研究。C. Gill, *National Power and Prosperity*, with an Introduction by Unwin,对重商主义有关国家利益和实力的理念作了鞭辟入里的批评。

各章的注释指出了其所介绍的专题可参考的著作,涉及的文献有*American Historical Review*; *Cambridge Modern History*; *Dictionary of Political Economy*, R. H. Palgrave ed.; *English Historical Review*; *Economic Journal*; Bland, Brown and Tawney, *English Economic History: Select Documents*。

(原刊于1925年,梅俊杰译)

第二编

重商主义真相概论

2

英国重商主义者的立法建议

[美]雅各布·瓦伊纳*

一、引 言

重商主义作者往往是现行立法的批评者,如果没有时刻牢记这一点,便无法理解其作品。任何时候实际生效的法规,都是不同时期出于不同原因而采取措施的总和,它们相互之间并不协调,远非一套连贯自洽的贸易政策理念或原则。其中,总有一些法规没有得到执行或者仅仅间歇性地执行,要么是因为其法律地位有问题,要么是因为情况生变或者是官方或公众舆论生变,使得严格执行已不再方便或不再可能。还有一些法规即使得到努力执行,也仍然遭到公然的违反,原因有时在于腐败或冷漠官员的纵容。

现代有些人仰慕重商主义的德政,可是,上述法规并非都像这些仰慕者希望我们相信的那样,纯属某种崇高热情的结果,好像它们的出发点就是要建立一个强大荣光的国家,就是要反对逐利商人的自私自利。其实,重商主义法规是利益冲突的产物,其可尊重程度虽各不相同,但每个集团,无论是经济的、社会的还是宗教的集团,都在始终如一地推动符合其特殊利益的立法。王室的财政需求一向是影响贸易立法进程的重要因

---

* 雅各布·瓦伊纳(Jacob Viner,1892—1970),生于加拿大的美国经济学家,系芝加哥经济学派早期代表人物之一,著有《国际贸易理论研究》(1937)、《倾销:国际贸易中的一个问题》(1923)等。——编注。

素,通常也是一个决定性因素,而外交方面的考虑也对立法产生过一定影响。同样,王室也希望把特许权授予自己的亲信,或把特许权出售给(或受贿后出售给)出价最高的人。英国革命之后,王室在贸易监管事务上的权力多被剥夺,派系猜忌和党派争斗遂取代君主的一时兴起,成为贸易政策中的掌控因素。

另一方面,重商主义文献主要由"商人"或生意人自己撰写,或由他人代为撰写,他们通常有能力把自身利益与国家利益相提并论。重商主义文献中也不是全无对贸易理论的客观阐述,在 18 世纪,许多小册子都是为政党而不是为个人撰写的。然而,重商主义文献中的绝大多数,部分或全部地、直白或变相地、确乃为特殊经济利益专门辩护的小册子。为自己争取自由,给他人施加限制,这就是商家所撰重商主义小册子常见立法纲领的实质。

本文接下来将考察英国重商主义作者关于外贸监管的具体立法建议。若要全面考察,则还需要考察他们对渔业、殖民地贸易、利率、穷人救济,以及制造业的垄断与内部监管等方面的建议,因为所有这些问题或多或少都与贸易差额相关。然而,限于篇幅,即便是粗略论述这些方面,本文也无法尽然覆盖。好在涉及其中大多数主题的重商主义理论,已在专门文献及艾利·赫克歇尔(Eli Heckscher)的大作中得到精辟而全面的论述。重商主义的立法建议部分涉及:限制金银的囤积或熔铸成餐具;禁止使用贵金属制线、织布或镀金,否则课以重税;引入纸币以增加货币流通量。这些建议与重商主义贸易理论的关系,原已有清晰论述,这里不作更深讨论,只就面上情况一并呈现。

二、重金主义建议

按照通行用法,"重金主义(bullionism)"一词是指通过直接监管钱币和贵金属交易而推进重商主义目标的那些措施。甚至在 1600 年前,就有观点提出,应当通过管控贸易来间接地控制钱币流动,而不是通过直接管控钱币交易来实现目标,此类政策观点当时似已相当普遍。早在 1381 年,艾尔斯伯里(Richard Aylesbury)就说过,阻止铸币流失的方法是,防止输入英国的商品多于从英国输出的商品。① 1549 年有位匿名作者指出，对贸易加以监管，使出口超过进口，这是确保金银流入的唯一手段。② 1559 年的一份官方备忘录，为铸币回到从前的金属含量提供了理由，但不相信提高标准硬币的面值真能有效阻止钱币的流出。③ 在保利（Reinhold Pauli）发现的 16 世纪手稿中，既有重金主义性质的建议，也有非重金主义性质的建议。这些建议包括：应当恢复贸易中心城市制度；恢复执行《现金使用法令》（Statutes of Employment）；禁止羊毛卖家收款时接受外国买家的货物而不是铸币；在换取外国铸币时应高估英国铸币的价值以吸纳外国的金银。但同时也有建议，应当限制不必要的商品进口。④ 黑尔斯（John Hales）曾借所撰对话中一位对谈者之口，敦促英国的某些商品在卖给外国人时，只能全部或部分地换取铸币。不过，在对谈过程中，他也提出了非重金主义建议：对羊毛征收出口重税，禁止出口未加工原料，禁止进口竞争性外国商品，或对之征收足够高的关税以使其卖价高于国内同类货品。⑤

及至 17 世纪，重金主义建议依然可见。马利内（Gerard Malynes）主张恢复王家兑换所以便垄断钱币交易，通过王家公告维持铸币出厂牌价作为实际汇率，并禁止出口金银条块。⑥ 米尔斯（Thomas Milles）、⑦ 麦迪

---

① A. E. Bland, P. A. Brown, and R. H. Tawney eds., *English Economic History*: *Select Documents* (1914), p. 222.——雅各布·瓦伊纳原注，下同。

② "Policies to Reduce this Realme of Englande Unto a Prosperous Wealthe and Estate" [1549], in R. H. Tawney, and Eileen Power eds., *Tudor Economic Documents*, III, p. 321;"要想从其他国家运出大量金银到国王的铸币厂，唯一的办法就是每年把我们的大量商品运往海外，而只把他们的少量商品运回国内。"

③ "Memorandum on the Reasons Moving Queen Elizabeth to Reform the Coinage" [1559], in *Tudor Economic Documents*, II, p. 195. Cf. also [John Hales], *A Discourse of the Common Weal of this Realm of England* [1581], Elizabeth Lamond ed., p. 79.

④ Reinhold Pauli, *Drei volkswirthschaftliche Denkschriften Aus Der Zeit Heinrichs VIII, von England* (1878), pp. 12, 32, 56, 64, 66, 71, 76.

⑤ *A Discourse of the Common Weal of this Realm of England* [1581], pp. 66, 87–88.

⑥ Gerard de Malynes, *A Treatise of the Canker of Englands Common Wealth* [1601], in *Tudor Economic Documents*, III, pp. 398 ff.; Edward Misselden, *The Center of the Circle of Commerce* (1623), pp. 70 ff., 121 ff.

⑦ Thomas Milles, *The Customers Replie* (1604), *passim*.

逊(Ralph Maddison)、①罗宾逊(Henry Robinson)②都敦促恢复官方对汇率的监管;罗尔(Thomas Rowe)继马利内后,建议通过与外国政府签订条约来确定汇率。③孟(Thomas Mun)在其第一本书④(但不是第二本书⑤)中,还有罗尔、⑥维奥莱特(Thomas Violet),⑦都希望执行曾经的《现金使用法令》。直至17世纪晚期,许多作者还在敦促执行铸币和金银条块的出口禁令,在金银条块和外国铸币的出口于1663年合法化后,则敦促恢复禁令。⑧然而,到18世纪,除斯图尔特(James Steuart)⑨外,重商

---

① Ralph Maddison, *Great Britain Remembrancer, Looking in and out, Tending to the Increase of the Monies of the Commonwealth* [1640] (1655), pp. 16 ff.

② Henry Robinson, *Certain Proposals in order to the Peoples Freedome and Accommodation* (1652), p. 14.

③ Thomas Rowe, *The Cause of the Decay of Coin and Trade in this Land* [1641], *The Harleian Miscellany* (1809 ed.), IV, p. 457.

④ Thomas Mun, *A Discourse of Trade, from England unto the East-Indies* [1621] (1930 reprint), p. 54.

⑤ Thomas Mun, *England's Treasure by Forraign Trade*, chaps. VIII - XIV,托马斯·孟在书中针对各种各样的重金主义做法包括《现金使用法令》,作了详细又精当的批评。

⑥ Op. cit., p. 458.

⑦ Thomas Violet, *An Humble Declaration to the Right Honourable the Lords and Commons in Parliament Assembled, Touching the Transportation of Gold and Silver* (1643), p. 27 (他主张恢复14 Edward III, c.21,要求出口商将一定比例的黄金收入带回英国); *A True Discoverie to the Commons of England, How They have been Cheated of Almost All the Gold and Silver Coyn of this Nation* [1651] (1653 reprint), p. 83(他主张恢复3 Henry VII, c.8,这是适用于外商的《现金使用法令》条文之一,要求他们把售卖外国商品所得钱币用于购买英国商品). Cf. the article on Violet in Palgrave's *Dictionary of Political Economy*.

⑧ E.g., Thomas Violet, *An Humble Declaration to the Right Honourable the Lords and Commons in Parliament Assembled, Touching the Transportation of Gold and Silver* (1643), pp. 30 ff.; Violet, *A True Discoverie to the Commons of England, How They have been Cheated of Almost All the Gold and Silver Coyn of this Nation* (1653), passim; Violet, *Mysteries and Secrets of Trade and Mint-Affairs* (1653), pp. 35, 39, etc.; Slingsby Bethel, *Et à dracone* (1668), p. 4; William Petyt, *Britannia Languens* [1680], in John McCulloch ed., *Early English Tracts on Commerce*, pp. 307 ff.; James Hodges, *The Present State of England, as to Coin and Publick Charges* (1697), p. 105; John Pollexfen, *England and East-India Inconsistent in their Manufactures* (1697), p. 48.

⑨ James Steuart, *An Inquiry into the Principles of Political Economy* (1767), II, p. 329:"但是,如果不是出于暂时原因,而是在正常商业过程中发生贸易逆差,那么政治家便可在采取其他措施的同时,对铸币的输出施加限制,借以减少进口总量,使得差额趋于平衡。" Cf. also George Blewitt, *An Enquiry Whether a General Practice of Virtue Tends to the Wealth or Poverty of a People?* (1725), p. 60.

主义名家一般都不再支持任何重金主义措施。

三、禁令还是关税

重商主义者为确保贸易顺差，提出了若干非重金主义措施，包括：限制进口外国商品，特别是限入制成品和奢侈品；鼓励出口英国制成品；限制出口原材料；鼓励转口贸易；限制英国某些产业的发展，因为它们干扰到其他更重要的产业或行当，后者按重商主义或其他理由更具重要性。

限制进口的方式可以是征收关税，也可以是绝对禁入令，这两种方法都曾被使用和提倡过。许多作者并未在这两种方式之间表现出明确的偏好，二者的实际差别也不像表面上那么大。当作者们要求征收关税而不要求禁入时，他们往往希望所征关税能高到足以或近乎禁止进口。当政府实行禁令而不是征收关税时，它时常会向特定贸易公司或个人发放特殊的进口许可证。毫无疑问，许多禁令的制定主要是为了能够出售进口许可证并从中获利，而不是为了促进贸易顺差。① 有些作者表示倾向于征收进口关税，而不要求禁止进口，他们没有说明自己的动机，很可能是觉得关税看似不那么严厉。② 其他作者建议征收适度关税，而不是高关税或禁入令，因为后者过于严厉，会导致舞弊，相比之下，关税更可落实，至少可以产生收入。③ 不过，也有作者反对基于财政考虑而牺牲贸易利益，④ 斯图尔特则认为，如果关税必须很高的话，那么禁令能比关税更

---

① Cf. Thomas Violet, *Mysteries and Secrets of Trade and Mint-Affairs* (1653), pp. 8-9；"可也有一些政府为少数人谋私利，它们禁止进口某些商品，但特定的人除外；禁止出口我们的本土商品，但特定的人除外，而且仅限于某些港口和一年中某些季节。"维奥莱特在这里反对的不是限制，而是其中的特殊例外。

② E.g., William Petty, *Treatise of Taxes* [1662], in *The Economic Writings of Sir William Petty*, Charles Henry Hull ed., I, p. 60. 威廉·配第(William Petty)建议，关税应高到足以使外国制成品比竞争性国内商品更昂贵；如果进口远远超过出口，他将支持绝对禁止。

③ E.g., "Policies to Reduce this Realme of Englande Unto a Prosperous Wealthe and Estate" [1549], in *Tudor Economic Documents*, III, p. 332; Samuel Fortrey, *Englands Interest and Improvement* [1663], Jacob H. Hollander ed., p. 28; Thomas Sheridan, *A Discourse on the Rise and Power of Parliaments* [1677], Saxe Bannister ed., pp. 210-211; Nicholas Barbon, *A Discourse of Trade* [1690], Hollander ed., p. 37; Arthur Dobbs, *An Essay on the Trade and Improvement of Ireland* (1729), p. 30.

④ See *infra*, p. 69.

有效地执行。①

一些作者建议,对进口的限制不应过度,以免引起外国对英国出口的报复。②然而,其他作者回应道,外国报复的危险很小或根本没有。英国出口的是生活必需品,进口的是"消遣品",因此无需担心。③外国原已在限制进口它能自产的东西;至于必须进口的其他东西,假如外国不到最合算的地方购买,那只会伤及自身。此外,商业条约中列有最惠国待遇条款,这也使得外国无法在贸易监管中歧视英国。④"任何明智的国家,都不会从别人那里购买可有可无的东西;而对于不能不用的东西,他们就非购买不可,随你们如何禁止。"⑤

反对英国与法国1713年商约的那些人,在支持更优待葡萄牙的葡萄酒,而不是法国的葡萄酒时,反复提及一个论点。他们说,英葡贸易比英法贸易更能给英国带来顺差,因此应该对来自葡萄牙的进口征收较轻的关税。这可能是因为葡萄牙的报复会对英国造成更大伤害,⑥也可能是因为如果英国不接受葡萄牙的葡萄酒,葡萄牙购买英国商品的能力就会下降。⑦

那些敦促限制原材料(尤其是羊毛)出口的人,几乎一成不变地主张

---

① James Steuart, *An Inquiry into the Principles of Political Economy* (1767), I, p. 338.

② E.g., Henry Robinson, *Englands Safety in Trades Increase* (1641), p. 9; Nicholas Barbon, *A Discourse of Trade* [1690], Hollander ed., p. 37.

③ John Hales, *A Discourse of the Common Weal of this Realm of England* [1581], Elizabeth Lamond ed., p. 67; *The Present State of Ireland Consider'd* (1730), p. 29(不过,这里指的是爱尔兰,不是英国)。

④ David Bindon, *A Letter from a Merchant Who has Left off Trade* (1738), p. 47. 米尔德梅在相关的另一处声称,各国只有在自己方便时才会履行最惠国条约规定的义务,*The Laws and Policy of England* (1765), p. 78。

⑤ "On the Neglect of Trade and Manufactures", *Scots Magazine*, II (1740), p. 476. Cf. also Simon Clement, *The Interest of England, as It Stands, with Relation to the Trade of Ireland, Considered* (1698), pp. 13-14:"虽然在有关贸易的论述中,常有人警告称外国会展开报复,但我从未听说有哪个国家对另一国赌气到断绝贸易的程度,尽管我知道有好几个这样的机会。人们一般总会顾及海关的利益或商人的利润,或者会顾及其他类似的东西。因此,各国政府似乎都遵循这一原则,即如果不能在贸易中售出自己希望的那么多,也会继续尽力而为地出售。它们默认店主的规则,即顾客的生意不是天定的遗产,跑掉了一个客人,总会得到下一个的。"

⑥ Charles King, *The British Merchant* [1713] (3rd ed., 1748), II, p. 3.

⑦ E.g., Joseph Messie, *Ways and Means for Raising the Extraordinary Supplies* (1757), p. 27, cited from Bruno Suviranta, *The Theory of the Balance of Trade in England* (1923), p. 30, note 1.

禁止出口。这或许是因为从重商主义角度看,关闭外国人获得英国原材料的渠道,比完全禁止外国商品的进口更合理可行,因为禁入令会带来外国报复、航运损失等危险。主张禁止原材料出口的人总以为,等外国人买不到未加工的原材料时,他们就会被迫购买我们加工的制成品,这样贸易就会获益而不会受损。①塔克(Josiah Tucker)始终从其劳动差额理论出发,建议出口品税率的高低应与其加工制成的程度成反比,直至绝对禁止原材料出口,而进口品税率的高低应与其加工制成的程度成正比。②

对于绝对禁止出口原材料尤其是羊毛,鲜有批评声音,仅有的一点批评主要来自农业利益的代言者。③但有时也有人提出反对意见,称欧洲大陆的纺织业对英国羊毛的依赖程度,并不像主张禁出的人所说的那么大,因此禁止出口并不能有效阻止欧洲大陆毛纺织业的发展。谢里丹(Thomas Sheridan)还建议对原材料尤其是羊毛的出口征收"巨额"税款,假如有人想出口而不缴税,则还应追加额外税款。在他看来,这样的课税也比当时实行的绝对禁令要好,因为违反禁令属于重罪,可判处死刑。如果对违法行为处以罚款而不判死刑,许多人会更愿意告发违法行为,毕竟处以死刑时,"人们出于对人命的恻隐之心,不愿意去告发那种有害行为"。④配第问道,既然英国布商无法卖掉生产的全部毛纺织品,是否最好减少养羊,把劳动力转移到种田上?假如不再需要更多的粮食,也没有空闲的劳动力,羊毛又多到滞销的地步,则允许羊毛出口便属合理之举。然而,假如荷兰人在毛纺织品上的优势仅略微超过英国人,已容易让英国的毛纺织品后来居上,那么配第赞成在这个节点上禁止羊毛出口。⑤布鲁斯特

---

① 羊毛出口首次遭禁是在1647年,禁出的其他商品包括漂洗泥、管黏土、皮革、铅、针织机械。

② Josiah Tucker, *Instructions for Travellers* (1757), pp. 38-39.

③ Cf., *Reasons for a Limited Exportation of Wool* (1677), p. 4; Charles D'Avenant, *An Essay on the Eat-India Trade* [1697], in Charles Whitworth ed., *The Political and Commercial Works of that Celebrated Writer Charles D'Avenant*, I, pp. 98 ff.; and John Smith, *Chronicon Rusticum-Commerciale* (1747), passim.

④ Thomas Sheridan, *A Discourse on the Rise and Power of Parliaments* [1677], Bannister ed., pp. 198-199.

⑤ William Petty, *Treatise of Taxes* [1662], in *The Economic Writings of Sir William Petty*, Hull ed., I, p. 59. 约翰·卡里对皮革的看法同样温和,但对羊毛出口的态度却极端得多:John Cary, *An Essay of the State of England, in Relation to Its Trade* (1695), pp. 21, 37-40.

(Francis Brewster)反对禁止羊毛出口,理由是英国羊毛供过于求。①亨利·霍姆(Henry Home)敦促对羊毛出口征收适度关税,而不是一禁了之,再说法国人还有其他进货渠道,绝对禁止反而会刺激走私。此外,自由出口会导致羊毛产量增加,从而降低英国毛纺织品的价格。国内价高时当然可以禁止出口,还可在原料稀缺的关键时刻给英国毛纺织商的外国竞争对手造成困难。至于羊毛出口税的收入,可以用来为毛织物的出口提供补贴。②一般来说,只有在自由出口不会导致国内产量增加、英国制成品价跌的情况下,霍姆才赞成放松原材料出口。③

四、歧视国内产业

众所周知,国际产业专业化是自由贸易理论的核心观点。不过,有些作者急于让英国在某个或某些行业中实现专业化,乃至采取了一种倒置的保护主义。对于那些他们认为跟英国重大行业相竞争的其他行业,他们建议要予以压制或限制。早在 1564 年,塞西尔(William Cecil)就提出,减少布匹的生产和出口对英国有好处,因为增加土地耕种后就不必进口粮食,再说布商比农民更难管理,而且从事纺织业的人太多,使得其他职业中劳动力稀缺了。④有位作者曾想过要取缔驿车,因为驿车会减少旅店里喝酒的人,减少私人拥有的马匹,还会产生其他类似的不良后果。⑤ 1691 年的一位匿名作者反对建立亚麻业的企图,因为那会引起纺纱工资上升从而干扰到毛纺织业。⑥另有位作者断言:

> 本王国的羊毛和丝绸织造商是我们贸易的主体,也是我们财富

---

① Francis Brewster, *New Essays on Trade* (1702), p. 9.
② Henry Home (Lord Kames), *Sketches of the History of Man* (1774), I, pp. 494 ff.
③ Ibid., I, p. 493. 霍姆显然没有看到,为出口增加生产本身并不会导致英国的价格下降。
④ "Memorandum by Cecil on the Export Trade in Cloth and Wool" [1564?], in *Tudor Economic Documents*, II, pp. 45 ff.
⑤ *The Ancient Trades Delayed, Repaired Again* (1678), pp. 26 - 27.
⑥ *The Linnen and Woollen Manufactory Discoursed with the Nature of Companies and Trade in General* [1691], in Smith, *Chronicon Rusticum-Commerciale*, I, pp. 383 - 388.

中最可观、最基本的部分……因此,为了整个王国的共同利益,必须阻止其他任何生产,无论是外国的还是本国的,只要这些生产破坏和影响上述英国毛织业和丝织业的繁荣"。①

笛福(Defoe)赞同在英国鼓励组建全部制造业,但"有一个例外,即这些制造业不得干扰并损害毛纺织业,这毕竟是英国的根本主业"。②亚瑟·杨(Arthur Young)认为,由于农业对英格兰的价值高于制造业,因此只要农田还没有全部耕种,就不应该鼓励制造业的发展,"事实证明,在完全实现农耕以前,制造业的普及终将损害国家利益,因为资源将无法用于国家的头等大事"。③

当然,这种论点的提出者通常是某些特定行业的特殊拥护者,而不是关注总体利益的中立学者,他们无非认为可以用那套大道理来哗众取宠。从事实看,有些实际的立法还是基于这一原则,即对于那些干扰到更重要产业的其他产业,不会给予鼓励。笛福列举了禁止烟草种植的例子,理由是烟草会占用本可用来增加羊毛产量的土地。④他还声称,某些地方不允许开采内陆煤炭,因为这会不利于航运贸易。他举的这个例子显然缺乏实据,不过是用来说明,基于自己的原则就应当采取某些举措。从1699年到1720年,英国通过了一系列法案,禁止用羊毛或者从土耳其以外其他国家进口的丝绸或马海毛去覆盖纽扣,为的是促进英国自己的丝绸业,并促进能带来顺差的对土耳其贸易。若进一步研究贸易立法,无疑会揭示更多的政策措施,可表明当时为照顾某一主业,确会故意抑制本国其他产业。

---

① *A Brief State of the Question between the Printed and Painted Calicoes, and the Woollen and Silk Manufacture* (2nd ed., 1719), introduction, p.4. 这本小册子针对的是软棉布行业。阿斯吉尔回答说,丝绸和软棉布都不是"主体商品",软棉布与丝绸相竞争,而不是与呢绒布竞争,因此限制丝织业的理由与限制棉织业的理由同样充分。见 John Asgill, *A Brief Answer to a Brief State of the Question* (1719)。

② Daniel Defoe, *An Humble Proposal to the People of England* [1729], in Daniel Defoe, *The Novels and Miscellaneous Works* (1841 ed.), XVIII, p.50.

③ Arthur Young, *The Farmer's Letters to the People of England* (2nd ed., 1768), p.42.

④ Cf. *An Act Prohibiting the Planting of Tabacco in England* (1652):"鉴于近些年来包括现在,我国不同地区种植了大量烟草,造成畜牧业和耕作业衰退,损害并阻碍了英国在海外的种植园,以及我国的贸易、商业、河海航运……兹颁布法令,规定任何人或任何人群均不得……在本国境内的任何田地或任何地方播种、生长、制作或加工任何烟草。"

五、转口贸易

为了促进再出口或转口贸易,并从荷兰人手中夺回中转贸易,同时又不向外国商品开放国内市场,即使是极端的重商主义者也普遍赞同自由港、保税仓库、退税这些设想。①不过,一些作者提出,涉及已征进口税的退税,应当限于国内不便加工制造的那些商品。②

然而,一个更重要、更激进的建议是,取消所有进出口关税,代之以对外国制成品的消费征收国内消费税,以达到财政和贸易监管的目的。这将使从事转口贸易的商人摆脱退税制度带来的麻烦和费用,促使他们更有效地与外国对手展开竞争。③这还可以同时取消出于财政原因而对

---

① Thomas Mun, *England's Treasure by Forraign Trade* [1668], William Ashley ed., p.16. 孟主张给予转口贸易特别优惠的海关待遇。专门倡导设置自由港的有: Benjamin Worsley, *Free Ports, The Nature and Necessitie of them Stated* (1652); Ralph Maddison, *Great Britain Remembrancer, Looking in and out, Tending to the Increase of the Monies of the Commonwealth* [1640] (1655), pp.37 ff.; Thomas Violet, *Mysteries and Secrets of Trade and Mint-Affairs* (1653), pp.22 ff.; Thomas Sheridan, *A Discourse on the Rise and Power of Parliaments* [1677], Bannister ed., p.214; William Petyt, *Britannia Languens* [1680], in McCulloch ed., *Early English Tracts on Commerce*, p.359; Joshua Gee, *The Trade and Navigation of Great Britain Considered* [1729] (1767), pp.180 ff.。配第显然反对自由港,因为它们会便于进口消费品的逃税,见 William Petty, *Treatise of Taxes* [1662], in *The Economic Writings of Sir William Petty*, Hull ed., I, p.61. 为建立退税和保税仓库制度,17 世纪曾采取过有关步骤(如 16 Charles I, cs.25, 29, 31; 14 Charles II, cs.11, 25, 27),并在 18 世纪有过进一步拓展,不过英国从未有过任何自由港。

② E.g., William Mildmay, *The Laws and Policy of England* (1765), p.70.

③ E.g., William Petyt, *Britannia Languens* [1680], in McCulloch ed., *Early English Tracts on Commerce*, pp.317, 497; Charles D'Avenant, *Reports to the Commissioners* [1712/1713], in Whitworth ed., *The Political and Commercial Works of that Celebrated Writer Charles D'Avenant*, V, p.379; Arthur Dobbs, *An Essay on the Trade and Improvement of Ireland* (1729), Part II, pp.30, 31: "所有向内征收的关税,除对贸易有利外,最后都要由消费者承担,地主阶级、富有奢侈者会支付最大的部分。在有诸多港口需要守卫的贸易国中,最谨慎和最好的增税方法,也是最省钱的方法,莫过于取消所有港口税,把税收放在土地、动产、内陆货物各税上,以确保税收的缴付,并防止偷税漏税。……如果要阻止进口那些损及公众的外国商品,那就应该对零售商或消费者手中的这些商品征收高额的许可证和消费税;如果完全禁止进口这些商品,那就对相关消费者或发现这些商品的地方处以罚款。"Cf. also John Collins, *A Plea for the Bringing in of Irish Cattel* (1680), p.21, 此书中,荷兰人在商品销售前不征收消费税的做法,被认为是"荷兰贸易兴旺、财富充裕、海权强大的主因"。

英国商品征收的关税,该做法本来就不符合重商主义理论。①沃波尔(Robert Walpole)赞同这一政策思路,在他的管理下,海关制度历经全面改革,对进口原材料免征关税。此外,出口税也告废除,仅有铅、锡、皮革等商品除外,因为据信,对英国供应的依赖会迫使外国人不得不承担这些商品的出口税。另外,有数种外国商品的进口税,也转由国内消费税所取代。1733年,沃波尔提议用国内消费税取代烟草和葡萄酒的进口税,朝着同一方向继续迈进。为支持本人建议,他指出,这样做可以使这些商品的转口贸易完全免于征税,避免退税制度带来的麻烦和费用。②这一提议在后世评论家看来并无不妥,但沃波尔的政治反对派却利用传统说事,强调消费税往往意味着政府向民众行使专横权力。按照这一逻辑,接受这个有限的消费税,也会很快酿成消费税的蔓延,接着便会麻烦连连。就这样,反对派成功挑起了公众对这一措施的激烈反对,迫使执政者放弃了用国内消费税替代进口税的动议。

六、出 口 补 贴

1673年,政府对谷物发放了出口补贴,③不过,这项政策仅持续五年左右。然而,1689年涉及谷物的著名法律又规定了一项新的补贴,除中

---

① 重商主义者一再抱怨英国出于财政需要对本国出口商品征收关税,米塞尔登(Edward Misselden)在1623年称颂荷兰为这方面的学习榜样,因为在荷兰人"对本国商品减免收费,对外国商品则增加征税费"。见 Edward Misselden, *The Center of the Circle of Commerce* (1623), p. 135. Cf. also Henry Robinson, *Englands Safety in Trades Increase* (1641), pp. 8 - 9; Thomas Violet, *Mysteries and Secrets of Trade and Mint-Affairs* (1653), p. 14; Carew Reynel, *The True English Interest* (1679), pp. 10 - 11:"出口我们自己的制成品应当不需缴纳关税,或者仅需缴纳很少的关税。最好以其他方式增加国王的收入,而不是对我们自己的制品征收关税,因为这会阻碍出口;也不要为了增加关税,而鼓励进口我们可自制的那些外国商品。"也见 William Mildmay, *The Laws and Policy of England* (1765), p. 73:"在我国港口征收若干关税,与其说是为了调节我国对外贸易的利益,不如说是为了满足我国政府的公共需要,这不能不引起我们的极大忧虑。"

② Robert Walpole, *A Letter from a Member of Parliament to his Friends in the Country, Concerning the Duties on Wine and Tobacco* (1733), pp. 21 ff.

③ 有关谷物出口补贴的历史,见 D. C. Barnes, *A History of the English Corn Laws, from 1660 - 1846* (1930),也参见雅各布·瓦伊纳对这本书的评论,*Journal of Political Economy*, XXXVIII (1930), pp. 710 - 712。

间偶有中止外,此项政策将持续到 1814 年。后来,亚麻和丝绸制品、帆布、牛肉、咸猪肉及其他商品也获得其他出口补贴,至 19 世纪才告废止。

直到 18 世纪下半叶,出口补贴始终没有在其时文献中引起太多评论,无论是赞成的还是反对的,这也许是因为其时情况决定了出口补贴并无多少实际意义。然而,1750 年后,对谷物的出口补贴却遭遇较大的反对,特别是在作物歉收时期,贫困阶层多次发起抗议并制造暴乱。

只要出口补贴能刺激受补贴商品的生产与出口,重商主义者必定倾向于支持这些补贴。基于这些简单的理由,约翰·赫顿(John Houghton)为首笔谷物补贴作了辩护,①后来的作者也为以后的补贴作出辩护,②尽管他们不全是农业利益的直白支持者。霍姆支持谷物出口补贴,除上述理由外,也因为霍姆认为英国的谷物补贴损及法国农业,从而削弱了法国的战争实力。本着同样的精神,他建议对出口到殖民地的制成品给予补贴,"通过在殖民地市场上展开低价销售,就将粉碎殖民地的一切竞争企图"。③

人们攻击谷物补贴的理由是,补贴使英国的谷物价格更高,导致劳动工资和一般生活费用高企,从而削弱英国在非补贴商品,特别是制造业方面与其他国家竞争的能力。④可是,谷物补贴的某些支持者否认补贴实际上使英国的谷物价格比本来可能的更高了,或者让国外的谷物价格比本

---

① John Houghton, *A Collection of Letters for the Improvement of Husbandry and Trade* (1681 - 1683), II, p. 182.

② E.g., Joshua Gee, *The Trade and Navigation of Great Britain Considered* [1729] (1767), p. 245; Charles Smith, *Three Tracts on the Corn Trade and Corn Laws* (2nd ed., 1766), *passim*; William Mildmay, *The Laws and Policy of England* (1765), pp. 56 ff; Arthur Young, *The Farmer's Letters to the People of England* (2nd ed., 1768), pp. 44 ff., and *Political Arithmetic* (1774), pp. 29 ff. Cf. also *The Manufacturer's Plea for the Bounty on Corn at Exportation* (1754), p. 6:"我认为不可否认的是,每四分之一的实际收益,我说至少是出口商若无补助便无法运往市场的数量,给公众增加的负担至少超出了这项补贴。"Also, ibid., p. 8.

③ Henry Home, *Sketches of the History of Man* (1774), I, pp. 491 ff.

④ Cf., Francis Brewster, *New Essays on Trade* (1702), p. 54; Arthur Dobbs, *An Essay on the Trade and Improvement of Ireland* (1729), Part II, p. 64; Matthew Decker, *An Essay on the Causes of the Decline of the Foreign Trade* [1744] (1756), pp. 65 ff.; Josiah Tucker, *The Causes of the Dearness of Provisions Assigned* (1766), p. 24, and *Considerations on the Policy, Commerce and Circumstances of the Kingdom* (1771), p. 124.

来可能的更低了。①

七、幼稚产业保护

现代作者通常把"幼稚产业保护论"的提出,归功于亚历山大·汉密尔顿(Alexander Hamilton)或弗里德里希·李斯特(Friedrich List),甚至是约翰·斯图尔特·穆勒(John Stuart Mill),宣称是他们最早提出要保护那些新开办的产业。然而,幼稚产业保护论的起源要早得多,在原理上和历史上都与垄断特权的授予密切相关,特权最初授予那些开辟冒险新行业的生意公司,或者作为"专利垄断权"授予那些新发明的拥有者。1645年有一份诉状称,起步时授予生意垄断特权乃天经地义,问题是已经时过境迁。这句话便揭示了幼稚产业保护论即补贴或进口税的可能起源。

> 某行业刚起步时,为激励人们扩大并改良该行业而给予某些专营权。当该行业达到完善的高度,且行业秘诀已广为人知后,那些专营权便不再合适。②

此后陆续又有不少早期申论,要求向幼稚产业提供临时性保护或补贴:

> 这里应该先有一项公共法律,鼓励亚麻织造和钢铁制造,这样,现在外国从中获益的这些行业将完全吸引到我们这里发展。为此,首先应该对进口到英国、绳索制作中用到的所有亚麻纱线、细线、带子、绳子征收至少每磅四先令的税或关税,对每厄尔四先令以下的所有亚麻布征收每磅三先令的税或关税。这一法律应持续执行七年。借助此项税款或征收,处于幼稚阶段的亚麻织造业将获得很大好处,

---

① Malachy Postlethwayt, *The Universal Dictionary of Trade and Commerce* (4th ed., 1774),"谷物"词条很好地陈述了双方所援用的论点。

② Thomas Johnson, *A Discourse Consisting of Motives for the Enlargement and Freedom of Trade* (1645), p.22.

可望快速地扎下深根并打下良好基础。①

可以充分相信,所有明智的国家都十分乐于鼓励幼稚阶段的制造业,这些国家不仅对外国的同类制成品征收高额税费,而且经常完全彻底地谴责并禁止消费这些制成品。②

总的来说,给予补贴只是为了鼓励处于幼稚阶段的制造业或其他改良活动,从而把它们引向世界,支持它们在国外开始商业运行。如果有关产业在完善后仍不能自行发展,无法把制造成本降低到能与他人同类产品相等的水平来销售,那么再强制行事也徒劳无益。③

先生,我想我现在已经说明,亚麻织造……在不列颠和爱尔兰仅仅处于幼稚状态。因此,我们的国民不可能像那些早已建起这一制造业的其他国民那样,哪怕在国内就能廉价销售或畅销热卖相关产品。因此,若无一定的公共鼓励,我们不可能在该制造行业取得长足或迅速的进步。④

当某一制造业尚处于幼稚阶段,或者仅处于走向成熟的过程中,如果告诉它你不必获得任何公共鼓励,那一定是荒谬的。因为,只要你能生产出所需要的数量和质量,并能像那些已长久拥有该制造业的人一样廉价售货,你就一定会为你所能生产的一切找到销路。⑤

所有制造业在幼稚阶段不但需要呵护,还需要花费大量资金,才能令其茁壮成长、充满活力。最初的经营者和所有者不大可能立即投入必要的资金,而只能假以时日,与困难作斗争,逐步扩大规模。⑥

---

① Andrew Yarranton, *England's Improvement by Sea and Land* [1677], as cited by Patrick Dove, "Account of Andrew Yarranton", appended to his *The Elements of Political Science* (1854), pp. 405–451.
② William Wood, *A Survey of Trade* (1718), pp. 224–225.
③ Arthur Dobbs, *An Essay on the Trade and Improvement of Ireland* (1729), Part II, p. 65. See also ibid., pp. 62 ff.
④ David Bindon, *A Letter from a Merchant Who has Left off Trade* (1738), p. 24.
⑤ Ibid., p. 60.
⑥ "On the Neglect of Trade and Manufactures", *Scots Magazine*, II (1740), p. 477. 幼稚产业保护论也见 James Steuart, *An Inquiry into the Principles of Political Economy* (1767), I, pp. 302 ff., 308, and Josiah Tucker, *Instructions for Travellers* (1757), p. 33. 亚当·斯密对这一论点批判过火,见 *Wealth of Nations*, Edwin Cannan ed., I, pp. 422 ff.。

八、重商主义与保护主义

要明确区分作为商业政策的重商主义和现代保护理论并非易事,因为二者的区别更多在于侧重点的不同而非实际的内容。现代保护主义者强调,为促进国内生产和就业,必须限制进口本国已能生产的外国商品。他的强调程度可能比不上重商主义者,他也可能不讨论甚至不接受贸易差额理论。除在迎合公众的那些场合外,现代保护主义并不特别强调,增加或维持国家的金银储备有多么可取。然而,现代保护主义者常用的大多数论点在重商主义时期便已存在。即使在17世纪甚至经常在18世纪,重商主义者写下的小册子也不提贸易差额或货币问题,而只谈为增加就业和生产而保护国内工业的可取性。①

然而,贸易差额论通常被用来加强那个限制进口的"就业—生产论",显然,鲜有作者认为这些论点之间或许存在冲突。但是,当"就业—生产论"声称"劳动差额"比贸易差额更能检验一宗贸易是否有利时,它等于在主张,重商主义学说中保护主义的分量已经超过了之前阶段货币主义的分量。哪怕东印度公司的活动确实做到了输入英国的黄金多于运出的黄金,但有位作者依然谴责这家公司,因为它把丝绸运进英国来消费,而不是消费英国自产的丝绸和毛纺织品。②

在重商主义者的立法手段与现代保护主义的立法手段之间,其实也没有重大差别。主要的差别似乎在于:如今,绝对禁止进口的做法已不那么常见,商业条约和关税谈判相对来说比之前更为重要;禁止出口的做法几已完全消失;现在的税率普遍比以前高很多,尽管人们常有相反的印象;一些旧的论点被全新或半新的论点所取代,只是新论点的思想质量与旧论点大致相当。

---

① 据我所见,首次按现代意义使用"保护"这一术语,见于 John Asgill, *A Brief Answer to a Brief State of the Question* (1719), pp. 10 ff.。

② A. N., *England's Advocate, Europe's Monitor* (1699), p. 20.

* * *

近年来有一种显著的趋势,部分人对英国重商主义学说持有更积极的评价,比英国古典经济理论界传统上通行的评价要积极甚多,这可能在经济史学家和德国经济学家那里尤其明显。这种趋势很大程度上可以解释为:大家比较认同重商主义作者们的干预主义、保护主义、激进民族主义之类情绪;对英国重商主义者经济学说的真实情况尚存有误解;对现代货币和贸易理论所提供的拒绝重商主义学说的理由缺乏了解或兴趣。当然,对重商主义的现代辩护得到了若干论点的支持,这些论点与现代贸易和货币理论的主张并无直接冲突,因此,它们理应受到更多的尊重。只是,有些现代辩护者惯于强调,重商主义学说并非批评者所称的那副模样,批评者的那些反对意见实可成功驳倒。对于这些辩护者,上文就重商主义立法建议所作的梳理足以提供一个基础性回答。

(原刊于1955年,梅俊杰译)

3

重商主义的含义与实践

[英]查尔斯·威尔逊*

一、词义的变迁

E.A.约翰逊(E.A. Johnson)写道:"重商主义"一词"已经成为一个绝对让人讨厌的字眼,它与闭关自守、民族主义、保护主义混为一谈。……记者们拿起这个词,粗心大意地用着它,就像他们使用其他许多词一样。在他们手里,'重商主义'可能是'自由放任'的反义词,也可能是'愚不可及'的同义词"。① 然而,恐怕难以废除一个引发了如此多历史和争议的词语,更好的办法或许是追溯一下该词的历史起源,看看是否就此能驱散某些困惑。"重商主义者"和"重商主义"这两个词在 17 世纪及 18 世纪大部分时间里尚不为人知,而"重商体系"一词也是在亚当·斯密(Adam Smith)手中才获得意义的。斯密很可能从重农学家的著作中借用了此词,那里原曾零星出现过这个术语。从《国富论》开始,"重商主义"日益流行起来。斯密最初使用这个词似未引起争议,他只是用它来对比贸易经济与农业经济。他在《商业主义或重商主义的原理》章首写道:

---

* 查尔斯·威尔逊(Charles H. Wilson, 1914—1991),英国商业史学家、剑桥大学近现代史教授、意大利欧洲大学院历史与文明教授,著有《富强与重商主义》(1957)及剑桥系列多卷欧洲经济史和近现代史等。——编注。

① Edgar A. Johnson, *Predecessors of Adam Smith: The Growth of British Economic Thought*, New York: Prentice Hall, 1937, p. 4.——查尔斯·威尔逊原注,下同。

> 不同时代不同国民的不同富裕程度,曾产生两种不同的关于富国裕民的政治经济学体系。其一可称为重商主义,其二可称为重农主义。关于这两个体系,我将尽我所能,作详细明了的说明,而且将从重商主义开始。这是近世的学说,在我国今日又最为人所理解。

斯密接着讨论了在他看来重商体系的经济罪行——将财富与货币混为一谈,以致其支持者将积累金银视为经济政策的主要目标。他认为,这种错误的观念造成许多国家的政府禁止出口黄金和白银。在斯密看来,其他一些人,如托马斯·孟(Thomas Mun),则看得稍远一点,他们断言货币流通受贸易差额的支配,并说服决策者把实现外贸顺差作为首要目标。这便是"商人向议会及王公会议、贵族和乡绅"提出的论点。但在不理解国家政策原理的商人和不掌握贸易原理的绅士之间,政策陷入了对贸易顺差的错误迷恋。因此,人们"从我们徒劳无功的努力"(即禁止金银出口)转向了另一项"远远更加复杂、更令人尴尬却同样徒劳无功"的努力。斯密相信,托马斯·孟的错误理念从英国向外传播,直到被所有其他商业国家所采用。各国政府无视国内贸易的重要性,为自己制定了完全不必要的有害任务,那就是防止"货币稀缺",他们以为货币稀缺是贸易萧条反复出现的主因。然而,斯密认为,对货币供应的焦虑,正如对任何其他商品供应的焦虑,一样没有必要。货币就如其他商品,也受供求规律的调节。试图在一国保留不必要数量的钱财,其明智程度约等于"强迫家里保留不必要数量的厨房用具,试图以此增加家人的快乐"。有人认为贵金属代表着一种购买力,可以为战争中的紧急情况提供资金,斯密答道,通过出口商品、使用信贷和纸币,照样可以做到这一点。

重商主义提出了"两大发动机",可使各国获得贸易顺差。其一是旨在鼓励出口的一套措施;其二是旨在阻止进口的另一套措施。更严格地说,就是鼓励制成品的出口并保障原材料的进口,同时,阻止制成品的进口以及国产原材料的流失。但实际上,政府的这种干预并未给整个国家带来好处,它仅仅给国内某个部门带来好处,徒然牺牲了其他部门的利益。亚麻出口补贴让出口商占了便宜,却损害了消费者和纺纱者的利益。强势行业获得政府青睐,得到了自己想要的东西,穷人所在的行业却甚少

受到关注。如此行径有违天理,因为:

> 在任何程度上损害任一等级公民的利益,目的不过是为了促进另一等级公民的利益,这显然违背了君主对全体各级臣民理应一视同仁的法则。

因此,《国富论》作者对重商体系的主要指控是,此乃少数人为自身利益而策划的阴谋,"其主策划师……便是国内的贸易商和制造商"。重商体系声称要调节贸易,以确保符合国家利益的外贸顺差,可是其真正目的在于确保本国制造商垄断国内市场。斯密此论的核心是:消费乃一切生产的唯一目的和目标,生产者的利益仅应当在促进消费者利益的必要范围内得到关注。……可在重商体系中,消费者的利益几乎总是被生产者的利益所牺牲,这一体系似乎把生产而非消费当作了全部工商业最终的目的和目标。

无论我们认为亚当·斯密对重商主义的指控是否成立,毫无疑问,他为自己的靶子选用了一个合适的名号。对他来说,重商主义明摆着是*商人为营商目的而谋划的一种政策体制*。此番攻击可谓异常成功,一个多世纪以来,如此敲打的声音回荡在学界和政界。然而,有这么一个国家(如果可以这样描述当年德国的话),那里从未追捧过斯密的观点。19世纪上半叶,德国人发现弗里德里希·李斯特(Friedrich List)的观点更符合自己的口味,李斯特是激烈反对斯密大部分主张的。19世纪后期,随着德国统一事业的推进,李斯特对放任自流的不信任在所谓"历史学派"经济学家的著作中,尤其在古斯塔夫·施穆勒(Gustav Schmoller)的作品中,找到了一种新的、更具历史感的表达方式。施穆勒对腓特烈大帝(Frederick the Great)经济政策的研究中,有很长一节涉及"重商主义制度及其历史意义",专就重商主义给出了全新的解读,不仅在德国而且在其他国家产生了巨大影响。施穆勒的主要论点是,*经济体制依赖于政治机体*;以为经济生活是一个依赖于个人行动的过程,纯属谬误。在他看来,所有其他国家都取得了快速的经济发展,德国却"由于缺乏政治经济的组织"即缺乏国家政策而未能做到这一点。须知:

> 重商主义……最本质的内核无非就是国家打造,这不是狭隘意义上的国家打造,而是国家与国民经济的打造齐头并进。

对施穆勒而言,重商主义的核心经济机制与斯密所言大致相同:通过出口补贴来鼓励制成品的出口,同时通过禁令来禁止制成品的进口和原材料的出口。此外,贸易借由商业条约得到促进,航运和渔业借由补贴和立法援助而得到鼓励,殖民地贸易则保留给欧洲的母国。施穆勒认为,贸易顺差只是一个后续的结果,在其之上的是按国家来组合经济过程的一种观念。据观察,充斥17世纪和18世纪的战争,便"以经济目标为主要目的"。施穆勒写道:

> 在所有时代,人们始终把国家实力和国家财富视为同胞姊妹,但是,它们也许从未像当时那样紧密地联系在一起。

后来的作者们有时将施穆勒视为"实力"的先知,然而,这段话和其他段落清楚地表明,施穆勒尽管是普鲁士人,但没有把实力本身视为目的。实力通常是"富""强"双元体系中的仆人,或者最多是个伙伴。遵循重商主义原则的国家"为其人民的经济生活提供了必要的实力基础,并为其经济运行提供了相应的动力"。施穆勒依然保持了足够的客观性,他称赞某些政府能在争霸斗争中从较穷、较弱、组织程度较低的国家手中夺取主导权:

> 有些政府懂得如何迅速、大胆、目标明确地将其舰队和海军这些强力、海关法和航海法这些工具,用来服务于民族和国家的经济利益,恰恰是这些政府才在争夺财富和产业繁荣的斗争中赢得了领先地位。

虽然施穆勒的思想无疑以本乡本土为念,但却产生了广泛的影响,部分原因是这些思想深受历史的启发,部分原因是在德国以外,其他国家也出现了民族主义经济政策的复兴趋势。例如,在英国,威廉·坎宁安

(William Cunningham)与德国学者一样,深信政治体制对经济发展有着深远的影响,他的大作《近现代英国工商业的成长》即以此理念为基础,在在可见施穆勒及其前辈的印记。事实上,坎宁安有时似乎比施穆勒更进一步地把实力定义为重商主义政策的目标。例如,他写道:

> 16、17世纪以及18世纪大部分时间里,政客们无不试图管控所有商业和工业,借以提升英国相对于其他国家的实力。在实现这一目标的过程中,他们毫不顾忌地践踏私人利益。

自亚当·斯密谴责重商体系乃商人自谋私利的阴谋以来,一个世纪里轮子整整转了一圈。现在,重商制度被视为一种打造国家的政策,必要时,商人的私利在此政策下会被碾得粉碎。也因此,除以乔治·昂温(George Unwin)为首的一派历史学家外,不少人相信重商主义是值得称道的。就此而形成了一个传统,认为重商主义政策强烈倾向于追求实力。这一传统在艾利·赫克歇尔(Eli Heckscher)教授发表《重商主义》后被推向了高潮。赫克歇尔的著作可谓有关材料和观点的集大成,该书1931年在瑞典问世,英译本于1934年出版。在综合各家思想的过程中,赫克歇尔在某些重要方面有其新颖性。他沿用并拓展了施穆勒和坎宁安等人强调重商主义中实力因素的观念,但他这样做并非为了赞扬重商主义,而是为了谴责重商主义。当其他人认定,全盘干预经济过程的所谓"重商主义"体制有其经济功效时,赫克歇尔却难以接受这种观点,毕竟他是正统古典经济理论的坚定信仰者。他先是低调地把重商主义称为"一个工具性概念",以便帮助人们更清楚地理解特定的历史时期。面对遍及欧洲各国的理论和实践,他有意构建一个统一的体系,将相关内容归纳到五个标题下:(1)统一;(2)实力追求;(3)保护;(4)货币政策即财富积累;(5)社会观念。在这些目标中,实力追求显然最为重要。虽然在后来的争论中,赫克歇尔似乎承认重商主义者有时也有其他目的如商业目的,但他始终没有太偏离下面这段话所阐述的主要论点:

> 问题的最关键之处在于,实力本身是否被视为目的,还是仅仅被

视为获得其他东西的一种手段,比如用于追求今世的国家福祉或来世的永恒救赎。

赫克歇尔相信,自由放任学派只是把实力作为一种致富手段,如同中世纪的经济思想不过是神学的一个分支。只有重商主义者把实力本身放在首位,后来的自由放任思想家和政治家则改变了优先顺序。赫克歇尔写道:"所有国家到19世纪都把创造财富作为最重要的目标,很少考虑财富对国家实力的影响,而以前的情况恰恰相反。"这里的是非对错姑且不论,就赫克歇尔的解释不妨指出,有两点不能令人满意。其一,他并没有解释清楚,既然说一个"打造国家(Staatsbildung)"的体制不以"重商"而以"实力"为目标,那为什么人们要用"重商主义"一词来描述它?其二,赫克歇尔没有解释,重商主义文献的主要作者如孟、米塞尔登(Edward Misselden)、马利内(Gerard Malynes)、蔡尔德(Josiah Child)、吉(Joshua Gee)、戴克(Matthew Decker)及其他许多人,几乎无一例外都是商人,那为何他们对强权政治表现出那么强劲的兴趣?至少可以说,假如他们不相信这种体制能服务于某种有用的"重商"目的,他们是不可能如此关注实力的。

最后,既然我们在考察有关重商主义观念的态度变化,那就不该忽略凯恩斯(John M. Keynes)勋爵在其《就业、利息和货币通论》(1939)中作出的贡献。凯恩斯是经济学家,而非历史学家,但他关于重商主义的观点对历史学家很有意义,因为历史学家再也不能继续把重商主义的那些经济政策当作不过是古老愚昧的东西。如今数十个政府在统计学家和经济顾问大军的帮助和建议下所奉行的政策,与当年那些重商主义经济政策何其相似乃尔!简言之,凯恩斯的论点是,古典自由理论的基本原理不可能普遍适用。曾经的200年里,理论家和政治家们一致同意,如果外贸顺差导致贵金属流入,那么它就能带来"特殊的好处"。即使理论家们已转而认定,外贸机制是可以自我调节的,许多实际政策也依然建立在顺差有益这一共识的基础上。因此,凯恩斯不愿意不加质疑地接受那种看法,好像重商主义论点仅仅代表了思维的混乱。相反,他判定,重商主义论点包含着与当时经济状况相关的某种逻辑。此即,经济活动量取决于投资量,投资量则由低利率所激发,而低利率往往靠外贸顺差来实现,因为顺差会增加经济中的贵金属量。凯恩斯写道:"我们这些经济学家证明,我们犯下了自以为是的错误,错把几个世纪中治国理政的一个首要目标当成某种幼稚可笑的痴迷。"

凯恩斯试图为重商主义者恢复名誉,这引起了正统派对他的愤怒。其中就包括赫克歇尔的激烈反驳,此人认为凯恩斯所言不符合历史实情,纯属异端邪说,不过是1930年代初萧条和失业的短命副产品而已。其他人则觉得恐怕应当承认,重商主义有关干预经济学的尝试,理应得到比以往更认真、更共情的研究;尤其是人们越来越猜想,自由放任时代也许只是一个插曲,介于重商主义时代与另一个漫长的管控时代之间,这个管控时代所依据的原理跟之前那个重商主义时代的原理不无相通之处。例如,英国财政大臣在1946年11月的讲话中指出:"我们出口政策的首要原则是出口全制成品,它们优先于半制成品,总之,产品中原材料的价值,与对原材料加工的价值相比,应该要尽可能降低。我们出口中智力和技艺含量越多,那对我们的国际收支状况就越有利,我们的生活水平也就会越高。"可见,经济学家和内阁大臣如今又回到了跟重商主义者十分接近的信念和政策,尽管这并不意味着一定要接受这些观点为正确观点。可情况确实表明,既然我们这代人如此重视贸易差额或外贸顺差的理念,却又不经细致调查就默然谴责祖先们"幼稚可笑的痴迷",这总不那么得当吧?

二、英国的体制

通过以上对重商主义思想的简要梳理,可以清楚地看到,不同时代、不同国家、不同作者对重商主义的解读各不相同。但不妨再看一看这些解读是否有其共同点。就文献而言,重商主义可谓一面硕大的镜子,大到足以折射出无穷多的经济观点。然而,大多数关于重商时代的论述,尽管对重商主义的动机、起源、功效、智慧各执一词,却一致认为重商主义本质上与贸易差额的观念息息相关。无论如何,在英国,从16世纪中叶到17世纪中叶,思想与政策之间的协调性与日俱增,没有什么比这一点更引人注目。在此之前,后世思想中的各种不同成分原已存在,比如,已经在禁止人们出口布商及其他制造商所需的原料,已经在禁止输出钱币和金银,已经把鼓励英国航运业的诸多法律写入法典,等等。只不过那时,这些成分尚未整合为一套清晰或全面的明确理念。而至18世纪中叶,新颖的、批判性、挑战性经济自由思想已在不断涌现。就是16世纪中叶与18世纪中叶之间的两个世纪,构成了重商主义时代,思想家和政策制定者此时把此前零散的法规和观念整合到一个常有民族主义情绪的国家经济政策框架内。这个政策框架可用贸易差额理论来概述,"差额"(字面上也是"平衡")的概念可能来自16世纪英国人从意大利借鉴的复式簿记经验。随着人们日益有意识把民族国家理解为如同一个企业,再或许因为当时的科学形成了关于均衡的概念,"差额"便上升为一种流行的经济福利标准。

16世纪中叶前后,有一批作者直接或间接地提及贸易差额,其中最明确者莫过于《关于英吉利王国福利的对话》(1549年初版,1581年二版)一书的作者。该作者告诫:"必须时时注意,我们向外国人所购买不应多于我们向其所销售,否则,我们会穷了自己而富了他人。"这一告诫还细化为一张行业列表,所列行业被判定为或可使国家富裕,或可使国家贫穷。肯特郡的古董商威廉·兰巴德(William Lambarde)在所收藏的一册《对话》上,添加了一个后将反复引起共鸣的解释性注释:"如果我们运出商品的价值超过运回商品的价值,那么多出的部分就会以钱币的形式输入进来;但如果我们运回商品的价值超过运出商品的价值,那么多出的部分就必须以钱币的形式向外支付。这就是钱币增减的机制,只有国内自己锻铸的那一小部分钱币不在此列。"于此可见,重商主义思想和政策的主要原则得到了明白的阐述:外贸顺差会导致钱财的流入。问题是,钱财有何好处呢?对此,《关于英吉利王国福利的对话》中有一段落作了最清晰、最平衡、最明智的论述。据称,贵金属相对于其价值而言,携带方便,不易腐烂,到处流通,最易分割。由于这些理由,"全世界已知任何文明的人士一致同意,选择贵金属作为交换工具,用来衡量世间万事万物。贵金属最适于带往远方或储存起来,或者卖出我们丰盈的东西赚取它们,再在我们最需要的时候和地方用它们买入我们匮缺的其他东西"。在心智稍逊者看来,这样的想法可能沦为虚假的财富学说,可是对于上述解释,确实难以提出多少反对意见。

重商主义者的核心教条由此诞生。四分之三个世纪后,托马斯·孟在其《英国得自对外贸易的财富》中,以经典的形式重申了这一信条。此书堪称随后重商主义者的《圣经》,内含很可能为"1622年委员会"讨论而收集的材料,该委员会为应对其时贸易萧条而成立。在这个场合,就像在其他许多场合一样,我们听到了关于危机和萧条的经济学。孟写道:"对外贸易乃增加我们财富和现金的通常手段,在这一点上必须时时谨守一个原则:在价值上,每年卖给外国人的货物,必须比我们消费他们的为多。"他用一个例子说明自己的观点:如果我们出口价值220万英镑的货物,进口价值200万英镑的货物,我们必然可得二者的现金差额;而假如进出口倒挂,则必然失去现金差额。在任何特定场合,对这一核心原则自然会有诸多不同解释,但毫无疑问,该原则始终处于思想和政策的焦点位置。在孟写下其书册一个多世纪后,另一位作者马修·戴克爵士著有《外贸衰落原因论》(1739),部分权威人士认为此书对亚当·斯密走向自由贸易产生过影响。戴克也把外贸顺差视为毋庸置疑的信条:

> 因此,如果英国的出口超过进口,外国人就必须用现金来支付差额,我国便会富裕起来。但如果英国的进口超过出口,我们就必须用现金向外国人支付差额,我国便会贫穷下去。

追求顺差的政策在逻辑上谅必也蕴含某些固有的危险,如通货膨胀问题和出口市场竞争困难,重商主义者不可能对此毫无感受。然而,外贸逆差带来的另类风险势将对国家福利造成更严重的后果。于是,"顺差"作为一个稳健的政策目标会继续存在,而且不仅仅限于重商主义时代。麦库洛克(John McCulloch)在1856年写道:"镀金的烂泥金身成了世人盲目崇拜的对象,即使其根基已经四分五裂,它还站立在那里超过了一个世纪。"

尽管如此,如果重商主义小册子作者的学说只是关于经济体系运作的虚玄猜想,那么这些学说可能仅仅具有古董的意义。事实却不止于此,毕竟贸易差额的概念在一点一滴地融入17世纪的经济立法中。在这方面,1622 年委员会决定性地把思想和政策更加紧密地联结到一起,超过了以往任何程度。当时发生着经济萧条,至少在一定程度上是由"科凯恩计划(Cockayne Scheme)"失败而酿成的。有一批从事波罗的海贸易的商人,原想借助科凯恩计划打破"冒险商人公司"的垄断。这家公司垄断了未加工白坯布的出口,该品类在英国出口总额中占有很高的比例。而科凯恩计划者决意要建立大型的布匹染整工业,以图剥夺荷兰人在布匹贸易中明显不成比例的利润份额,荷兰人购买、染整并经销了大量的英国白坯布。出于种种原因,这项原本声称要促进贸易平衡的计划最后却遭遇惨败。

面对计划失败留下的困顿和失业,托马斯·孟等委员们提出了危机化解之策,其中相当一部分预示了日后一个多世纪甚至更长时间里的重商主义政策。他们提出的六项主要原则是:(1)禁止出口羊毛、漂洗泥、管黏土等,特别是禁止向荷兰出口,借以为英国纺织业保留国产的原材料;(2)阻止英国船只和商人向荷兰供应西班牙或土耳其产羊毛,以便打击来自荷兰的竞争对手;(3)发展制造业,从而减少对进口的需求和现金的流失,亚麻布将在国内织造,自产的大麻和亚麻将使英国独立于波罗的海;(4)现由荷兰人开发的渔业,未来将由英国公司开发,荷兰人将被赶走;(5)外国的商人和船主向英国输入商品而在英国赚到的钱,将被强制花费在英国的制成品上;(6)从国外进口商品,须由英国船只或商品生产国船只来承运。除第 5 条原则外,以上全部原则后将成为完备重商主义政策的先驱。综观之,它们代表了一种进攻战略,即以经济民族主义和对外贸易差额为名,攻击荷兰人在欧洲经济中作为承运商、中间商、精制商、染整商的地位,这是荷兰所占据的盈利却又脆弱的地位。不难看出,这些原则,就如在《英国得自对外贸易的财富》中区分"自然"与"人为"财富的原则,正是出自同样的手笔。

> 如果我们充分考虑到英格兰的广袤、美丽、肥沃、海陆兼备的实力,我们众多彪悍善战的人民、马匹、船只、弹药,有利的防御和贸易格局、敌人难入而居民易出的大量海口和港湾,丰沛又优良的栅栏木、铁、铅、锡、藏红花、麦子、食物、皮革、蜡及其他自然禀赋,我们就会发现这个王国有能力成为君主统治的表率。任何一个强国,如此

得天独厚地拥有粮食、饲料、战争与和平所需的一切,不仅供自身使用,还能满足其他国家的需要,每年都能赚得大量金钱,使得国民幸福愈加完满,那还有什么比之更大的荣耀和优势呢?

遗憾的是,再看一眼便可发现,并非所有这些天然财富都得到了最佳利用。相比之下,荷兰人占据着一个自然资源匮乏的小国,"还没有我们两个最好的郡那么大",却通过"其在商品贸易中的不断努力",展现了靠"人为"所能达到的高度。他们由此让自己成为世上最富庶的国家,况且是以英国人为代价的。因为,荷兰人贸易的基础是航运,航运又建立在鲱鱼捕捞的基础上,而鲱鱼捕捞就发生在英格兰沿海。就在英国人的视线范围内,荷兰渔船队一年大部分时间里来回捕捞。荷兰"成千上万人的生计、家庭、手艺、贸易、就业,特别是河运和海运,皆由此推动、维持并欣欣向荣",何况还为国家带来公共收入。

那年头,嫉妒、野心、常识构成了后被称为重商主义政策的主要源泉。在整个17世纪,英国禁止出口用于本国纺织品生产的原材料,这种规定历年重复且逐年加强,以致成为亚当·斯密攻击的主要对象。不论对于斯图亚特王室,还是对于议会和有限君主制下的衮衮诸公,禁令实乃一种共同的信仰。鉴于这些措施难以执行到位,再加其他供应渠道毕竟向竞争者开放着,所以当国者也想封锁其他的羊毛货源。1651年的计划是,利用一家私营公司去抢先收购西班牙塞哥维亚(Segovia)和卡斯蒂利亚(Castile)的全部羊毛,该公司将与西班牙国王达成协议,争取切断荷兰五分之四的原毛供应。这一想法在1662年再度兴起。此类计划是否产生了实际效果尚值得怀疑,可是凡临危机时刻,人们总会想起这种办法,纺织商在1622年、1657年、1662年都曾如此。

亚麻制造等新兴产业计划的出笼,以及大麻和亚麻等工业原料作物的种植,都与减少进口、促进出口的理念密切相关。英国虽如托马斯·孟所言物产丰富,但完全可以做到财源滚滚,方法是"开垦无穷无尽的荒地……借以保障我们的供应,并停止进口大麻、亚麻、绳索、烟草及其他各种东西,现在从外国人那里购得这些东西消耗了我们的财富"。因为我们"知识匮乏",所以我们"钱财匮乏",这一主题在整个17世纪中被反复念叨。但直到该世纪末,英国才通过不懈努力,使得纺织业在所有技术领域得以抗衡荷兰的莱顿(Leiden),并能出口染整完好的成品,同时亚麻业也足可比肩荷兰的哈勒姆(Haarlem)。

开垦"荒地"的计划成熟得较快。早在1589年,有位早期规划者就设想抽干沃什(Wash)湾附近的沼泽地,把它改造成一片沃土,从而"成为整个王国的仓库,不必依赖国外土地而自有充盈物产"。届时,20万人将在这里过上令人称道的富足生活,航运业将因粮食贸易而兴旺发达,铁匠、船工、海员、制帆者等也将生意兴隆。100万英亩的土地可养活30万头牛和2.5万匹军马,这里将见证"一次庄严的征服、一方新兴的乐土、一个完整的国家"。1620年代,在哈特菲尔德蔡司(Hatfield Chase),即位于亨伯(Humber)、特伦特(Trent)和奥兹(Ouse)之间那片难以逾越的7万英亩泥沼地,排水工程让土地价值从每英亩6先令提高到了10先令。荷兰大工程师韦穆伊登(Vermuyden)从这里转向了主沼泽地带——"13个郡的水源汇集地","水域面积巨大、芦苇分布稀疏"的土地。及至1650年代中期,据塞缪尔·哈特利布(Samuel Hartlib)描述,这片开垦地上"生长着英格兰最好的大麻,以及亚麻、燕麦、小麦、油菜、树木"。规划者应该总共开垦了足有50万英亩的土地。

1622年委员会提到的渔业状况,是一个令人惋惜的老问题。每年从6月到12月,荷兰鲱鱼船队会从设得兰群岛沿浅滩一直航行到泰晤士河口。对于这种侮辱民族自尊心的行径,英国的批评家们援用庞大却一定夸大的数字,去估算对手们从捕捞中获取的价值。不过,在评估渔业的重要性方面,他们甚至还没有超过荷兰人自己。事实上,这一产业的价值再高估也不过分,因为它构成了荷兰经济的基础,一如农业曾是英国经济的基础。有鉴于此,渔业成为英荷关系中持续摩擦的根源,也引发双方就海洋主权的法律基础展开了根本性争论。荷兰人捕鱼自由的主张在格劳秀斯(Hugo Grotius)的《海洋自由论》中找到了经典的表述,而英国人则通过约翰·塞尔登(John Selden)的《海洋封闭论》作出回应。此外,英国人还试图组织渔业公司,可惜均未成功。正如英国人缺乏纺织印染和修整的熟练技术,他们也缺乏鲱鱼捕捞、腌制和装桶所需的类似秘诀。为此,渔业问题继续刺激着那些狂热的人,他们以为英国通往富强的最佳捷径就是向荷兰开战,这套理论在 1652 年、1665 年付诸验证,无奈并不可行。

17 世纪人们头脑中翻滚的许多动机和野心,无论是私人的还是公共的,体现于被称为重商主义的思想与政策综合体,终于创造出《航海法》这一杰作。为理解该法令的目标,我们必须记住新兴的殖民领地那与日俱增的重要性。地理探险最初的经济动机往往是寻找贵金属,而随着时间的推移,人们普遍希望殖民地能成为英国更便宜、更安全的必需品供应源,从而替代从外国进口的渠道。然而,由于荷兰人善于在殖民地生产者和英国购买者之间担任中介,英国人的希望一再落空。因此,人们总认为支付货物和运费让英国流失了资金,随之英国也失去了为经济利益和王国防御而建立舰船队和海员群的机会。1651 年《航海法》的构想简洁而巧妙,旨在把荷兰商人和船长从英国的所有进口贸易中排除出去。这一法令还没等到有令人满意的证据来证明其确切结果,它就被 1660 年、1662 年、1663 年的法令替代了。后续这些法令扩大了原法令的范围,目标更加聚焦,管理更加有效,最近研究其具体运作的历史学家高度评价了法令的效果。[①]英国重商主义体系设计师的头衔想必应当奉送给乔治·唐宁(George Downing)爵士,在他指导下,英国与殖民地之间的整个贸易从此被封闭并保护起来,并由英国船舶专线承运。过去试图通过直接禁止钱财外流来防止钱财流失的做法现已基本放弃,重点转移到了增加出口的数量和价值,减少进口的数量和价值。就减少进口而言,控制的重点在于,不再经由荷兰及其他外国船舶进行据说不加选择的进口,并尽可能多地赚取运费收入。就这样,时隔近 40 年后,孟及其同事们的提议得到了全面实施。

迄今为止,我们一直在强调重商主义思想和政策框架中的贸易差额概念。这主要是因为,许多关于重商主义体系的论述,都将贸易差额及其所有的经济扩张潜力置于"财富本身就是目的"这一观念之下。不承认重商主义者作为一个整体非常看重贵金属,这当然是愚蠢的,他们中有些人甚至还陷入了把财富与货币混为一谈的谬误。然而总体而言,诚如赫克

[①] Laurence A. Harper, *The English Navigation Laws. A Seventeenth-Century Experiment in Social Engineering*, New York: Columbia University Press, 1939, Ch. xxiii.

歇尔教授自己所言,并不存在对货币的顶礼膜拜。那么,重商主义者是否像赫克歇尔补充说的那样,"在金银的周围罩上了一层光环,这种光环无法用明确赋予金银的功能来解释"呢?为求答案,必须要看一下在当时的经济中,金银究竟承担着何种功能。就此而言,人们不免怀疑,批评重商主义政策的某些人是否充分认识到,当时的国内贸易或对外贸易面临着怎样的问题?为确保贵金属供应足以维持货币的稳健和充裕,当时的人们花费了大量心思,制定了大量政策。每当危机来临时,作者们就会焦虑不安,唯恐"钱币稀缺"会减缓贸易流量,引发经济萧条。在亚当·斯密看来,这种焦虑是荒诞不经的。然而,斯密缺乏对历史变革的强烈感受,他自己在论及"金属货币与纸币"时,就涉及一些自己未予充分思考的情况。如果说新的支付方式在 1776 年之前百年中已大有发展,出现了斯密本人也认为效果很好的支付手段,如纸币、银行信贷等,那么在更早那个年代,当缺乏这些支付手段时,托马斯·孟及其同代人又该如何面对呢?

  赫克歇尔认为重商主义者存在"对商品的恐惧(fear of goods)"心理,并因此而批评他们。但我们不禁要问,既然生产过剩当时频频酿成可怕的危机,那有没有可能因为实物钱币的稀缺而加剧危机呢?重商主义者关注货币的健全性及相应措施的有效性,在我们获得更多证据之前,暂不评判其这种关注应该是明智的。然而,某些外贸部门当时需要使用大量贵金属,这一点是毋庸置疑的。在 17 世纪末和 18 世纪初,仅东印度公司就不得不输出大量白银,用以支付从东方进口的香料。17 世纪上半叶购买波罗的海粮食似也同样吸走了源源的金银,该世纪下半叶为海军造船购买木材等各类物资也同样如此。当时的长期趋势是,波罗的海输出的货值惯于超过输入该地区的货值。来自英国和荷兰的证据表明,从事波罗的海贸易的商人发现,携带硬币和金银条块进行贸易至少是方便的。诚然,汇票和信用工具在西欧的成熟贸易线路上已在普遍使用,可是,欧洲经济在向亚洲、印度、美洲这些边缘地区扩张时,似乎凸显着一个事实,即商人们有必要备上"扎实、厚重的资本"(借用某一权威对贵金属的说法)[1]。由此观之,重商主义对贵金属的重视,即对"钱币"的迷恋,可能植

---

[1] George N. Clark, *The Seventeenth Century*, Oxford: The Clarendon Press, 1947, p. 27.

根于那个时代,也即源于其时政治的无常和暴力的频发,源于当时对货币和信贷这些更复杂的概念了解有限且实效不彰,技术更熟练、相对有秩序的后世才更可能利用货币和信贷工具。

显然,不管怎么解释,如果只把"重商主义"这一思想和政策综合体归结为某个单一的目标,或者只把它归功于某个单一类别的创造者,恐怕都不能令人满意。无论如何,在英国,这一制度源自双重构想,具有双重目标;当然,当时的人没有把自己的目标分析为经济和非经济这两类,只把它们视为一个总目标。整个17世纪中,商人利益集团对政府的压力不断增大,在这方面,当时实行的政体形式(既有君主制也有共和制),似乎没有人们有时认为的那么重要。真正令人瞩目的是整个17世纪中经济政策的连续性。不论是国王还是共和执政者,大家都愿意倾听商人的诉求,在某些方面国王甚至更加愿意。典型的情况是,在1622年委员会中,托马斯·孟这样的商人和克兰菲尔德(Lionel Cranfield)那样的公务官员并肩而坐,双方都赞同旨在实现商人群体和总体国家目标的广泛计划。在1651年法令最终成形前,大公司的商人们向国务会议连番递交请愿书,情绪激越地表达本人观点。这一法令以及复辟初期的后续法令并不代表某一集团的全部愿望,它们实乃唐宁等公职人员试图协调公司与国家利益的妥协方案。在渔业公司和王家非洲公司的董事会上,商人、贵族、宫廷随员坐到一起,进行着友好并指望盈利的谋划。国王及作为海军大臣的约克公爵詹姆斯(James II)也不例外,国王看到了增加财政收入的希望,而海军大臣则寻求人们支持那个已扩大了的海军,那将确保所有人都能获得战利品,他本人及军官们则能获得荣耀。由此可见,在重商主义这里存在着一种伙伴协作关系。

历任国王、历届政府及官僚们从商业繁荣的扩张中看到了为自己带来更多收入的机会,也看到了统治更繁荣、更安宁的人民的可能。商人们从"国家"身上看到了援手,这对于他们所需要的援助和保护是有必要的。与远方国家开展贸易需要皇家驻外使团和政府国际威望的支撑,商船要在欧洲和亚洲水域航行,可能需要护航或武装保护,以抵抗海盗或交战国。在国内,则需要另一种保护,比如要防止外国进口商的过度竞争,当时就是这样看待竞争的。此外,幼稚产业需要奖励和补贴,还需要鼓励有技能的外国人前来定居并向国内居民传授新技术。在所有这些问题上，商界无不寻求国家的帮助，行会和公司传统原已让商界习惯了团体组织形式，如今他们在国家身上看到了团体组织形式的最高化身。

三、其他地方的体制

即使谈及"重商主义学说的一致性"，我们也不该假定各地的纲领或构想都千篇一律。重商主义纲领的起源和做法因国而异，反映出不同国家在社会结构、国家资源、民族特点，以及所处经济和社会发展阶段上的差异。如果为方便起见，我们把英国的商人与国家官员之间相当平衡的伙伴关系视为标准，那么其他欧洲国家的重商主义似乎在这一标准的官民两侧都表现出差异性。在先是意大利、后是荷兰的重商共和国，经济政策倾向于私人进取和追逐利润。而在法国，"国家理由（raison d'Etat）"的味道比英国要强。至于在普鲁士，一切变革的动力似都来自上层，皆为赢得战略上的实力。以下拟更具体地观览其他这几种政策类型。

与意大利的贸易城市一样，荷兰共和国城镇的成功与繁荣绝佳地展示了经济自治的优越性。荷兰的商人头领们挣脱了一个危险而昂贵的王朝，决不是为了让自己背上另一个王朝的包袱。因此，在最迅速扩张的百年里，他们都坚持不接受君主的统治，"摆脱君王主宰"可谓其共同心声。他们协助建立的社会依靠的是商人、船长、实业家的创业心和进取心，这些人让阿姆斯特丹及其他大城市成了世界的贸易中心。二十来个港口和城市的企业家们展现了早慧的经济技能，没有给"国家"行为留下多少空间和必要，如果可以把松散的联邦政府机构当作"国家"的话。权力下放是荷兰共和国最显著的特征，大型贸易公司分为各个市镇的商会，甚至海军也分出五个海军司令部。在国防和战略方面，向地方权力的这种极端倾斜料想会成为虚弱的根源，在1652年对英国的第一次战争中这已显露无遗。然而，强势的贸易阶层依然坚信，这种政府形式最能满足他们及整个共和国的需要。

因此，虽说荷兰对某些行业有过一定程度的管控，行会也一直存在到法国大革命时期，此外还有若干零散的关税和禁令，但是，这里并未像其他中央集权国家那样,在经济政策上对当地工业实施系统的保护。作为世界的仓库,阿姆斯特丹等城市从利益出发,而不是从理论出发,致力于围绕转口港确保贸易的自由流动。由于地方权力强大而中央威望薄弱,也由于诸多收入依靠国际货运,诸多资本仰仗其他国家政府,荷兰人一般只能奉行谨慎的不介入政策。他们因为在经济上领先于对手,所以不需要同等程度地依赖政府行为,他们的计算中也没有贸易差额概念。有鉴于此,传统的重商主义工具很大程度上既不适用也无必要。然而,在一个方面,荷兰人也遵从当时的思维模式,即反复强调贵金属对贸易群体的价值,无论在内贸还是外贸中都一样。通常情况下,荷兰人依靠畅通无阻的贸易尤其是与对西班牙的贸易,获得足够的金银来满足自身需求。但值得注意的是,在17世纪的最后岁月,白银短缺曾引发造币厂主与从事北欧和远东贸易的商人相互争斗,造币厂主基于对钱币的担心,希望停止白银的输出,而那些北欧和远东贸易商坚称,白银输出对其贸易至关重要。从这场争论中,可以窥见17世纪思想家那么推崇贵金属的一些有趣原因。荷兰商人觉得刻意追求"实力"的政策对其经济好处无多,他们这样想总体上也许并不为过。可是,他们的经济天然脆弱,在实践中,他们肯定也没有做点什么来强化经济。面对17世纪那个世界固有的暴力,荷兰共和国也只能依靠政策而不是武力来保护自己。

法国的重商主义思想与英国作者的思想有许多相近之处。在中世纪末期,著名的《赫拉特之辩》散发出一种好斗的满足感,这种心态将是法国重商主义思想未来很长一段时间内的特点,会让英国读者不禁想起托马斯·孟对英国"物产丰富"的自得情绪。法国也是一个拥有丰富自然资源的国家,这种认识时时不断地安慰着法国作者,只是他们也意识到总存在某些缺陷。在16世纪的书册和敕令中,历代统治者都敦促执行一种类似于英国君主那样的纲领。1560年的一个册子指出,法国必须瞄准原材料的进口,而不是制成品的进口。1572年的一项敕令就禁止进口制成品,以便法国人民"能更好地致力于羊毛、亚麻、大麻、毛巾的加工制造……从而获得外国人眼下赚取的利润"。政府还吸引有技能的外国人和企业家前来兴办新的行业,特别是那些可增加法国金银储备的行业。法国各政府及博丹(Jean Bodin)、拉弗马(de Lafférmas)、蒙特克里因(Antoine de

Montchrétien)等作者越来越担心，由于人们愚昧无知并肆意购买奢侈品和消遣货，"王国和君主统治的精气神"会丧失殆尽。就像英国人指责荷兰人榨干了他们的财宝一样，法国人也指责意大利人犯下了同等罪行。1601—1604年间，在拉弗马指导下的商业委员会召开了150次会议，为的是促进新产业的发展，尤其是像丝绸业这种可减少对意大利依赖的产业。与英国一样，商业委员会也高度重视排水垦荒、内河航运、纺织业改良。此外，蒙特克里因还力主开发殖民地、当地渔业、航运业，这些后由黎塞留（Armand-Jean Richelieu）具体落实。在很多方面，黎塞留堪称科尔贝（Jean-Baptiste Colbert）的先驱，他的两家贸易公司，即分别经营加拿大和西印度群岛的贸易公司，努力存活了下来，哪怕这些年里大多数项目频遭厄运。

在科尔贝领导下，之前议论家的天真愿望和管理者的无效规定得到了澄清，并被赋予了前所未有的力量。当乔治·唐宁及其他人正在英国为商业帝国打基础时，科尔贝也在法国启动自己的计划，努力把国家从马扎然（Jules Mazarin）时代的贫穷和混乱中拯救出来。在科尔贝的计划中，贸易管制乃重中之重，继前任力图把意大利企业赶出法国贸易，科尔贝直接向荷兰人发起攻击。然而，科尔贝信念的核心在于，坚信制造业是财富积累和社会满足的真正源头。因此，他着手通过关税、专营权等手段，吸引有才干的企业家和能工巧匠来法国发展制造业。生产由个人负责，但通过行会、地方性和全国性条例细致监督生产，借以确保质量。这样，工业便可与贸易一起，在赚取并保持金银供给方面发挥作用，而金银供给的主要目的，是要通过金银的自由流通来维持贸易的发展。

世人常把科尔贝描绘成一个和平的经济规划者，好像是鲁莽好斗的国王瓦解了他的诸多目标。可是，没有什么比这一点更远离真相的了。科尔贝认同重商主义者还算合理的普遍观点，即国际贸易的数量是相当静态的。他说："商业是所有国家之间以和平形式斗智斗勇的一场永恒战争。"然而，作为路易十四（Louis XIV）的股肱大臣，他完全赞同打压荷兰人的计划，并对商人怀有大官僚皆有的轻蔑："商人往往只知道自己那点小买卖，不了解让商业运转起来的那些大力量。"科尔贝跟他的法国前辈一样，首先把自己视为国王和国家的仆人，这也是法国重商主义作者与英国作者的主要区别所在。英国重商主义作者大多就是商人，在法国，经济监管来自上层，可谓"王家科尔贝主义"。公司就是在国王和科尔贝授意下成立的，科尔贝固然会征求商人的意见，但商人的建议是否对他的经济理论或他所强加的经济组织产生过很大影响，这一点尚可存疑。科尔贝体制有一个奇怪的特点，即它虽然比英国的同类体制更接近于国家干预制（étatisme），但反而没那么急于注重贸易差额，哪怕这种观念也是科尔贝主义名下所作所为的基础。英国在1696年便设有海关总署署长，而法国直到半个多世纪后才追随而来，这可能与科尔贝未能打破地方自治格局有点关系。

关于科尔贝体制的效果，仍存在争议。有人表示，这一体制很可能促进了某些纺织品和冶金业的技术进步，只不过行会组织或许阻碍了机器的出现，使得设计和时尚难以跟上变化，从而趋于总体的僵化。尽管如此，迟至1763年或可能更晚，法国在工业生产、对外贸易、国内贸易的总量上仍居于世界领先地位。法国的资源成全了这一切，但重商主义的志向，甚至还有重商主义的政策，很可能鼓励了一个农耕为本的国家转而通过贸易和工业有条不紊地开发自身资源。

大西洋沿岸国家的整个重商体制受到了哲学家们的攻击，甚至连商人们也越来越质疑重商主义的优势。当此时刻，那些边缘国家反而开始注意到，人为诱导性经济生长可能会带来好处。易北河以东、波罗的海以北、比利牛斯山以南，是为绅士们设计的"大旅行"指南中从未提及的地方。对这些地方的所谓"开明专制者"而言，重商主义的理念框架无疑展现了从封建贫困迈向发达经济的一条捷径。耳熟能详的重商主义理论既然适用于英国或法国，应该也适合普鲁士的情况。腓特烈大帝写道：

> 一切贸易和制造业都应遵循的基本原则是，防止钱币永久流往国外，始终要把钱币带回普鲁士。防止资金外流的最好办法，莫过于在普鲁士生产原本要进口的各种商品……。防止资金外流的第二个办法……是在原产地购买必要的外国商品，这样就可以把贸易掌握在自己手上，而不是交给外国代理商……。制造业最终能在国内积

累大量的钱币……。有鉴于此,普鲁士统治者理当鼓励制造业和贸易,无论是靠直接补贴还是税收减免,都要通过鼓励措施而实现大规模的生产和贸易。

在普鲁士,比在法国更明显的是,刺激必然来自高层,涉及开垦土地、修建运河、清理森林、成立公司和银行、促进工业发展、鼓励移民在农田和工厂劳作。在冯·海尼茨(von Heinitz)、冯·哈根(von Hagen)等尽责管理者的推动下,一个工商社会渐趋成型,并实现了贸易和工业的多元化。耶拿(Jena)战役之后情况发生了巨大改变,但并非一切都靠了腓特烈个人的能量。可以说几乎所有工业的起步都看似人为的,腓特烈播下的种子很久之后才破土发芽。

关于西欧的重商主义经济思想和实践体系,如果其观念还有合理性的话,那也必须说,西班牙完全不符合18世纪前的重商主义类型。在西班牙,由于税收像大山一般沉重,不存在任何痕迹的合理经济政策,思想家和生意人的抗议声音,也都消弭在收税人予取予夺的恶政中。与法国相比,西班牙案例更清楚地表明,财政危局和私人特权如何挫败了重商主义原则,正如它们后来同样挫败了自由放任原则。

堂·吉诃德(Don Quixote)的西班牙不是做生意的地方。直到1720年代,针对西班牙经济荒谬的反对声才再次响起。先有热罗尼莫·德·乌斯塔里兹(Gerónimo de Uztariz),后有贝尔纳多·乌洛阿(Bernardo Ulloa),他们推重英国和法国的重商主义理论及荷兰人的商业头脑,视之为西班牙学习的榜样。与普鲁士一样,西班牙国内的工商队伍已经大为缩水、难孚众望,社会偏见已将商人变成贱民阶层。因此,有关诉求只能向权力部门提出,希望通过贸易差额手段,实现重振军事荣耀和国家繁荣的目标。在查理三世(Charles III,1759—1788年在位)的开明专制统治下,重商主义的奋斗计划夹杂着重农学派的热情而向前推进,坎波马内斯(Pedro Campomanes)这位来自阿斯图里亚斯(Austurias)的政治家促进了工商业、技术教育和运输业的发展。虽然当时取得了不小成果,但与北面国家早先取得的进步相比,仍不可同日而语,西班牙依然固守在传统轨道上。

无论如何,此时重商主义在其发源地已变得不再时兴。对重商主义的攻击已成为老生常谈,这里只能说,攻击大致来自两个方面。其一,来自一个日益壮大的哲学家流派,他们认为干涉经济事务是对自然秩序的冒犯。"自然和谐"的思想可追溯至18世纪的思想根源,在经济领域,它是在对个人自爱与社会福利的认同中产生的。其二,在另一端有一批商人,他们认为现行法规损害了自身利益。在这两端之间,有法国的布阿吉尔贝(Pierre de Boisguilbert)和英国的马修·戴克等作者,他们抨击垄断及其他形式的腐败和特权,同时掺入一丝哲学的超脱。布阿吉尔贝写道:"只要对大自然不加干预,一切都会好起来。"这不是哲学,但颇有哲理,当然,要过很长时间后,利益和哲学两相结合才驱散了旧体制的最后残余。

四、结　　论

重商主义制度囊括了所有立法的、行政的、管理的工具,那些依然主要是农业型的社会借此努力把自身改造为贸易和工业社会,从而让自己不仅富裕,而且强大,并且还要保持这种富强状态。正是这些工具,构成了自由放任学派所谴责的腐败、徒劳、灾难性体制。针对这一体制的几乎一切说法,均可提出理论上的反驳,况且,几乎所有可能的反驳,都在这个或那个时候被强烈地提出过,其中相当一部分反驳还得到过广泛传播。重商主义者的动机、逻辑、道德、方法、行为得到了后世的一一审视,那些自以为更有德行或更有智慧的人士和时代,总是嫌重商主义者身上多有欠缺,这种认识当然也不无道理。在本论作中,我们的关注重点不是去为重商主义政策"辩护",而是要分析并理解它。事实证明,如果以为重商主义在各地都源自同样的动机和同样的社会群体,那就过于简单化了。在一些国家,重商主义来自最高层,如统治者、主政者、政府官员,而在另一些国家,它来自社会和政治阶梯的较低层次,实际上就是生意人。

同样,重商主义所追求的目标也各不相同,从个人的眼前利益、王公贵族的腰包,到国家的实力、民众的福祉,不一而足。政府的追求并不限于战略或军事目标,也不限于某些人所称的权力或实力,还延伸到让更多的臣民安居乐业，也让生意人发家致富，因为他们被认为是国家福利的重要贡献者。凯瑟琳大帝(Catherine the Great)认为英国人"首先而且永远是生意人"，其他许多人也同意这一点。然而，更聪明的人士一再指出，经济目标和政治目标是相辅相成的。乔赛亚·蔡尔德爵士有论："财富和实力应当统筹谋划。"托马斯·霍布斯(Thomas Hobbes)的格言是："财富即实力，实力即财富。"关于政策的双重性质及其双重目标的此类观点可谓不胜枚举。其实，那个时代是一个暴力的时代，追求经济目标不断需要武力作后盾，奢侈地享受一门独立的财富科学尚为时过早。用后来的经济逻辑标准去评判重商主义思想，难免误读重商主义的特征。重商主义的发明者没有达到，或许也不会有兴趣去达到后世那种超脱的哲学境界。他们的目标比纯"经济学家"的目标更加直截了当，但在某些意义上也更加宽阔宏大，因为他们坚持在政治环境中看待经济制度。

也应该承认，重商主义往往不像是经济美德的从天而降，更像是经济贪欲的猛烈发作。它的基础无疑是国家谋利，而非普世行善，其逻辑经常导向或明或暗的劫掠、暴力、战争。但从物质主义的立场看，它有一个优点再强调也不为过。它凝聚了经济谋利的热望，系统并不懈地追求物质目标，可以说，就是这种热望和追求构成了要素之一，有助于解释西方更快的物质进步，这与譬如说亚洲的停滞形成了反差。重商主义的伟大时代是1660—1760年这一百年，这在西欧是经济扩张的时代。按后世标准看，那个时代的进步相当缓慢，可是与之前时代相比，那种发展足以引人注目。人们经常用纯粹的经济现象来解释诸如16世纪的扩张，然而，这样的纯经济现象是不存在的，当时并无单纯的通货膨胀，也无单纯的白银潮涨。及至亚当·斯密时代，重商主义的许多机制已经失效或腐败。即使在其鼎盛时期，它庇护下实施的许多计划也不再奏效并以灾难收场。尽管如此，我们还是不能草率地排除这种可能性，即该时期的经济增长一定程度上可归功于我们所称的重商主义，那是显著集中了人力物力和有组织努力的一种体制。当今时代也有"利维坦"的经济规划，体现于国家的目标追求中，为了经济的进步，简直没有哪国政府不会为这样或那样的目标追求而唱赞歌的。

参考文献说明

《国富论》第四章以及 Schmoller，*The Mercantile System and its Historical Significance*（London，1896）作为有关这一主题的两个经典观点来源，值得进一步研究。Heckscher，*Mercantilism*（Revised ed.，1955）是最全面的现代考察。Sir George Clark，*The Seventeenth Century*（Oxford，1947）第三章就重商体制在不同国家发展出不同版本的方式，作了十分清晰和富有价值的论述。Herbert Heaton，*Economic History of Europe*（New York，1948）可提供有关这些问题的更多细节。虽然这是一本涵盖广泛领域的普通教科书，但它的特点是始终保持健全的判断，而且包括了有价值的书目注释。英文中有关欧洲大陆重商主义最透彻的研究是 Professor C. W. Cole，*Colbert and A Century of French Mercantilism*（New York，1939），*French Mercantilism 1683－1700*（New York，1943）。Charles Wilson，*Profit and Power*（London，1957）以战略和外交为背景考察了17世纪英国的重商主义政策。

赫克歇尔的著作触发了一批文章，这些文章都在一定程度上批评了他对重商主义的解释。以下文章涉及相关问题的一般和特殊方面：D. C. Coleman，"Labour in the English Economy of the Seventeenth Century"（*Economic History Review*，1956）；H. Heaton，"Heckscher on Mercantilism"（*Journal of Political Economy*，1937）；J. Viner，"Power versus Plenty as Objectives of Foreign Policy in the Seventeenth and Eighteenth Centuries"（*World Politics*，1948）；and C. Wilson，"Treasure and Trade Balances: the Mercantilist Problem"（*Economic History Review*，1949），"Mercantilism: Some Vicissitudes of an Idea"（*Economic History Review*，1957）。

（原刊于1956年，梅俊杰译）

重商主义历史面目再认识

[意]西尔维亚·梅西纳*

一

近代经济政策所依据的理论和实践属于广义的重商主义,[1]在过去两个世纪中,这一术语历经不同的用法。简单地说,它有两个广为接受的含义,首先指的是近代国家的经济政策,其次指的是亚当·斯密(Adam Smith)前的经济学著作。因为重商主义经济政策长时期内变幻多端,相关著作多属经验性、差异化、碎片化的观察,所以过去两百年里,历史学家和经济学家就重商主义时代的性质和理念展开了大量辩论。就这些辩论

---

* 西尔维亚·梅西纳(Silvia A. Conca Messina),意大利米兰大学历史系经济史副教授,著有《近代欧洲国家政权与经济政策史》(2019)、《棉花企业的网络与战略:工业革命中的伦巴第》(2016)等。——编注。

[1] P. Deyon, *Le mercantilisme*, Paris: Flammarion, 1969; I. Wallerstein, *The Modern World-System*, Vol. II. *Mercantilism and the Consolidation of the European World Economy, 1600–1750*, New York: Academic Press, 1980; R. B. Ekelund, and R. D. Tollison, *Mercantilism as Rent-Seeking Society. Economic Regulation in Historical Perspective*, College Station: Texas A&M University Press, 1981; T. Hutchison, *Before Adam Smith. The Emergence of Political Economy 1662–1776*, Oxford: Blackwell, 1988; K. Tribe, *Governing Economy. The Reformation of German Economic Discourse, 1750–1840*, Cambridge: Cambridge University Press, 1988; C. Perrotta, "Early Spanish Mercantilism: The First Analysis of Underdevelopment", in Magnusson ed., *Mercantilist Economics*, Boston: Kluwer, 1993; L. Magnusson, *Mercantilism: The Shaping of an Economic Language*, London-New York: Routledge, 1994; L. Magnusson, *The Political Economy of Mercantilism*, London-New York: Routledge, 2015; R. Findlay, and K. H. O'Rourke, *Power and Plenty. Trade, War, and the World Economy in the Second Millenium*, Princeton: Princeton University Press, 2007; E. S. Reinert, (转下页)

已有若干精当总结,这里拟再简要作一回顾。①

对重商主义概念的定义大多受到历史背景的影响。自由主义者在 18 世纪末创造了这个术语,用以强调他们眼中所谓大商人与国家的垄断利益共谋。出于这一原因及将要提及的其他原因,自由贸易的支持者在 19 世纪对重商主义严加抨击,他们认定重商主义是一种简单化、有错误的学说,阻碍了资源的有效配置。然而,当时的德国正忙于构建国民经济,从 1834 年启动德意志关税同盟到 1870 年德国统一甚至再往后,德国学界对重商主义持有迥然不同的看法。弗里德里希·李斯特(Friedrich List)、威廉·罗雪尔(Wilhelm Roscher)、古斯塔夫·施穆勒(Gustav Schmoller)主张政治与经济密不可分,强调重商主义是国家建设中的重要因素。②总之,从 19 世纪初开始,如何看待重商主义,成了自由放任的支持者与反对者之间的冲突焦点,也成为各派是否支持流行理论的一个标杆。

瑞典经济史学家艾利·赫克歇尔(Eli Heckscher)可谓 20 世纪研究重商主义的顶流学者,他从自由主义角度批判了重商主义的"统制"。不过他也指出,重商主义学说的核心在于,努力更充分地利用经济力量和可得资源,首先争取增强自身实力并实现国家统一。赫克歇尔断言,政治乃重商主义的优先要务,重商主义要促进经济的保护、统一、发展,无不为了

(接上页)*How Rich Counties Got Rich... and Why Poor Countries Stay Poor*, London: Constable & Robinson, 2007; E. S. Reinert, "Emulating Success: Contemporary Views of the Dutch Economy before 1800", in O. Gelderblom ed., *The Political Economy of the Dutch Republic*, Farnham: Ashgate, 2009; S. A. Reinert, "Rivalry: Greatness in Early Modern Political Economy", in P. J. Stern, and C. Wennerlind eds., *Mercantilism Reimagined: Political Economy in Early Modern Britain and Its Empire*, Oxford: Oxford University Press, 2014; G. Maifreda, *From Oikonomia to Political Economy: Constructing Economic Knowledge from the Renaissance to the Scientific Revolution*, Farnham: Ashgate, 2012; A. Wakefield, "Cameralism: A German Alternative to Mercantilism", in Stern, and Wennerlind, 2014; P. H. H. Vries, *State, Economy and the Great Divergence. Great Britain and China, 1680s – 1850s*, London-New York: Bloomsbury, 2015; P. R. Rössner ed., *Economic Growth and the Origins of Modern Political Economy. Economic Reasons of State, 1500 – 2000*, London-New York: Routledge, 2016a; P. R. Rössner, "New Inroads into Well-known Territory? On the Virtues of Re-Discovering Pre-Classical Political Economy", 2016b, in Rössner, 2016a.——西尔维亚·梅西纳原注,下同。

① For example, see Magnusson, 2015.

② F. List, *The National System of Political Economy* (1841), Fairfield: Kelly, 1991. See Tribe, 1988; Magnusson, 2015: 19 – 23.

支持国家所代表的新实力体系。①大经济学家约翰·M.凯恩斯(John M. Keynes)则指出,政府干预有其必要性,这一观点跟重商主义者的想法如出一辙。经济系统其实不会自我调节到位,投资、就业、收入分配等方面的失衡不时可见。这意味着,干预实属非同小可之事,可望支持市场、增加就业、提供更多资金,从而使得利率走低、投资可望增加。②最后,在新自由主义盛行的1981年,不足为奇的是,埃克伦德(Robert Ekelund)和托利森(Robert Tollison)著书重申了19世纪自由贸易论者的观点,即国家干预仍然是低效的,重商主义的实质在于,垄断集团力图捍卫自身既得利益并牺牲社会总体利益。③

要理解每一本书册和每一个决定,都必须结合当时的历史背景。重商主义作者们其时试图回应的问题涉及:军事实力与国家财富的关系,外贸和制造业在经济增长中的作用,货币和利率的管理。即使在同一个国家,对这些问题的答案也因作者和时代的不同而各不相同。就如其他时代一样,重商主义经济文献就创造财富的问题,提出了大相径庭的解决方案,从实行专制到放任自流,可谓各有千秋。重商主义不是单一的学派或学说,而是关于国家追求和经济运行的一系列论述。同样,欧洲各国政府的经济政策亦各有千秋,国家行动也并非总与经济学家的建言相一致。

本文在简略概述历史背景后,将对重商主义的核心思想和基本目标作出必然是提纲性的总结。然后,本文将简要介绍有关作者和经济争论,这些争论使人们对经济学及其相关概念有了新的更好的理解。重商主义也构成了一种集体思想的基础,那种思想着手把经济视为一个具有自身规律的系统。④

二

在欧洲近代,国际政治体系中冲突频发,"财政军事型国家"于是应运

---

① E. F. Heckscher, *Mercantilism*, vol. 1-2, London: Allen and Unwin, 1955. See Magnusson, 2015: 19-28.
② Deyon, 1969; Magnusson, 1994: 45-46; Magnusson, 2015: 37-41.
③ Ekelund, and Tollison, 1981; Magnusson, 2015: 41-42.
④ Hutchison, 1988; Magnusson, 1994, 2015.

而起。除此之外,另有一个长期因素也催生着国家对经济活动的干预,涉及美洲贵金属的供求及货币使用的日益扩大。必须强调,当时贵金属的增多只是相对的、不规则的,基本上不足以应对贸易扩张的需要。而白银流向波罗的海、近东和远东,也加剧了金银铸币的短缺。①随着长途贸易的增长,军事冲突延伸至殖民贸易路线,即使在和平时期,各国也会支持针对敌国船只的海盗行为。单个商人的船只通常武器装备简陋,很容易成为敌人和海盗的猎物,为此,长途贸易最初在严密的国家控制下组织起来,16世纪的葡萄牙和西班牙便是如此。以后,长途贸易由大型私人贸易公司组办,这些公司也享有军事的支持和保护,它们以荷兰公司为楷模,旨在从对手那里抢夺市场。

税收的作用使人们日益认识到,国家政权的财富有赖于公民的财富,并坚信国家的力量和威望不但取决于发动战争的能力,还取决于维持海军和保护商人的能力。统治者的职责在于保护并增益国民的生产能力、既有财富、物资储备。此前,主要的经济问题是如何按道义方式分配财富,但从15世纪起,如何创造财富这一问题首先现身于意大利文艺复兴的邦国,随后则遍及整个欧洲。17世纪的观察家们发现,必须面对西班牙的惊人贫困与荷兰共和国的陡然富裕这个对照现象。②上述变迁及时局和钱币问题引人频繁考虑,尤其在危机时代逼人思考,最终巩固了国家干预绝对必要这一理念。

国家实力与国家财富密不可分。政府相信,臣民的富裕会增进统治者的富裕,故而不仅关注人口的增长、兴旺有序的农业,而且特别关注贸易、技术、工业产出在国家财富增长中的作用。政府并无万事和谐有序或市场"无形之手"的观念,而是把经济关系当作基于实力争斗之上的相互博弈。当时尤其是17世纪的流行观点是,两国之间的关系乃零和游戏,一方获利必致另一方受损。当钱币和贵金属输入时,国家便受益;当它们输出时,国家便受损。为增加金银铸币的供应,一国需要保证出口多于进

---

① See S. A. C. Messina, *A History of States and Economic Policies in Early Modern Europe*, London-New York: Routledge, 2019, Chapter 9.

② Perrotta, 1993;Magnusson, 1994: 148;Reinert, 2009;Magnusson, 2015: 57-60, 67-69.

口,并需要抢夺竞争对手的市场。简言之,必须限制进口,且以国内生产来替代进口,从而保持贸易的顺差。然而,正如拉斯·马格努松(Lars Magnusson)所示,就像对所有重商主义思想一样,对这套理论并非只有一种解读,在不同的历史背景下,在欧洲不同的地区,不同的作者自16世纪末以来即说法各异。此外,正如下文中可见,追求金银盈余这一理念原非重商主义的特质,这一点有别于亚当·斯密及19世纪自由贸易论者的说法。[①]

无论如何,欧洲各国的政策都聚焦于追求贸易顺差,这对制造业的意义是显而易见的。为此,政府就有必要推动生产的多样化,防止原材料离开本国,允许对制成品出口减税,并防止进口竞争性的外国商品。多国政府鼓励技工从国外移入,并阻止本国技工移往国外;鼓励和扶持新兴产业,为创新者提供专营权和特许权,而且高度重视质量标准管理。与军费开支和国家安全相关的产业也得到了支持。此外,日益受重视的是,应当改善交通基础设施,限制或取消国内关税,以此来促进国内贸易。

就海上贸易而言,殖民地的作用是为再出口或加工业提供原材料,并充当母国的市场。人口增长也被视为有利于经济,因为人口不足的地区均位居欧洲最穷行列,而人口更多意味着需求的增长及企业劳动成本的降低。在这一点上,也存在截然不同的观点,毕竟荷兰工人的高工资看来没有阻碍制造业的发展。不过,特别在德国和奥地利,重商主义都高度关注人口的增长,主要是因为三十年战争造成了人口的崩塌。[②]最后,由于就业有利于公共秩序和税赋征收,国家力图打击失业与流浪问题。

三

在反对者看来,重商主义的"货币理论"就是重金主义,就是用金银的丰盈积累和国内流通来衡量国家的财富。重金主义跟重商主义其实不是一回事,尽管批评家们长期以来始终坚持这一点以图诋毁重商主义。及至17世纪初,重金主义已被取而代之。重商主义作者解释道,金银代表

[①] Magnusson, 2015: 100, Chapter 4.
[②] J. Backhaus, "Mercantilism and Cameralism. Two Very Different Variations on the Same Theme", 2016, in Rössner, 2016a.

了财富的外在形式,却代表不了财富的内在本质,财富的本质实际上来源于生产和技术。事实上,在乔瓦尼·博特罗(Giovanni Botero)、安东尼·舍拉(Antonio Serra)等意大利人,以及路易斯·奥尔蒂斯(Luís Ortíz)、冈萨雷斯·德·塞洛里戈(Gonzales de Cellorigo)等西班牙人的作品中,大家早已意识到,真正的金矿其实是制造业和贸易。① 直到1690年代前后,金银的供给仍被视为至关紧要,因为金银充盈可以降低利率,可以鼓励投资、生产、就业。然而,大约在1690年后,人们开始认识到,进口黄金或其他材料并不重要,重要的是生产系统的健全和创造就业的能力。②

无论如何,断言对金银的执念纯属一种幼稚的"迷恋",这未免太过简单化,那种执念实际上反映了当时经济及政治格局中的制约因素。铸币总是稀缺的,却推动并保障着经济活动。尽管信贷、汇票、"纸币"早已得到使用并在不断发展,但铸币依然是最基本的前提条件,也是日常生活中的绝对必需品,铸币的稀缺会造成经济的瘫痪。在国内和国际贸易中,债务和信贷需要用金银去支付,对波罗的海、近东和远东的贸易又吸走了大量金银。整个欧洲都在反复抱怨铸币的稀缺,记账货币的贬值、铸币成色的不断下降,还有铜币的使用,都表明货币供应无法跟上需求的步伐。③

根据古典经济学家的观点,贸易顺差带来贵金属供应量增加时,就会自动引发价格上涨,随之失去海外竞争力后自会重新调整。然而,诸多国家的诸多经济部门都拥有闲置的资源和工人,长则经年累月,短则一年中有几个月。因此,现金流通的增加自可刺激投资,而不会引起价格上涨。从科尔贝开始,许多重商主义作者和统治者都意识到,拥有足够的流通货币对于开展商业活动、增加交易数量,均有非同小可之功。④ 既然外贸是当时钱币积累的主要来源之一,那又怎能再去责备那些关注货币供应充足与否的人呢?总之,鉴于金银对近代经济至为关键,各国决心实现贸易顺差以获得这些必要的贵金属,也就不足为奇了。

---

① Perrotta, 1993: 23-24; Magnusson, 1994: 153-154; Reinert, 2007; Reinert, 2009: 22.
② Magnusson, 1994, Chapter 5.
③ F. Braudel, *Civilisation matérielle, économie et capitalism XVe-XVIIIe siècle*, vol. II, *Le Temps du monde*, Paris: Colin, 1979: 487.
④ Deyon, 1969.

如前已述,自由派经济学家抨击了重商主义,判定它糊涂不堪、思维简单、方向有误。他们先把重商主义跟重金主义画等号,再强调经济系统不是零和游戏,声称重商主义不是源于国家利益,倒是反映了垄断集团和既得利益者的主宰地位。亚当·斯密表示,实施国家干预和保护主义,并不能激励资本的生产性使用,相反,假如听任贸易自由竞争,资本的生产性使用便自发到来。在他看来,即使是对贸易顺差的关注似也误入了歧途,因为如前所言,出口顺差会触发国内价格上涨,会让贸易差额发生逆转。然而,古典经济学家以为存在于理想经济中的那种自动调节机制,在那个通信严重不畅、市场供需曲线僵化、就业普遍不足、铸币经常短缺,以及政治、军事、商业关系混乱的历史背景下,简直没有存在的空间。此外,战略领域中新工业部门的出现,几乎总是国家支持或激励的结果,这一点时至今日也基本有效。若无国家扶持下的这种产业发展,一国便会陷入一种"天然"和永久的"相对劣势"状态。因此,重商主义符合具体的需求,它虽然不是一个连贯的经济理论体系,但代表了一种演变趋势。进言之,在超越了原先单纯关注经济分配的理念后,重商主义把公众讨论聚焦到增加国家财富从而加强国家实力的具体机制上。

四

三十年战争之后和18世纪期间,德意志邦国中形成了一种政治和经济"话语",即"官房学派(Cameralism)"。该学派虽然源自那些普遍性要求,但也反映了德意志与西欧国家之间的差异性。德意志经济和制度的特点是:资本市场不发达且政治上四分五裂,贵族精英手握更大的权势,政府官员在经济活动的管理中扮演着更直接的角色。[1]官房学派还认为,在军事和政治冲突频仍的时代,关键一点是不要依赖对外贸易。官房学派与重商主义的不同之处,在于其优先重点放在充分利用国内资源上,并且着力追求这一目标,尤其是在19世纪。官房学家不断进行干预,以加

---

[1] Tribe, 1988; Wakefield, 2014; Magnusson, 2015: 78-84; Magnusson, 2015; Backhaus, 2016.

强所辖领地首先是王室领地,而不是开展雄心勃勃的殖民冒险。与此对照,英国的重商主义者往往是商人,因此主要关注国家从贸易中获取利益。官房学者试图为政府官员建立一个制度化的培训体系。由于他们不是理论经济学家,他们的方式是实用的,着眼于日常管理及具体问题,诸如啤酒酿造、采矿和金属加工、农业开发、矿山和森林的改良。官房学派在很大程度上派生自"官房"的开发性活动,这个"官房"本是一个专门的官僚机构,负责管理统治者的财政。信奉官房学派的官员也回应了德意志邦国尤其是奥地利和普鲁士的需要,以图证明国家的秩序与合理性,同时设法削弱各领地的影响力。

重商主义不单是一套经济政策的指导方针,倡导或多或少的保护主义和国家管控,它也是对经济学持续思考中的一种思想和文化表达。经济学日益被视为系统内关联力量的相互作用,理应作为一个独立的观念领域加以研究。某种程度上可言,重商主义时代的文献奠定了经济学的基础。[1]当然,那还不是一种系统的阐述,只是包括了以经验观察为基础的多样而零散的书面表达。可举两个例子加以说明。第一个例子是,对西班牙的落后与荷兰共和国的繁荣加以对比。西班牙拥有世上最丰富的矿产资源,却缺乏工业,其惊人的贸易赤字意味着得自美洲的白银源源流出西班牙,用于支付它国内无法生产的商品。荷兰共和国是一个自然资源匮乏的小国,却成功地抵抗了欧洲最大的军事强国,被视为"大洋中的繁荣小岛"。[2]科西莫·佩罗塔(Cosimo Perrotta)写道,重商主义实乃对西班牙失败的一种回应。[3]第二个例子涉及让国际贸易大商人倍感困扰的铸币短缺问题,因为与波罗的海、近东和远东的贸易高度依赖贵金属的可得性。在三十年战争及之后的动荡岁月,英国人不得不从波罗的海地区获得小麦、木材、铁和铜的补给,可是荷兰人控制了海上航线,英国人于是只能用白银支付进口费用。正是这一情况,再加上其他原因,引起托马斯·孟(Thomas Mun)、爱德华·米塞尔登(Edward Misselden)、杰拉

---

[1] Magnusson, 1993: Introduction; Magnusson, 1994, 2015; Reinert, 2007; Maifreda, 2012; Rössner, 2016b.

[2] Magnusson, 1994: 148.

[3] Perotta, 1993: 19.

德·马利内(Gerard Malynes)等作者展开了热烈论辩。①

有关经济问题的论辩固然出于实际需要,但也为集体反思提供了素材,作者们开始研究价格、工资、利率、钱币兑换等变量之间的相互作用。一系列概念由此崭露头角,尽管它们还只是一个相当简陋的"工具箱"。然而,部分学者已经认识到,重商主义经济学比后来古典经济学家拥有更宽广的视野,因为它比较研究了制度组织与工作伦理、创新和技术、规模经济、生产部门间的协同增效,以及路径依赖之类问题。②一套新的经济学话语就此不胫而走,其基本理念是,人们可以观察并解释市场经济,这个领域有其自身规律,一定程度上独立于政治和国家。最早分析国家富强原因的作者有意大利人乔瓦尼·博特罗、安东尼·舍拉,西班牙人路易斯·奥尔蒂斯、冈萨雷斯·德·塞洛里戈,后来还有热罗尼莫·德·乌斯塔里兹(Gerónimo de Uztariz)。通过比较意大利相关城邦、西班牙、荷兰共和国,他们发现繁荣的源泉在于国家制度安排、民众工作伦理、基础设施投资,以及贸易和工业的发展。③德国的首批"经济学家"特别关注三十年战争大破坏之后的领地管理和国家建设,同时期,法国和英国则在涌现极其丰富、表述清晰的经济文献。

17—18世纪,法国出版了大量经济学著作,国家官员、市镇长官、商人和政客都参与了有关国家发展机遇的讨论。对公众舆论和经济政策影响最大的作者包括巴泰莱迈·拉弗马(Barthélemy Afémas, 1545—1611)、安东尼·德·蒙特克里因(Antoine de Montchrétien, 1575—1621)和大臣让-巴蒂斯特·科尔贝(Jean-Baptiste Colbert)。西班牙的反面教材、17世纪上半叶的民众起义,以及外国商人对法国经济的控制,都让观察家和主政者相信,国家需要保护就业并增益国家的自然财富,这一点成了法国经济政策的基石。④科尔贝最有趣的对手之一是皮埃尔·布阿吉尔贝(Pierre de Boisguilbert, 1646—1714),他提出了最早的经济模

---

① Magnusson, 1994, 2015.
② Reinert, 2007, 2009.
③ Hutchison, 1988; Perrotta, 1993: 23 - 24; Reinert, 2007, 2009.
④ D. Woronoff, *Histoire de l'industrie en France du XVIe siècle à nos jour*, Paris: Edition du Seuil, 1998: 40 - 68.

型之一,即贸易可让所有相关方受益,会共同调和个人私利与社会利益。布阿吉尔贝并不否认工业的重要性,但他先于重农主义者指出,经济成长的关键在于降低关税和消费税、开展自由贸易、扩大农业生产。他断定货币只是一个工具,故而也可采取纸张的形式,纸币类期票、汇票、钞票的使用日益普遍,便说明了这一点。①

五

在英国,经济话语着重于把经济看作一个由互可操作、相互作用的部件所组成的复杂"机制",该话语在更自由、更广泛、更持续的公共辩论中得到成长。②从17世纪上半叶起,通常从事商业活动的诸多英国观察家相信,经济是一个需要研究以了解其运作的系统;财富取决于政治家是否有能力维持经济机器的健全有序及良性运转;政治家应当出手干预以调节经济,但不应当违抗其机制和"法则"。这种方法意味着经验性研究要发挥新的作用,故而拉斯·马格努松谈到当时存在一种"培根式纲领"。③按照实证研究的思维,在自然规律与经济规律之间存在类同的关系,1690年代最重要的英国作者如尼古拉斯·巴尔本(Nicholas Barbon)、威廉·配第(William Petty)、约翰·洛克(John Locke)等人,都曾学习过物理学并熟知当时的科学文献,这一点谅非巧合。④这种理论的、逻辑的、理性的方法,以及重商主义作者的概括,创建了新的话语及特定术语、新的理论概念和解释框架,而实证研究则提供了话语内容,这些内容需要以具体事实为基础并接受公众验证。⑤

按照这一发展思路,有人将1620年代托马斯·孟(1571—1641)和爱德华·米塞尔登(1608—1654)参与的论辩当作出现变异的第一个迹象。孟等人强调,货币流动实由真实的经济力量所造成,他们试图解释市场的

---

① Deyon, 1969; Magnusson, 2015: 77-78.
② Magnusson, 1993.
③ Magnusson, 1993: 7-8.
④ Magnusson, 1994: 118-119; Magnusson, 2015: 190-208.
⑤ Magnusson, 1994: 6-10.

运行机制,指出经济是由独立力量所调节的一个系统。他们认为,世人对财富的私欲乃天经地义,断言个人利益与社会利益之间并无必然联系。在他们眼里,贸易顺差作为一项原则,有利于全体国民。[1]乔赛亚·蔡尔德(Josiah Child)、尼古拉斯·巴尔本、查尔斯·达维南特(Charles Davenant)1690年代的著作,极大地影响了随后的经济思想。他们亲身考察了欧洲各国的经济结构,从此出发而强调,恰当的制度安排、对生产活动的扶持、企业家阶层的经验、国家对创新者的支持、大批技工的引入,皆至关重要。在他们这里,单纯的贸易顺差已转变成"劳动顺差",国家财富的基本来源在于制造业、多样化、就业。蔡尔德仅表示支持国内自由贸易,而尼古拉斯·巴尔本(1640—1698)提出了最大限度地扩大就业的主张,而且以自由主义为基调,反对过高的租金和进出口禁令。自由贸易最伟大的倡导者当数查尔斯·达维南特(1656—1714)。[2]他写道:"贸易具有自由的天性,它能找到自己的渠道,指引自己的方向,所有限制和约束贸易的法律都可能效劳于私人的特殊目的,却很少服务于公众利益。"[3]达维南特还明白地看到,如果本国因贸易逆差而停止对法国的贸易,那法国就会减少从西班牙和意大利的采购,随之,西、意两国也不会继续为英国提供原来的出口市场。[4]换言之,人们愈发认识到市场之间的相互关联性,较自由贸易的理念可见已在深入人心。

在德国和奥地利,1720年代普鲁士的腓特烈·威廉一世(Frederick William I)新设了两个官房学教授职位后,官房学派发展为一种独特的经济话语。当然,之前的作者,如路德维希·泽肯多夫(Ludwig Seckendorff, 1626—1692)、约翰·贝歇尔(Johann Becher, 1635—1682)、菲利普·霍尔尼克(Philipp Hörnigk, 1640—1714)、威廉·施罗德(Wilhelm Schröder, 1640—1688),也力图通过公共行政、科学、法律、经济之类措施来寻找强国之道。这些作者主要关注的是良政善治、自给自足、人口增长、贸易拓展、顺差增加,以及本国生产制造的发展。霍尔尼克和施罗德尤其仔细研

---

[1] Magnusson, 1994: Chapter 3.
[2] Magnusson, 2015: 200-203.
[3] Cit. in Hutchison, 1988: 50.
[4] Deyon, 1969: 72.

究了科尔贝的法国,其作品特别令人感兴趣。霍尔尼克的著作反复再版,风行一时,他本人堪称奥地利的蒙特克里因。霍尔尼克的计划具有典型的重商主义特征,强调查清国内资源,原料国内加工,出口制成产品,原料出口只图金银。施罗德则更强调增加出口和贸易顺差,因为更多的钱财可让更多人有能力支持投资和贸易;生产和贸易的发展为经济增长提供着必要的前提,也是国家获取财富的最佳途径。施罗德原则上主张自由贸易,但也支持保护主义,目的在于保护制造业。[1]

根据最近的研究动向,德国的经济话语在思想上实乃欧洲大陆关于"国家经济利益"大讨论中的一股潮流,某种程度上有别于英国的论辩。[2] 与重商主义一样,官房学派也是对统治者财政需求的一种回应,但其最大差别在于,强调政治权力在控制和协调方面应发挥大得多的决定作用,这一立场现已成为德国国家观念中的永恒特征。一般而言,英国的重商主义更注重贸易,而法国的科尔贝主义专注于工业,尽管也不忽视海军;德国的官房学派则更注重人口、生产与公共行政现代化之间的关系。这些差异源自地缘政治和国情环境的不同,以及经济体制发育上的相异。

* * *

总之,重商主义既是一种旨在加强实力的体制,也是一种旨在增益财富的体制,这两个方面在当时的实践中和当代的观念中皆不可分割。[3] 欧洲列国体系的竞争特点也塑造了经济思想。对致富方式的探究在各国引起了各方参与的诸多讨论,这些讨论的指导思想也是要理解各关联经济机制的运行情况。据我们所知,世界上其他任何地方都没有发生过类似于欧洲的这种探讨与实践情况。

(原刊于 2019 年,梅俊杰译)

---

[1] Magnusson, 2015: 84 - 92.
[2] Magnusson, 2015; Rössner, 2016b.
[3] Magnusson, 2015.

第三编

李斯特论落后国赶超

5

《政治经济学的国民体系》导言

[德]弗里德里希·李斯特[*]

在政治经济学领域，理论家和实践家之间意见分歧之大，莫如在国际商业和商业政策部门。同时，在政治经济学研究范围内，未有任何问题会像国际商业政策这般重要，不仅关系到国家的繁荣和文明，而且关涉国家的独立、强大、存续。贫穷、弱小、野蛮的国家，主要由于明智的商业政策而成为富强的帝国，另一些国家则出于相反的原因，从举足轻重坠落为无足轻重。更有甚者，某些情况下，多因那些不利于激发本国发展的商业政策，有的国家竟然丧失了独立地位和政治存在。

在当今时代，此类问题比以往任何时候都更能引发人们的兴趣，远远超出大家对其他经济问题的兴趣。工业发明与改进的精神，还有社会和政治变革的精神，如今发展得越快，停滞国与进步国之间的差距就会越大，落伍者便越是危险。如果在过去，英国成功垄断当时最重要的制造业即毛纺织业需要耗费数个世纪，那么后来，它花上数十年便成功垄断了更重要的棉纺织业，及至当今时代，仅仅先行数年就能让英国吞并整个欧洲大陆的麻纺织业。

世界上从未有过像我们今天这样的工商霸主，拥有如此巨大的实力，奉行如此系统的政策，如此全力以赴地要垄断全部工业、全部商业、全部航运、全部主要殖民地、全部海洋，并力图让世界其他民族像印度人一样，

---

[*] 弗里德里希·李斯特（Friedrich List，1789—1846），德国政治经济学家、德国和美国关税保护和铁路建设的重要推动者，著有《政治经济学的国民体系》(1841)、《政治经济学的自然体系》(1837)、《美国政治经济学大纲》(1827)等。——编注。

在一切工业和商业关系中沦为其农奴。

震惊于这一政策的效果,不,毋宁说是迫于它所产生的震荡,我们最近看到一个文明形态似乎并不适合工业化的国家,即俄国,在从正统理论深恶痛绝的禁令体制中寻求救赎。结果如何呢?国家繁荣了。反过来,北美曾在保护之下取得过很高的地位,却为正统理论的巧言承诺所吸引,再次向英国货物开放港口。自由竞争的成果是什么呢?骚动和毁灭。

这样的经历理所当然会唤起人们的疑虑,令人怀疑正统理论是否像它自我宣称的那样无懈可击;令人怀疑通常的实践是否像该理论所描述的那样毫无理性;令人担心我们的国家是否终因该理论的错误而面临灭顶之灾,就像病人因为处方上的印刷错误而一命呜呼;并令人怀疑,这套备受赞誉的理论是否像古希腊的特洛伊木马一样,有着庞大的子宫和高耸的侧翼,不过为了隐藏人员和武器,诱骗我们亲手扒开自卫的城墙。

至少可以肯定,尽管各国最敏锐的人士在书本中、在立法会议上讨论了商业政策的重大问题,可是,弗朗索瓦·魁奈(François Quesnay)和亚当·斯密(Adam Smith)时代以来就存在的理论与实践之间的鸿沟不但没有填补上,反而在年复一年地扩大。难道我们可以合理地假设,一方的智慧会如此博大精深,乃至能完美洞察万事万物的本质,另一方的智慧却如此左支右绌,以致无法掌握对手原已揭示的真理,从而世世代代都把昭彰的谬误当作可靠的真理?难道我们不应该设想,若非正统理论跟事物本质相抵触,实践者即使惯于墨守成规,也不可能如此顽固地长期反对这套理论吧?

事实上,我们相信可以证明,商业政策在理论与实践之间的背离,既应由实践者负责,也应由理论家担责。在国际贸易问题上,政治经济学必须从经验中推演结论,必须使其政策措施既不漠视未来的、全人类的诉求,又要适应当前的需要和各国的国情。因此,政治经济学的构建应当基于哲学、政治、历史之上。

"哲学"提出要求,为了未来的和人类的利益,国与国之间理应建立更密切的关系,尽可能避免战争,确立并拓展国际法,把所谓列国之法改为列国联盟法,实现精神和物质上的国际交往自由。最终,所有国家在法治下结成同盟,结成一个囊括全球的联合体。

然而，为了每个独立国家的利益，"政治"会要求保障国家的独立和存续，要求制定特殊的法规，帮助各国在文化、繁荣、实力方面取得进步，将社会建成一个充分完整且和谐发展的政治体，达到自足独立的状态。

至于"历史"，它一方面明确无误地顺应未来之诉求，因为它表明，人类的物质和精神福祉在所有时候，都如何随着人类政治整合和商业整合的发展而节节成长。但另一方面，历史也支持现实的、国家的诉求，因为它表明：那些不重视促进自身文化和实力的国家如何走向了毁灭；与先进国家开展不受限制的贸易，如何必定有利于发展初期的每个国家；可是若要实现更高水平的发展并与先进国家平起平坐，各国如何在达到某一程度后必须对其国际贸易施加某些限制。因此，历史指出了哲学与政治两类极端主张之间的中间路线。

但是，政治经济学目前的实践和理论，各自站在某个派别的一边，要么支持国家政治的特殊主张，要么支持世界主义的片面诉求。

实践，换言之即所谓重商主义，在看到该体制对某些国家的某些发展时期有利有益后，便坚信限制措施具有绝对的、普遍的有利性和必要性，由此而犯下巨大错误。它没有看到限制只是手段，自由才是目的。重商主义眼里只有国家，从来没有个人，只有现在，从来没有未来。它在思想上完全是政治的和国家的，缺乏哲学视野或世界主义情感。

与此相反，由亚当·斯密建立的正统理论以魁奈的梦想为基础，眼里只有未来的世界主义诉求，而这其实是无限遥远的未来诉求。世界联盟和国际贸易的绝对自由，作为当下的世界主义梦想，也许要经过数个世纪才能实现，但根据正统理论，目前便可化为现实。这套理论不理解当下的需要和国家的意义，乃至无视国家的存在以及国家独立的原则。它信奉高于一切的世界主义，仅将人类视作一个整体，仅考虑人类整体的福祉，而不关心国家或民族的福祉。它本能地拒斥国家政治的真义，把相关的理论和实践一概斥为毫无价值的陈规陋习。只有当历史与自己的片面观点一致时，正统理论才会关注历史，一旦历史经验与自身体系相冲突，它便无视历史或者歪曲历史。事实上，它甚至执意否认英国《航海法》《麦修恩条约》及英国总体商业政策的影响力，坚持一种完全违背真相的观点，声称英国取得富强不是因为依靠了商业政策的扶持，反而是因为排除了商业政策的干扰。

当我们认识到上述两种体系各自的片面性后,就会恍然大悟,尽管重商主义实践存在严重的错误,它却不愿意也不可能被正统理论所改造。我们也能理解,为什么正统理论无意从过往历史、现实政治那里汲取任何教训。如果这种毫无根据的理论在街头巷尾不胫而走,甚至在民族生存最会受到危害的国家中都得到追捧,那么原因在于身处这个时代,人们惯于追捧扶危济困的高调试验,偏爱解决宏大玄妙的哲学问题。

然而,对国家就如对个人而言,有两种有效的解药可以消除意识形态的幻想,那就是诉诸经验,诉诸必要性。如果我们没有弄错的话,最近凡希望跟工商霸权开展自由贸易并从中寻得出路的国家,无不都将从经验中了解到宝贵的真相。

北美的自由州如果维持现有的商业政策,就不可能取得哪怕是差强人意的经济地位,它们绝对有必要恢复以前的关税。即使蓄奴州展开抵制并得到执政党的支持,现实形势也终究会强于党派政治。不过,我们担心迟早会由枪炮去解开立法机构无法解开的死结,美国将用炮弹去偿付向英国欠下的债务。随战争而来的有效禁令将纠正美国关税立法的错误,征服加拿大将一劳永逸地终结赫斯基森(William Huskisson)所预言的非法走私的庞大体系。

但愿我们判断有误!然而,万一预言应验了,我们希望把这场战争的责任推给自由贸易理论。造化弄人竟会如此,建立在永久和平这一伟大思想基础上的理论,居然在理论家们以为绝对适合互惠贸易的列强之间将燃起战争的火种!情况的怪异恰如慈善家废除奴隶贸易所造成的结果,成千上万的黑人因此反而沉入深海。①

---

① 更明智的做法难道不是首先促使蓄奴州制定法律,迫使种植园主允许奴隶在其耕种的土地上拥有有限的财产,并确保他们享有有限的人身自由?换言之,莫非应该实行温和的农奴制,以期将来再获得解放,从而为黑人获得完全的自由作好准备并使之适应这种生活?黑人在非洲暴君的统治下,比起在美洲种植园里,难道被奴役的程度要轻吗?一个野蛮的种族,如果不经过苦役的历练,能完成从天然放任到文明约束的转变吗?议会立法能让西印度群岛的黑人突然变成勤劳的自由工人吗?莫非整个人类都是通过这条道路迈向勤劳和自由的?英国当然不会对人类文明史如此无知,乃至许久以前无法回答这些问题。英国在废奴问题上的今昔政策显然不是出于纯粹的慈善动机,我们稍后将解释这些动机。——弗里德里希·李斯特原注。

法国在过往 50 年里[或者说是过往 25 年里,毕竟大革命和拿破仑战争(Napoleonic War)时期难以计算在内],尽管犯下种种错误,外加漏洞百出、虚张声势,但已就限制性体制作了一次伟大的尝试,其成功定会打动每一位公正的观察者。可是,理论的自洽性要求正统理论必须否认这一成功。既然正统理论说得出那个惊世骇俗的断言(即英国的富强没有依靠商业政策的扶持,反而是排除了商业政策的干扰),而且要说服全世界都相信这一断言,那么,当它再说一句不那么惊世骇俗的假话,即假如没有保护,法国的工业会比现在更加繁荣,它还有必要扭扭捏捏吗?

无论如何,众人接受了有关法国的这一不实论断,还以为此论充满了通透的智慧。虽然某些具有实践经验的有识之士表示反对,但此论还是得到了广泛的传播。诚然,目前在法国,希望与英国进行较自由贸易的愿望相当普遍。也不可否认(稍后将更详细地证明这一点),互市贸易在许多方面会给两国带来好处。英国的意图一望可知,不仅想卖出铸铁等原材料,还要卖出更多的制成品,以换取法国的农产品和奢侈品。为实现这一设想,法国政府和立法机构愿意走出多远,目前尚不清楚。不过,如果英国的计划切实推进,那么世界将再次检验这一重大问题的正反后果:在现有条件下,当两个生产大国中,一方在生产成本和开拓海外市场方面比另一方拥有明显优势时,双方在本国市场上展开自由竞争是否可能或者是否可取,如此竞争会带来何种结果?

在德国,上述问题只是在诸侯邦国结成商业联盟之后才成为关键的国家问题。英国希望以葡萄酒为诱饵,促成与法国缔结商业条约,而对于德国,能产生异曲同工之妙的是谷物和木材。但所有这些还只是模糊的假设,目前尚无法判断能否促使愚蠢的托利党人通情达理起来,让英国政府为德国谷物和木材的输入提供一些对德方实实在在的便利。即使到此刻,我们德国人在商业政治方面也已有了足够的长进,再以为可用空头支票来打发我们已显得荒诞不经、有辱智商。

假设英国议会已作出这些减让,那么对德贸易中这些头号问题必然会立即得到公开讨论。而约翰·鲍令(John Bowring)博士的最新报告,可让我们预先窥见英国在此情况下将采取的策略。英国不会为了换取其工业品在德国市场上享有压倒性和永久性优势,而对等地出台重大减让措施；英国固然要防止德国逐步学会自纺棉花以满足自身需要，免得英国拿着本国制成品只能直接跑到热带地区去换回必要的原料，但英国不会为了确保实现这个目标而出台重大减让措施；英国也不会为了纠正英德之间持续的进出口失衡而出台重大减让措施。不会的！英国会把向德国提供棉纱的特权视为强制法权，会要求每一次让步都得到新的回报，会不惜牺牲德国的棉纺织业、毛纺织业，等等。英国会把每一次让步都视若高价换得的回报，反过来要求剥夺我们与生俱来的权利作为补偿。

如果鲍令博士在德国逗留期间没有掩饰自己的真意，而柏林方面仍回之以他并不在乎的恭敬（我们强烈怀疑是这样），那么制定德国商业联盟政策的那些人恐怕已迷失在世界主义理论的道路上。这么说吧，那些德国决策者先把出口货品分为制成品和农产品这两类，然后认为可以通过增加农产品出口、减少制成品出口来促进国家利益，他们不承认国家工业发展乃德国商业联盟的基本原则。英国的工业经过长期保护已经发展到相当高的程度，其国内竞争已经大大降低工业品价格。而那些德国人居然毫不犹豫地把自己牺牲给外国的竞争性工业，须知，如此牺牲就是在摧毁德国企业活动的根基。每一家由于减少保护或由于任何形式的政府行为而被毁掉的工厂，都像一具高高挂起的死尸，会吓跑方圆很大范围内的一切同类物。

如前所言，我们绝不认为鲍令博士的论断有根有据，但公然提出这些论断便已足够的糟糕。如此一来，人们对保护所具价值的信心，以及随之对德国工业企业的信心，皆受到了显著冲击。鲍令的报告还让我们认识到，致命的毒药将以何种形式提供给德国制造商，从而既能掩饰英方企图的真正动机，又能更有把握地直击德方的命门。

我们征收的从量税将改为从价税，以便为英国人的走私和骗关行为大开方便之门。这种情况尤其会发生于通用面大、单件价小、体积庞大的物品，这些可是制造业的基础。

由此可见，国际自由贸易问题在当前具有何等重大的现实意义，我们有必要最终进行一次不带偏见的彻底调查，查究理论和实践在这个问题上是否蕴含谬误，以及谬误到了何种程度。这样，把理论与实践协调起来的问题便可得到解决，或至少可以认真地着手解决。事实上，本文作者必须说明(并非出于自谦,而是出于对自身能力真切又深刻的不信任),只有经过了许多年的思想斗争,只有在我上百次质疑了自己观点并上百次发现了自己观点的正确性,只有在我上百次检验了与己相反的观点和原则并上百次认识到其错误之后,我才决定鼓起勇气解决这个问题。这并非故意要反驳古往今来的权威并创立新奇的理论,假如我是英国人,我多半就不会怀疑亚当·斯密体系的基本原理。

20多年前,正是祖国的处境令我首次对正统理论的绝对正确性萌生了怀疑。从那时起,正是祖国的处境促使我在许多未署名的文章中,并最终在我署名发表的长篇论著中,提出了与流行理论相反的观点。时至今日,推动我出版本书的主要动力依然是德国的利益。当然,并不否认我个人的考虑也对自己产生了影响,也即,我认为有义务通过一部篇幅较大的著作来表明,本人并非完全没有资格就政治经济学问题发表意见。在与正统理论的直接对抗中,我首先寻求历史教训,从中推导出自己的基本原则,具体阐述这些原则,再批判性地审查原有的理论体系,最后则就商业政策的现状作出解释,毕竟我的目标自始至终都在于求实切用。为清楚起见,下文即概述本人研究和思考的主要成果。

汇聚个体能力携手追求共同目标,此乃获得个体幸福的最有效手段。脱离同伴的个体是脆弱无助的,与他在社会上结合的人越多,结合得越彻底,个体的身心福利也就越广大、越全面。

迄今为止,个体在法治下实现的最高结合是国家和民族。在国家和民族中,个体实现其特定目标的程度要远远高于孤立无援之时,同理,如果所有国家都通过法治、永久和平、自由交往而携手合作,它们实现目标的机会也会大得多。由于气候、土壤、产品方面的参差不齐,大自然迫使各国开展贸易、互通有无,人口、资本、人才的过剩又迫使各国向外移民、建立殖民地。国际贸易乃文明和繁荣最有力的杠杆之一,因为它唤醒了人们新的需求,激发起人们的积极性和创造力,且将新思想、新发明、新技能从一国传播到另一国。

但目前,国际贸易所产生的国家联合还很不完善,它会被战争或个别国家的自私行为所打破,或至少被削弱。战争会夺走一国的独立、财产、自由、法律、宪政,夺走它的国民特性,更糟糕的是,还会夺走它所获得的文化和福祉。一句话，一国会陷于奴役状态，外国的自利措施会阻碍或损害他国经济发展的完备性。

当前，维护、发展、完善民族精神是而且必须是国家奋斗的主要目标。这并非错误和自私的目标，而是一个理性的目标，与全人类的真正利益完全一致。它自然会导致各国在法治下实现最终联合，即世界大同。如果以邦联的形式实现世界大同，就必然能为人类的福祉作出贡献。当联合缘起自某一国压倒性的政治力量和财富，建立在让所有其他国家臣服并依附的基础上，其结果将适得其反，将摧毁一切的国民特性，取消一切的国际竞争。这种联合既违背各国的利益，也违背各国的情感，毕竟各国都认为自己注定要独立自主并实现高度富强。这样的联合只会重蹈罗马的覆辙，尽管如今确实是通过工商业手段，而不像以前那样通过冷兵器手段来实现，但无论如何它都会退回到野蛮状态。国家的文明进步、政治发展、强大实力主要取决于其经济状况，反之亦然。经济越发达、越完善，国家便越文明、越强大，而国家的文明和强大程度越高，其经济发展水平也会越高。

在国民经济发展中，我们必须区分以下几个阶段：野蛮阶段，畜牧阶段，农业阶段，农业和工业阶段，农业、工业和商业阶段。显然，一国如果拥有广阔的领土和丰富的自然资源，加之人口众多，集农业、工业、航运、内外贸易于一身，那么其文明开化程度、政治先进程度、国家实力程度都会超过一个纯农业国。工业制造是内外贸易、远洋航运、农业改良的基础，因此也是国家文明和政治实力的基础。任何一国，如果成功地垄断了世上的全部制造业，并使其他国家的经济发展停留在仅生产粮食和原料、仅从事最必要的地方产业的水平上，那它就必然会获得普遍的支配权。

每一个国家，只要重视自身的独立和存续，就必须努力尽快从较低的文化阶段迈向较高的文化阶段，并在本国领土范围内把农业、工业、航运、商业结合起来。从野蛮状态向畜牧状态过渡，从畜牧状态向农业状态过渡，最好是通过与文明国家即工商业国家的自由贸易来实现。从农业社会过渡到农工商国家的行列只有在自由贸易状态下才能发生，前提是，同样的发展过程在所有注定要工业化的国家中得到同时推进，各国彼此不阻碍各自的经济发展，不通过战争和关税来遏制相互的进步。然而，个别国家由于特殊的有利条件，在工业、贸易、航运方面获得了高于其他国家的优势，而且由于它们早就了解通过此类优势再获得并保持政治优势的最佳手段，故而它们发明了一种政策，目的是而且现在依然是，要获得工业和贸易的垄断权，并遏制较落后国家的进步。这一政策的各个细节，包括进口禁令、进口关税、航运限制、出口关税在内，被统称为关税制度。

较落后国家迫于外国率先的进步，迫于外国的关税制度，此外还迫于战争，不得不自己寻求手段从农业向工业升级，并借助关税来限制与较先进国家的贸易。较先进国家惯于追求工业垄断，但凡其贸易妨碍到较落后国家的产业过渡，较落后国就应当动用关税限制手段加以应对。如此看来，关税并非如人所称纯属某个理论家的发明，它实乃一国为确保生存和福祉，为获得强大实力而努力奋斗的自然结果。然而，只有当这种奋斗对追求该目标的国家不是阻力而是助力时，且只有当它不会背离人类的更高目标（即未来的大同世界）时，这种奋斗才是合法合理的。人类社会可从两个角度看问题，一是世界主义角度，即把人类作为一个整体来看待，另一是国家政治角度，即关注特定国家的利益和国情。同理，个人和社会的经济也可从两个主要方面来看待。我们既可从财富的生产力（即个人、社会、物质诸要素的物质生产能力）这个角度，也可从物质产品的交换价值这另一个角度来看问题。

因此，既存在世界主义经济学与政治经济学之异，也存在交换价值理论与生产力理论之别，这两套理论大相径庭，各有各的推演逻辑。一国的生产力不仅受到个体成员的勤奋、节俭、道德、智慧的限定，也受到自然资源或物质资本的限定，还受到社会的、政治的、市政的法律和制度的限定，尤其是受到民族存续、独立、实力这些保障条件的限定。无论个人多么勤俭、进取、有道德、有智慧，如果没有国民的团结、国民的分工、国民的生产力协作，一国将永远无法达到高度的强盛，也无法确保持久地拥有精神、社会、物质诸方面的财富。人们至今尚未完全掌握分工原则。生产率不单取决于众人之间各种生产作业的分工，更取决于他们为了共同目标而在精神和体力上的协作。

因此，这一原则不仅适用于单个工厂或农庄，而且适用于一国农、工、商各业的力量。但凡一国的智力活动与物质生产保持适当的比例，但凡农业、工业、贸易得到平等和谐的发展，那里便存在劳动分工和生产力协作。

在一个纯农业国，即使它享有与工商业国家的自由贸易，其生产力和自然资源的很大部分也仍处于闲置状态。它的精神和政治发展以及防卫能力无不受到阻碍，也不可能拥有重要的航运和广泛的贸易。其一切繁荣，既然纯由国际贸易带来，便都可能遭遇外国的法规或战争的打断、伤害或破坏。

与此相反，制造业会促进科学、艺术、政治的发展，增加人民的福祉、人口、国民收入、国家实力，为国家提供能把商业拓展到世界各地并建立殖民地的手段，且会滋养渔业、航运和海军。只有这样，本国农业才会得到长足发展。当农业和工业在同一个国家、在同一个政治当局下融合起来时，永久和平便成为可能。这样的农业与工业的国内联合不会受到战争或外部措施的干扰，相反，它们能确保国家在福祉、文明、实力各方面的持续进步。

大自然为农业和工业的存在设定了某些条件，但这些条件并非千篇一律。就自然资源而言，温带地区非常适合发展制造业，因为温带气候是体力和脑力劳动的天然家园。然而，尽管热带地区的土地不适合发展制造业，它们却天然垄断了温带国家居民亟需的珍贵农产品。在温带地区的工业品与热带地区的农产品（所谓"殖民地产品"）彼此交换中，我们发现了世界主义分工、大国合作以及大规模国际贸易的最佳范例。

对热带地区而言，任何建立本地工业的尝试都会对自身造成极大的伤害。它们如果继续用热带产品换取温带国家的工业品，便可在国家财富和文明方面取得更大的进步。诚然，这一政策会令热带地区处于依附状态。可是，当更多的温带国家在工业、商业、航运、政治实力方面平起平坐时，当几个工业国既有利又可能防止其中任何一国滥用权力压制热带地区的弱小国家时，那种依附状态便将无害甚至会消失。只有当全部的工业、商业、航运、海权都被一国垄断时，这种实力才是危险和有害的。

就温带地区而言，以那些拥有广袤领土和丰富自然资源的国家为例。一旦这些国家获得了必要的经济、智力、社会各类资源，如果不尽快努力实现全国性的劳动分工和生产力协作，那它们就忽略了实现繁荣、文明、强大的一个最丰沛的源泉。

我们所谓经济资源,指的是农业已处于相当先进的状态,再多的农产品出口已不会再对农业带来显著的帮助。智力资源指的是拥有良好的教育体系。社会资源指的是拥有完善的法律和制度,能确保公民的人身安全、财产安全,以及智力和体力的自由发挥。这方面还包括管理良好的交通设施,以及不存在诸如封建制度等一切破坏工业、自由、智慧、道德的体制。

这样一国的利益,首先在于努力用本国的工业品来满足本国的市场需要,然后越来越多地与热带国家直接交往,以便用本国船只向它们出口工业品,并从那里换回本国所需产品。相较于温带工业国与热带农业国之间的这种交往,一切其他的国际贸易(除葡萄酒等少数商品外)均无太大的意义。

对于温带大国来说,原料和食品的生产只对其国内贸易具有重要意义。对一个未开化的穷国来说,通过出口谷物、葡萄酒、亚麻、大麻、羊毛,它可获得巨大的发展农业的初始动力。但一个伟大的国家从未通过发展农业这种方式来获得富裕、文明、强大。

我们可以确立一项普遍原则,即一国的富强程度取决于它在多大程度上出口制成品、进口原材料、消费热带产品。

对工业国而言,热带产品不仅仅是食品或工业原料,而首先是能够激发农业和工业的推动力。我们总会发现,在消费热带产品最多的国家,其本国的制成品与原材料的生产量和消费量也相应较大。

根据国际贸易的状况,各国的经济发展可划分为四个不同时期。在第一个时期,一国进口外国制成品、出口农产品及原材料,以此促进本国农业的发展。在第二个时期,本国工业品跟外国进口货在国内市场并存。在第三个时期,本国工业品已能满足本国市场的大部分需求。在第四个时期,一国大量出口本国工业品,并从国外进口原材料和农产品。

关税制度,作为调节对外贸易、推进国家经济发展的手段,必须始终遵循培育民族工业这一原则。

试图通过保护来帮助本国农业可谓疯狂之举,因为根据经济原理,只有发展本国工业才能促进本国农业的发展,而排斥外国原材料和农产品只会抑制本国工业的发展。

如果一国的智能和文化水平较低，或者相对于其领土面积和生产力而言人烟稀少，那么最好的办法就是通过与高度发达、富裕、勤劳的国家进行自由贸易来改善其经济状况。对这类国家来说，为在本国境内发展工业而设置的任何贸易限制都是不成熟的、有害的，不仅有害于全人类的福祉，也有害于当事国自身的进步。只有当国家的观念、政治、经济的知识水平在自由贸易推动下已取得长足的进步，而且其进一步发展会因外国产品输入以及本国产品缺乏足够市场而受到阻碍时，才有理由采取保护措施。

有些国家的领土不够辽阔，自然资源不够丰富，河流入海口也不在疆界以内，不能构成一个有机的整体。这样的国家根本无法实施保护制度，或者有关实施只能取得部分成功，尚待通过征服或条约来弥补其现有国土形态的不足。

工业制造能力包含如此多的科学和知识分支，且以如此多的经验、技能、实践为前提，故此，国家工业的发展只能循序渐进，任何夸大或加快保护的做法都会以国家繁荣的减损为代价。最需要反对的有害做法是，通过禁令突然将国家完全封闭起来。然而，如果一国因长期战争而与其他国家隔绝，只得非自愿地禁入外国制品，并被迫自给自足，这种状态下的闭关自守尚情有可原。在此情况下，应事先确定一个逐渐降低关税的计划，从而实现从禁止到保护的逐步过渡。不过，如果一国希望从非保护政策过渡到保护政策，那就必须相反地从低关税开始，并按照预先确定的关税率逐步提高。如此预先确定的关税必须由为政者保持不变。他们决不能在时机未到时便降低税率，当然，万一税率看来不足，他们也可加以提高。

过高的进口关税完全切断了外国竞争，这对征收关税的国家是不利的，因为国内制造商不再被迫与外国人竞争，而这会助长懒惰。假如在适度和逐步提高关税的情况下本国工业依然不能兴旺，那就证明该国不具备发展本国工业体系的必要条件。已受到保护的工业部门的关税不应降得太低，以免该部门的生存遭遇外国竞争的威胁。支持现有工业、保护民族工业的基本要素，必须是不可改变的原则。因此，只能允许外国竞争在每年的消费增长中占到某个份额，一旦外国人获得了每年消费增长的大部甚至是全部，那就必须提高关税。

像英国这样的国家，其工业实力远远超过其他所有国家，要保持并扩大英国工商业的优势，最好的办法莫过于开展尽可能自由的贸易。就英国而言，世界主义原则和国家政治原则是完全一致的。这就解释了为什么英国杰出的政治家们倾向于绝对自由的贸易，而其他国家明智的财经专家却不愿在现有世界条件下实行自由贸易原则。在过去四分之一世纪里，禁令和保护制度对英国不利，却对英国的竞争对手有利。对英国最不利的是，它自己对进口外国原材料和食品设置限制。

商业联盟和商业条约是促进不同国家间交往的最有效手段。但是，商业条约只有在互惠互利的情况下才是正当和有价值的。一国如果为了获得向另一国出口农产品的优惠条件而不惜牺牲本国工业的发展，那这些条约就是有害和不正当的。这些都是"麦修恩"式条约或称"单方面有利"的条约。1786年英国与法国缔结的商约就是这样的条约，从那时起，英国向法国及其他国家提供的所有条件都具有同样的这个性质。

纵然保护暂时提高了商品的价格，但若基于国内竞争，保护仍可确保未来价格的低廉。因为，一个完全成熟的行业可以为其产品定下一个很低的价格，哪怕原材料和食品以及制成品必须进出口时，在计入了运输成本及贸易商的利润后仍可完全做到这一点。一国因保护而蒙受的损失仅为价值的一部分，但它获得的实力却使它能够源源不断地生产不可估量的价值。这种价值损失应该仅仅被视作国家为工业培育所付出的代价。

对工业的保护不会损害受保护国的农业生产者。随着本国工业实力的增长，财富、人口以及对农产品的需求都将大幅增加。因此，地产的租金和售价会大幅上涨，而随着时间的推移，农业生产者所需的工业品价格将可下降。这些收益将抵销农业生产者因工业品价格暂时上涨而遭受的损失。

同样，国内贸易和对外贸易都能从保护中获益，因为只有在那些能用工业品供应本国市场、能消费本国农产品、能用本国工业剩余产品换取外国原材料和食品的国家，内贸和外贸才具有重要性。温带地区纯农业国的内贸和外贸微不足道，在此情况下，对外贸易通常掌握在与它们有往来的工商业国家手中。

适度的保护不会把垄断权给予本国工业,而只是保证那些把资本、才能、劳动投入尚未尝试的新行业中的个人不至于遭受损失。垄断其实不可能存在,因为国内竞争取代了外国竞争,国内的每个成员皆可分享保护给个人带来的好处。这不过是用本国居民的垄断来对抗外国居民的垄断,而外国居民在他们国内原本也拥有类似的垄断。然而,这种垄断是有用的,不但因为它能唤醒本国沉睡的闲置生产力,还因为它可向本国招徕外国的生产力,包括物质资本、知识资本、企业家、熟练和非熟练工人。

对于许多具有悠久文化的国家来说,原材料和农产品的出口以及外国工业品的进口已不再有利于它们的生产能力。这些国家如果不发展本国工业,就会遭受许多严重的弊病,其农业必然受到削弱。因为,只有出现了重要的本土工业,增加的人口才会在那里找到工作,随之而来对农产品的巨大需求才会使大规模农业变得非常有利可图,从而有利于农业的发展。但在前述不发展工业的假定情况下,过剩人口将只能在农业部门就业。其结果将是土地的细分和小农的增加,这将对国家的强大、文明、富裕造成极大的危害。

但凡小自耕农构成了农业人口的大部,就既不能为国内贸易提供大量产品,也不能创造对工业品的重要需求。在这种情况下,每个人的消费大多仅限于本人所生产的产品。如此一来,国家永远不可能发展出令人满意的运输体系,也不可能拥有这种体系所带来的不可估量的好处。其必然结果将是国家在精神和物质上的、个体与国家层面的虚弱。当邻国走着相反的道路,当他们前进而我们后退时,当那边对未来美好事物的希望增强了公民的勇气、力量、进取心时,而这边的勇气和精神却因前途无望而日益消沉时,那后果便危险不堪。历史上有许多触目惊心的例子,某些国家不知道如何适时承担起建立本国制造业和强大工商业的伟大任务,不知道借此确保自身在知识、经济、政治上的独立,最终遭遇到整体溃败的厄运。

(原刊于 1841 年,梅俊杰译)

代表工商联合会致邦联议会请愿书

[德]弗里德里希·李斯特

德国贸易商和制造商的谦恭请愿书,发自美因河畔法兰克福举行的1819年复活节博览会。要求取消德国境内的所有关税和通行费,并在对外报复原则的基础上建立一个普遍的德意志体系。由蒂宾根大学李斯特教授作为请愿者的代理人提交。

神圣的邦联议会:[1]

我们,以下签名的德国贸易商和制造商,怀着深挚的敬意,在法兰克福博览会上集聚一堂,向德意志民族这一最高代表大会陈述我等遭受苦难的原因,并恳求援助。众所周知,在这个国家,大多数制造商要么已经完全破产,要么勉强维持着岌岌可危的艰难生活,这里的集市和市场充斥着外国商品,贸易商也几乎无以为生。面对如此的国度,简直无需翔实证据便能说明罪恶的严重性。德国工商业的衰败,要么源于个体自身的原因,要么源于社会条件的原因。但谁又能指责德意志民族缺乏才能、不够勤劳呢?在欧洲各国,德国人的品质难道不是众所周知的吗?谁能否认他们的进取心?这些如今沦为外来竞争平台的汉萨城镇,不也一度经营过世界贸易吗?唯有在社会组织方式的缺陷中,我们才能找到罪恶的根源。

---

[1] 邦联议会包括了属于"德意志邦联(German Confederation)"的邦国政府所派出的代表,邦联成立于1814年,由奥地利主导,很快便沦为极端保守的统治者手中的工具。——玛格丽特·赫斯特(Margaret Hirst)编著《弗里德里希·李斯特生平与文选》原注,下同。

理性的自由乃人类一切发展的首要条件，无论是物质还是精神的发展。正如个体的头脑会因思想交流受限而遭遇障碍，国家的繁荣也因为物质产品生产和交换方面的束缚而受到影响。世界各国只有建立起普遍、自由、不受限制的彼此商业交往，方可达到最高程度的物质福祉。反之，如果它们诉诸禁令、关税、禁运等手段，则不仅阻碍而且破坏货物的进出和运输，其结果只会是一蹶不振。有观点以为，国内工业可以通过征税和收费来创立。所有经验丰富的工商人士都确信这种观点纯属谬误，可惜在政治家那里，这一看法已成为不易的教条。

一方面，给进口设限等于在给走私者提供好处，他们可同时瓦解政治家的两大目标：一是促进本国工业发展，二是增加本国财政收入。另一方面，给进口设限难免会反噬本国工业，因为被征税对象反过来可对征税国的产品施加类似限制。当然，如果被征税方不加报复，而是任由禁令或高关税剥夺并毁损自己，那这种限制政策也许尚有利可图，我们的邻国便在如此获利。对德国而言，我们受到英国、法国、荷兰关税壁垒的包围，却无能为力，无法推进世界的自由贸易事业，须知，只有通过自由贸易，欧洲才能抵达文明的最高阶段。然而，德国内部的限制却尤其细密，境内38条海关边界令内陆贸易陷于瘫痪，其效果恰如用绷带阻碍血液的自由流通。汉堡与奥地利、柏林与瑞士之间的贸易商必须穿越十个州，必须了解十种关税，必须连续支付十次过境费。谁要是不幸生活在三四个邦国的边界，那就需要终日跟敌意满满的收税和海关官员打交道，他如同一个没有国家的人。

对工商业者来说，这是一种悲惨的状况。他们向莱茵河对岸投去羡慕的目光，从英吉利海峡到地中海，从莱茵河到比利牛斯山，从荷兰边境到意大利边境，有个大国通过自由的河流和自由的道路展开贸易，却从未遇到过海关官员。关税和通行费就像战争一样，终究只是一种防御手段。无奈，征收关税的国家越小，遭受的损失就越大，对本国企业越加有害，征税成本也会越高。一群小国到处都是边境，故而，我们38条海关边境比德国外围单一海关边境所造成的损害要大得多，即使后者的征税是前者的三倍。在汉萨同盟时代，这个国家在自己舰队的保护下从事世界贸易，如今，其实力却被38条海关边境所摧毁。

我们认为,我们已提出充分理由向庄严的议会证明,只有减免国内多重关税,为整个邦联设置一项总关税,才能恢复本国的贸易和工业,才能帮助工人阶级。

一般对此提出的主要反对意见是,该措施预计会给各邦国的财政收入造成损失,但这一异议不难辩驳。

一、迄今为止,尚无任一邦国政府公开宣称,它征收关税的唯一目的在于筹集资金。相反,大多数税则的前言都宣称,征收关税是为了促进本土工业的发展。然而,如果我们能证明内部关税乃导致本土工业衰败的原因,那么关税作为收入来源这个次要考虑就不应当成为维持关税的理由。

二、大部分损失可由邦联关税收入加以弥补,其余部分可通过直接税来筹集,这对邦国及工商利益集团均十分有利。如此一来,邦国政府便可免去一项烦人的行政事务,公民则可获得目前由征税成本所吸走的大量收入。

三、站在比财税人士更高的角度看,取消国内关税的好处更值得大书特书。人们普遍认识到,即使是品德高尚者,如今也不再认为逃避海关属当罚之罪。个体被迫对关税采取敌视态度,并以欺骗为武器与之对抗。然而,没有什么比政府强迫其臣民,尤其是受过教育的臣民,违背公认的道德法则,更有损于民族品格了。没有什么比强迫部分公务员(海关官员)向公众采取敌对立场,更有损于国家权力了。

四、最后,德意志邦联的性质要求我们采取我等所建议的行动。邦联的目的是联合全体德意志人民的力量和利益,抵御外来敌人,促进国民福祉,如此目的是各自为政的邦国政府所无法实现的。可是,危害国家利益的不单有外国军队,涉外关税也是吞噬德国繁荣的蛀虫。我们认为,邦联的义务不仅包括通过军队进行防御,而且包括通过关税展开防御。邦联与任何其他公民社会一样,如果不以个体利益的共同体为基础,便只能徒有虚名。有鉴于此,我们认为德国的境内税费乃一种束缚,它们对德意志邦国的负担沉重丝毫不亚于对外国人。这种束缚但凡继续存在,必然会阻碍国家的繁荣昌盛和国民的爱国情感。

此外，也应大胆提及我等谦恭请愿的原因，此即普鲁士的新关税。①必须承认，这个关税一看即让我们和整个德国倍感无比震惊，因为它看来并非针对法国和英国，反倒是针对德国的贸易。该关税作为从量税按货品重量计征税收，但由于外国与普鲁士的贸易多为精细商品，而各邻邦因制造业已被英国的竞争所削弱，其向普鲁士主要销售重量较大的粗制品。因此，外国支付的关税平均为6%，德意志邻邦一般却支付25%—30%，不，甚至要到50%，这简直与明令禁止相等效。沉重的过境费同样沉重地落在我们的贸易商身上。然而，只要想到一点，我们就会从震惊中拉回现实。那就是，如果严格执行这一关税法，德国的工业会被彻底摧毁，该法与德意志邦联的精神背道而驰。普鲁士政府从其地理位置出发，比其他所有邦国都更希望在德国实现完全的贸易自由，所以我们不能不得出结论，普鲁士关税旨在迫使其他德意志邦国采取同样的措施。当我们注意到普鲁士拟与邻邦签订单独的商约时，这种怀疑即成为明确的事实。

你们的请愿者认识到，这是一个重要的信号，由此唤起他们对危急局势的关注。因此，他们冒昧请求邦联议会：(1)减免内陆关税和通行费；但是(2)应当建立基于对外报复原则的关税制度，直到外国也承认欧洲自由贸易的原则。你们的谦恭请愿者意识到，内陆海关对各邦国、城镇、贸易和工业部门的有害影响应该得到更详细的解释。他们将在回到各自家乡后，在广大贸易商和制造商的协助下作出这一阐述，并将之作为此件的附录适时发表。

我们一如既往地对尊敬的议会抱持最忠诚的敬意。

[以下是来自萨克森（Saxony）、巴伐利亚（Bavaria）、符腾堡（Württemberg）、库黑森（Electoral Hesse）、巴登（Baden）、黑森-达姆斯塔

---

① 普鲁士的新关税于1818年5月26日推出，该税则取消了境内税，建立了统一的关税边境。英国首相赫斯基森（William Huskisson）1827年5月7日在英国下议院说："我们听说普鲁士禁止英国商品，并对其征收高额关税。事实是什么？第一，普鲁士的过境税非常适中，不超过1.5%；第二，英国商品在普鲁士境内的消费税我们认为非常低，大多数商品的税率在5%—10%间浮动，我相信无一商品的税率超过15%；第三，在整个普鲁士税则中，没有一条禁令。我相信，会有那么一天我们也能这样谈论英国的关税。"李斯特在《政治经济学的国民体系》第七章中较多肯定了该关税对普鲁士（而非其邻邦）的有利影响。

特(Hesse-Darmstadt)、拿骚(Nassau)的70名德国贸易商和制造商的签名。]大批完全同意这一请愿的贸易商和制造商的签名尚未到手,[①]迫于情况紧急,我们无法等待,那些签名将随后呈交。

法兰克福,1819年4月14日

(原刊于1819年,梅俊杰译)

[①] 在李斯特的请愿书之后,1819年7月1日又有一份由哥达(Gotha)的E.W.阿诺迪(Arnoldi)呈交的请愿书,上面有五千多个工商业者的签名。

7

李斯特与发展的基本问题

[德]迪特·森哈斯*

在当前有关发展理论和发展政策的讨论中,弗里德里希·李斯特(Friedrich List)这个名字并未真正处于中心位置。[1]即使在以往40年,当筹划发展到处成为国家政治和国际政治的焦点时,情况也同样如此。世人对李斯特的著作兴味寡淡,这一点颇不寻常,须知,李斯特堪称当今发展理论家、发展决策者、发展规划者之鼻祖。人们对他显然评价不够,这与其说是刻意贬低的结果,莫如说是缺乏知识的表现。李斯特曾长期遭遇悲惨命运的打击,身后寂寞则重复了其生前的悲剧。

终其一生,李斯特(1789—1846)为自己确定了某些任务,如今在私营或公共的发展援助机构,筹划发展的人士所孜孜以求者恰恰就是这些任务。李斯特或纯粹主动或受人委托,撰写了很多备忘录和请愿书,若放到今天就该称之为"开发项目书"。他的那些文献基本上都着眼于推动广泛的行政改革、促进工业和贸易的发展、争取基础设施的改善,交通规划尤其是铁路建设更成为他乐在其中的志业。

与当代发展筹划者一样,李斯特也是一位不知疲倦的旅行者,永不停歇是他生命的显著特点。他在哪里都不觉得舒适自在,但凡他稍觉自在

---

* 迪特·森哈斯(Dieter Senghaas),德国不来梅大学、法兰克福大学国际事务教授,著有《世界经济秩序与发展政策》(1977)、《欧洲发展的历史经验》(1985)、《文明内部的冲突与世界秩序》(2002)等。——编注

[1] 本文1989年弗里德里希·李斯特诞辰200周年之际发表于李斯特家乡罗伊特林根(Reutlingen),题为《一个罗伊特林根人如何创造了历史》。——迪特·森哈斯原注,下同。

的地方,如在故国符腾堡(Württemberg),他又树敌太多。当然,在李斯特那个年代,跟今日不同的是,筹划发展或主持开发项目并非赚钱的行当,无论在政府部门还是在基层实地,情况莫不如此。只是从 1950 年代和 1960 年代以来,开发项目的规划、实施、管理方才成为大规模采用、总体上回报很高的一种创业和就业手段。而在李斯特当年,"开发工作"却充满风险,其一生坎坷足可为证。

李斯特很早便构建了自己的发展理念,这主要得自他解决实际发展问题的突出能力,而非得自象牙塔中的长期研究。但他最终就政治经济学的基本问题发表了一部有学术价值的著作,展现了本人透彻并系统讨论发展问题的分析能力。李斯特 1841 年出版的《政治经济学的国民体系》实乃关于现代发展基本问题的经典力作,可惜当今政治与行政界、学术与规划界的多数发展专家对其内容茫然不知,最多不过想起有关保护性关税或幼稚产业保护的论点。[①]

然而,细致考察可见,李斯特为理解发展问题作出的贡献具有难以置信的现代气息。故此,他的著作依然非常值得研究。[②]当一部作品呈现的观察问题的视角总能对社会现实给予新的解释时,这样的作品便上升为经典。那么,李斯特的作品呈现了怎样的观察视角呢?

一、后发展成为一个问题

后发展或称赶超发展问题是李斯特进行思考的出发点。不同的经济体在技术水平和组织能力方面原会存在差距,这种差距或许来自技术创新或组织创新的不均匀传播。一个生产率较低的经济体面对一个生产率较高的经济体时,彼此在能力或实力上会呈现差距。当存在差

[①] Friedrich List, *Das Nationale System der Politischen Ökonomie*, Tübingen: Verlag Mohr-Siebeck, 1959; English translation: *National System of Political Economy*, Philadelphia: Lippincott, 1856.

[②] Friedrich List, *Schriften, Reden, Briefe*, E. V. Beckerath et al. eds., 10 vols., Berlin: Verlag Hobbing, 1927–1935; William O. Henderson, *Friedrich List. Economist and Visionary, 1789–1846*, London: Frank Cass, 1983.

距的经济体互相频繁交易时,后发展问题便脱颖而出。随着交换关系的推进,用李斯特的话说,在"较先进"的经济体与"较落后"的经济体之间,会形成争先恐后的竞争。前沿社会或称领先经济体能以更高的生产率生产货品,并能更低廉地在国内和国际市场销售这些货品。假如不采取保护性措施,生产率较低方生产的货品将在竞争中败下阵来。更有甚者,如果彼此能力差距特别悬殊,试图扭转被动局面的任何努力往往从一开始便遭受挫折。落后者纵然希望提高绩效、设法创新,但由于效能强大的领先经济体在各方面占尽优势,如在生产流程和产品领域以及在持续创新领域都能恃强竞争,落后者的努力终究面临着满盘皆输的危险。相反,领先者总能在知识和实力上长袖善舞,因此,力争上游的国际竞争不但体现于外来廉价产品的竞争压力,也终究表现为全方位的国际角逐。

受制于能力差距的弱势社会很容易被挤压到一边,也即被边缘化(marginalized or peripheralized)。如果它们屈服于边缘化的压力,则要么经历自身传统生活方式的解体,经历全面的社会退化,要么就被改造为较发达社会的附庸(appendage)或外沿(outpost)。正如边缘社会的历史所示,强大的军事力量经常还会协助加速这一进程。

在此情况下,从领先经济体的角度看,边缘社会中随之会出现以单一作业或种植园经济为形式的"飞地经济(enclave economy)"。这种经济形同杂交混合体,无法实现既有生产力大范围的有效均衡发展。诚然,在农产品和原材料需求旺盛的时候,较先进的社会能引发较落后社会相应部门的显著增长。可是,结果也不过是短命的表面繁荣而已。边缘社会依然呈现二元分割的局面,一边是面向外部市场的增长极,另一边是相对停滞的"残余经济(residual economy)"。假如领先经济体发生危机性或结构性变化,使得其对农产品和原材料的需求出现下跌,则不仅"飞地"中由外部激发的增长会停顿下来,而且这种增长原本对"残余经济"的有限带动也会走向耗竭。受此影响的社会于是会被打回到传统糊口经济(subsistence economy)的原形,无奈这种原形肯定也已面目全非。

欧洲内外在19、20世纪都有边缘社会的许多案例,数十个此类历史案例证明了李斯特对问题的诊断正确无误。①

然而,针对方兴未艾的能力差距,我们也可构想某种不同的回应方式,即,不妨把边缘化压力视作一种挑战,转而采取强力措施加以应对。那样,落后者把自身与领先者的差距当作机遇,随之向领先者模仿学习,采取恰当的保护主义防范措施,落实目标明确的开发项目,借此争取削弱乃至取消领先者的先发优势。这里的关键点是:力争追赶(catch up)甚至超越(overtake)!若照此行动,便是以积极有为的创新方式去回应边缘化压力,这与落后经济体片面满足领先经济体需求时的那种被动退化情形迥然有别。当然,这种建设性回应是有前提的,也即,落后者与领先者间的差距不能太大,且落后者的内部社会存在着成功赶超的某些先决条件。②

在李斯特那个年代,英国在世界经济中赢得了独一无二的领先地位,李斯特的理念和计划都着眼于为次一等级的国家争取发展前景。在他看来,只有处于温带的地广人众的国家才能实现发展,它们属于那种"具有天命的国家(nations with a calling)"。反之,热带国家及人口稀少的小国则理应专注于提供食物及农业和矿物原料,以此赚取若干利润。李斯特从未想过要把自己的那套诊断同样应用于这些热带小国,这一点倒是颇为奇怪的。

这种观点构成了李斯特相当严重的偏见,想必使他无法认识到,自己的理论实也适用于"天命"国家以外更多国家的发展进程。经过150年种种发展及错误发展的历程后,我们当然已变得更加聪明,知道这种视野上的狭隘性毫无道理,也知道李斯特的这些想法涉及大家普遍关注的某些问题。不过,时至今日,世界上也只有小部分社会,基本上是发达的西方工业社会,才设法避免了边缘化或退化的命运,这一事实似乎印证了李斯特的断言,即只有少数国家才具有发展的"天命"。

---

① Dieter Senghaas, *The European Experience. A Historical Critique of Development Theory*, Leamington Spa-Dover, New Hampshire: Berg Publishers, 1985; Dieter Senghaas, "European Development and the Third World: An Assessment", in *Review*, 1988, 11.1: 3-54.

② Ulrich Menzel, *Auswege aus der Abhängigkeit. Die entwicklungspolitische Aktualität Europas*, Frankfurt: Suhrkamp Verlag, 1988.

总之，李斯特对现代发展这一疑难问题的第一项贡献是，他分析了能力差距和边缘化压力，而这一难题从李斯特年代以来愈发严重了许多。他的第二项贡献跟赶超发展相关，让人看到面对边缘化压力，赶超发展需要什么样的条件，应当用什么方式实施赶超发展。一言以蔽之，如何才能避免被边缘化、实现自主发展？李斯特有关发展纲领的思考就是为了回答这个问题。

二、李斯特的发展纲领

李斯特讨论赶超发展问题时涉及的国家，是那些正从封建贵族社会向工业社会转变的国家。他的论述清楚地表明，他认识到，对那些拥有发展"天命"的具体社会而言，其发展前景有赖于社会内部"弃封建化（defuedalization）"进程的范围与程度。按照他的看法，成功的发展需要恰当的社会与公共条件，包括：在原有封建专制体系瓦解后，必须确立一个富有远见、高效运作的政府体系，其中，强大的君主制维护着发展进程中的民族凝聚；在原先沉湎于特权的贵族阶层退出舞台中央后，必须确立一个追求经营利润和物质财富的工商世界；奴役制度必须终结，自由小农制度应当取而代之。此外，他认为衣食无忧、报酬优厚的工人将成为劳动生产率不断提升的基础；在对比宗教战争和宗教法庭所体现的传统狂热的恶果后，他相信自由创造的科技将带来繁荣的成果；在对照旧制度下的等级社会后，他认识到需要确立一个在思想和秩序上具有流动性的社会。

以上所言实际上就是一个弃封建化的过程，从中可见，弃封建化等于是把那些在传统社会中闲置浪费的资源充分调动起来。这个进程在哪里受到阻碍，哪里的发展就必然难以启动或随后遭遇挫折。故此在李斯特看来，自由及自由流动实乃发展进程的前提条件。同时，一个稳定的国家架构也很重要，正如法治和自治的扩大亦同样重要。此外，人口各阶层中的自由创业精神，高瞻远瞩并审慎规划的政府部门，四通八达的公路、铁路、运河交通系统，以及高度专业化的教育体系，也都非常重要。

李斯特对于发展何以成功、何以受挫的思考，大大超前于以后特别是1950年代、1960年代影响甚大的相关讨论。他的思考与后世讨论的相异之处在于,他展现了不同的构想方式。李斯特从未构想出某个促进发展或阻碍发展的单一因素,而总是把发展视为多因素广泛互动的结果,单向的经济主义思维尤为他所不取。他的思考还展现了一种用经验事实支撑论点的说理方式,况且倾向于表述可能性。李斯特偶尔在讨论可选择的另类发展道路时,也会进行某种假设性思考,但这并不改变其以经验事实支撑论点的总基调。

真要说李斯特对什么因素表示过特别偏重,那应该是相对于物质的东西,他对非物质精神力量给予了高度推崇。他强调,通过激发和鼓励"看不见的资本(invisible capital)",即思想活动、创新精神、知识和技能,总之是非物质的能力,我们可以获得自然资源难以替代的动能和力量。

李斯特在那个时代即已观察到太多正反两方面的发展案例,由此他不再相信,发展只是一个纯由"看不见的手"所引导的自发过程。他认为,恰当时候、恰当力度的国家干预,是成功发展必不可少的前提条件。在他看来,国家干预有两大功用:一是有助于推行国内的政策措施,特别是促进基础设施的拓展,推动广泛的宪政与行政改革;二是有助于采取十分必要、循序渐进的保护主义措施,以便应对领先经济体的有害影响。在他眼里,这两方面的措施具有同等重要性,可惜令人记住的仅仅是他对新兴产业部门发出的保护呼吁,即所谓幼稚产业保护论。

然而,即便在幼稚产业保护问题上,他的呼吁也比今天大家以为的要谨慎节制得多。

李斯特决非在所有情况下都赞成保护性关税。他相信,关税尤其有害于仍处较低发展水平的农业经济体;就是在发达社会,原则上也不应保护农产品和原材料的生产。在前一种情况下,生产力尚不发达,保护主义措施会使生产力得不到必要的初始激发。在后一种情况下,生产力已经发达,对农产品的保护会抬高生活成本,从而对总体经济产生负面后果。

按照这样的构想,保护性关税是对外经济政策中的一个防卫工具,旨在增加幼稚产业在领先经济体面前生存壮大的前景。但即使在此情况下,李斯特的建议也作出了区分:应当保护的是为大众消费而生产的那些幼稚产业,因为它们对开掘国内市场具有无比重要性;不应当保护的是那些生产价高量小的奢侈消费品的产业。此外,在发展进程的早期阶段,应当放松外国机器和技能的输入,他觉得,拥有发展"天命"的国家可利用发达经济体的先进设备和技术,为我所用是为了加速赶超步伐。他对技术转让作出相对乐观的评判,谅必是因为,当时在领先的英国与志在赶超的其他国家之间,技术上的差距毕竟还没有拉开太多。

李斯特完全意识到,自己所推荐的防卫性保护主义措施会产生弊端,比如,本土产品很可能比迄今进口的产品要质次又价高。与此同时,在面向自由贸易的农业阶层与赞成保护主义的国内工业阶层之间,会出现政治上的冲突,这种冲突甚至会酿成国内政治动荡,乃至危及发展进程。

然而,在李斯特看来,这些弊端是次要的,且只是暂时的,因为他相信,工业化会带来国内竞争,导致内部竞争的强化,也会引发对本国农产品的更大需求。因此,从长远看,农业经营者、工业制造商及消费者都能从过渡阶段必需的保护主义措施那里共同获益。

依照李斯特的论点,短期的弊端实乃一种必要的代价,为的是换取至关重要的长期优势,即社会生产力的全面发展。一旦充分实现了这一目标,就必须断然终止保护主义措施,因为这个国家已能直面自由贸易,不再存在被边缘化的危险,兴许还能带着某种成功的把握,自己去主动谋求自由贸易立场。

在李斯特的构想中,保护主义措施并非万应灵药,它们可以带来好处,也可能构成阻碍,一切要看发展的程度。他明确反对仓促实行保护主义,也反对过高和过低的关税率。如果保护措施的执行纯粹是因为强大利益集团游说所致,且与连贯的发展战略互不呼应,他认为这样的保护主义特别有害。在赶超发展关键的早期阶段,大有必要把对外开放与保护主义恰当地组合起来,而且应该视各行业、各部门的具体情况而灵活调整。由此可见,李斯特是一个审慎的混合战略(qualified mixed strategy)的倡导者,他希望把选择性融入(selective integration)世界市场与选择性脱钩(selective decoupling)二者结合起来,至于结合时的具体进退搭配,他认为这取决于调动起来的生产力具有何种自我维系的能力,或与人竞争时的经受能力。居于上位的国家政策的任务就是要找到正确的结合方法,关键在于既不要给本国经济设置太多太高的要求,也不要设置太少太低的要求。当然,制定这样的行为准则终究尚属容易,难点在于如何落实准则。

保护主义措施兼具防卫和促进两项功能，目标是要构建一个包括农业、工业、商业三者比例恰当（well-proportioned）的经济结构。通向这一目标的道路只能一步一步地走，急躁冒进的行为有害无益。李斯特与亚当·斯密（Adam Smith）一样，关注分工的扩大与深化，但李斯特更聚焦于"生产力的联合"，即经济不同部门的协调和整合。

由于发展的冲动不大可能整齐划一地冒出来，只可能一地一处地激发起来，不均衡增长便在所难免，李斯特是个充分的现实主义者，自然认识到这种局面。但他更赞成均衡增长，而非不均衡增长，总是强调要防止某些部门因畸形激发而畸形扩张，就如在单一作业或种植园经济中司空见惯的那样。他的常规趋向是，赞成均衡增长，尤其是农业与工业间的均衡增长，这一点很可能使他不必再去构建经济危机理论。危机一般来自发展进程中的比例失调，在这个问题上，马克思比李斯特看得更长远。

李斯特的发展方案包含环环相扣的一系列步骤，他倡导进口替代工业化概念，这种工业化需要分阶段地扩展和深化。在他看来，工业财富的创造，包括随之发生的扩散效应，应该逐渐地引导到国内市场，这一点相当重要。一个社会中，第一阶段是生产并出口农产品和原材料，同时进口制成品；第二阶段是本国生产简单类型的制成品；第三阶段则是促进国内的机器制造。随着该社会日益能够加工本国和他国的农产品和原材料，工业经济便成长起来，再往上走，则日益能够制造工业经济所需要的机器设备。如果在之后某个阶段，技术密集和制造密集型产品具备了国际竞争力，则曾经的农业社会从此往后便成为一个为自由贸易作好了准备的工业社会。

在李斯特这里，我们找不到与这些阶段相关的时间表，也看不到与总体发展进程相关的时间表。事实上，对经济合作与发展组织的多数发达国家来说，这样的完整过程几乎跨越了 80—100 年。当然，对当今许多新兴工业化国家来说，该节奏看起来已快捷了很多。

按照李斯特的观点，这样一个延伸几十年的过程需要有个起点，那就是健全的农业经济，这种农业经济肩负多项使命。其一，哪怕农业部门自身雇用的劳动力在日益减少，它却需要供养不断扩大的城市人口。农业也需要向工业部门提供原材料，而且在工业化早期，农业也无可避免地要通过或公开或隐蔽的资源转移，为工业化承担费用，包括打造基础设施。

不过其二，农业部门也是工业产品的重要市场，必然要成为日用消费品和农用设备的消费市场。因此，虽然农业部门承受着很大的需求和负担，但如果要维持经济发展的总体活力，理应让农业自身处于游刃有余的健全状态。李斯特的这些思考揭示了一个明确的事实，即，若无兴旺的农业部门，指望实现成功工业化的任何努力都将归于徒劳。

依照李斯特的看法，农业显然在发展进程中占有战略性地位。可是，从19世纪晚期到整个20世纪，那些制定发展纲领的人似乎都忘记了这个不言自明的道理。一直要到近几十年许多发展努力遭受重大挫败之后，大家似乎才重新找回这一基本的见识。

李斯特对发展战略的反思最后归结为一个核心论点，即，生产力的成长比价值的成长要重要得多。换句话说，有助于广义上有效开发一国生产潜能的任何东西，都比生产廉价产品要更有价值，因为生产廉价产品的效益仅仅体现于短期商业盈利这一个层面。故此，国民经济的构成要素远不止于各厂商盈利能力之总和，同样，也无法避免学习过程所发生的成本，这种学习过程终究必不可少，其收益在短期内尚难以体现。

基于这些思考，李斯特指出了世界主义经济学与国家政治经济学的差异。只有在一国的生产潜能得到广泛开发后，才值得按照世界主义的思路去考虑问题，去追求世界范围的资源配置效率。也只有在这种情况下，个体厂商、国民经济、国际经济的盈利盘点才谈得上方向一致。反过来说，只要一国的生产力依然处于闲置状态、仅仅得到部分开发，况且承受着边缘化压力，我们就只能按照国民经济的律令去思考并筹划。在这个核心问题上，李斯特迥然有别于"英国学派"，即亚当·斯密及其传人的古典经济理论。

三、既往发展的历史经验

李斯特得出自己的结论，是基于对历史经验的比较分析，特别是基于个人的感悟。威尼斯、西班牙、葡萄牙、汉萨同盟、荷兰、英国复杂多样的历史为其立论提供了依据，他在德国、法国、美国、匈牙利各地实施发展的政策体验也给予了佐证。然而，只是在他那个时代过后约150年，尤其是自1950年代、1960年代非殖民运动以来,他所构想的基本发展问题才获得全世界的瞩目。

从历史和现实林林总总的发展历程中可以吸取什么有益的经验教训呢?[1]这些经验教训会确认还是否认李斯特的观点呢?

李斯特高度重视国内农业潜能的广泛调动与发挥,这一观点得到了历史案例正反两方面的支持。在欧洲内外,一些国家于工业化起步前或进行中成功改善了农业部门的绩效,这些国家果然都取得了发展的显著成效。相反,有些国家未能经历农村制度变革和农业技术现代化,它们便无法释放发展潜能,总体上都遭遇到严重的发展瓶颈。

令人不快的是,19世纪的发展筹划者自以为在继承李斯特的事业,却总在保护主义旗帜下片面理解李斯特的工业化战略,忽视甚至无视他关于有必要发展农业的建议,尤其在东欧和东南欧,这种错误的解读一度非常时兴。不幸的是,大多数第三世界国家,无论是否标榜走李斯特道路,也重复了这样的不良传统。在所有这些案例中,发展进程始终飘忽不定,或用李斯特的话说,就是"缺胳膊少腿"。

李斯特用此类形象语言描述的社会状况,在新近的发展理论中被称为"内在断裂(inner cleavage)"或"结构异质(structural heterogeneity)"。[2]贴上这种标签的发展进程往往缺乏农业、工业、贸易之间比例相称、宽广有效的关联性。此类社会的工业化面向需求不大的有限市场,由于偏重城市部门,多会造成不利于农业的抽取效应(withdrawal effects),而仅仅有利于城市部门。政治、经济、社会、文化的断裂因此会加深,一系列愈演愈烈的社会灾难,如农业不能自给自足、农民逃离土地、农村贫困化、过度城市化、失业和隐性失业、人口增长失控,背后都能看到这种城乡断裂的影子。欧洲内部的边缘社会,如东欧、东南欧、南欧及爱尔兰,历史上出现的此类现象跟当今第三世界国家中的现象并无什么差别。

---

[1] Ulrich Menzel, and Dieter Senghaas, *Europas Entwicklung und die Dritte Welt. Eine Bestandsaufnahme*, Frankfurt: Suhrkamp Verlag, 1986; Andrew C. Janos, "The Politics of Backwardness in Continental Europe, 1780 – 1945", in World Politics, 1989, 41, 3: 325 – 358.

[2] Dieter Senghaas, *Weltwirtschaftsordnung und Entwicklungspolitik. Plädoyer für Dissoziation*, Frankfurt: Suhrkamp Verlag, 1977.

历史经验告诉我们,要想建立匀质整合的国内市场(homogeneous domestic markets),只能借助李斯特式发展纲领,包括:综合调动社会各部门中处于休眠状态的资源,尤其是农业部门中的资源;推进必要的制度改革和技术创新;当然还需要国家采取有为的保护性措施。任何工业化努力,如果缺乏事先的或伴随的改革,一般都会归于失败,李斯特的观点应该让我们能预见到这一结果。

最近有关发展问题的讨论很晚才发现所谓"非物质资本"或人力资本,而李斯特早已看到,这些精神资本构成了农业、工业、商业、行政各方面能力的基础。凡是人口中识字率偏低,商贸学校、成人学校、技术院校等高等教育机构欠发达的国家,不仅比专业教育发达的社会在科技发明上要落后,而且其社会流动性也受到阻碍,进而会造成精神资源的闲置浪费。在这一点上,不妨把北欧地区的发展与南欧和东南欧地区的发展作一对比,也不妨把重视教育的"四小龙"(韩国、中国台湾、中国香港、新加坡)与第三世界其他地区作一对比。

面对自然资源的短缺,可以通过超常比例地调动人力资本去加以弥补,这种可能性固然是李斯特未能明确指出的,但也终究符合他的理论。故此,缺乏资源的国家,哪怕是小国,皆可在国际经济的特定缝隙中,找到自己高度专业化的位置。

李斯特认为,四通八达的基础设施在发展进程中占据战略性地位,这些思考总体上也已证明是正确的。既然劳动分工日益细密,既然分工细密必然带来各行业各部门之间关联性的增加,则高效的基础设施便成为经济活动中不可或缺的沟通纽带。因为基础设施是一种公共产品,那就不能指望个体企业会为了国民经济发展之所需而去自行投资。于是,基础设施建设首先属于一项公共职能,举凡正确认识到这一点的国家,都在国家发展进程中取得了成效。

就对外经济政策措施而言,19世纪、20世纪的发展史充分表明,自由贸易是例外,各种形式的保护主义倒是常态。以后年代如同李斯特当年一样,自由贸易都是主导国际经济的领先国家才奉行的学说。

李斯特曾预言,只有在具备相关内部条件的国家,保护主义措施才能推动发展,这一预言也是正确的。但凡国内缺乏那些相关条件,保护主义便不可能产生良好结果。在众多边缘社会的历史上,均可看到李斯特所断言的这层道理,那些边缘社会割断了跟外部世界的联系,内部却又缺失目标明确的结构改革和落实到位的发展政策。时常听人说,世上大多数发展中国家在 19 世纪、20 世纪尽管实行了相当多的保护主义措施,却仍未能实现发展目标,故此,必须抛弃保护主义和国家干预。可是,这一说法不能令人信服,因为李斯特原汁原味的发展理念仅仅给对外经济政策赋予了"相对的"重要性,对外政策的实际作用终究有赖于一国内部的发展努力。

在成功实现赶超发展的案例中,特别是在那些采用混合战略(部分融入世界市场、选择性脱钩)的案例中,如北欧、大洋洲、北美,都像李斯特所强调的那样,可以看到它们对当地的物质和非物质资源拥有国家自决权和国家处置权,这一点发挥过重要作用。由此可见,政治主权在发展进程中是一项不容低估的资产。

李斯特在个人代表作的书名中,凸显了政治经济的"国家"或"国民"维度。他不可能预想到,民族主义日后将成为如何强大无比的一股历史力量。在某些国家,当年因为存在相应的政治措施,李斯特认为它们具有赶超发展的成功机会。然而,不仅在这些国家中民族主义构成了一股推动力,而且在欧洲内外的边缘社会也同样如此,那里到处都在升起对政治独立性、经济现代化、文化身份感的强烈诉求。有些民族在李斯特时代曾被描述为"无历史的民族",如在东欧和东南欧,但民族主义浪潮在它们中间也照样显著升腾。如果李斯特有幸目睹这一切的话,他一定比其他任何人都更会深感诧异,自己的诊断在世界范围内居然非常对路,而且各国出现了要启动民族主义发展纲领的数十次尝试。[1]

李斯特着重强调发展进程的国家或民族框架,这一基本观点有别于英国的古典政治经济学或"世界主义学派",也有别于经典马克思主义。英国古典政治经济学着眼于从世界角度来计算稀缺资源的配置,因而其视野标尺是人类而非国家。不过,最后用来衡量发展进程成败的标尺其实也还是国族框架。经典马克思主义谴责民族国家和民族主义,称之为

---

[1] Karl W. Deutsch, *Nationalism and Social Communication. An Inquiry into the Foundations of Nationality*, Cambridge: MIT Press, 1966.

资产阶级意识形态的表现，并代之以世界性、无边界、超国家的无产阶级联合。然而，世界各地的马克思主义，随着时间的推移，都转变成了民族国家的马克思主义，在马克思后来关于爱尔兰问题和俄国工业化的评论中，这种向国族的转变已经清晰可见。有关动向在19世纪末、20世纪初奥地利马克思主义那里得到了明确表述，最后在实际存在的各种版本的社会主义中更是不言而喻。马克思早期对李斯特进行了驳斥，可惜并无多少道理，李斯特强调赶超发展进程的国家框架倒是相当正确的。①

在实际运行的社会主义社会，有关发展进程也留下了经验教训，从中也可看到李斯特思想的适用性。如果考察以苏联为代表的社会主义国家，其中每个案例都能昭示李斯特相关评论的正确性，无怪乎，当这些社会内部进行自我批评时，简直就是在直接套用李斯特的话语。

独断或专制国家会取消社会的自由空间，斯大林模式下便是如此。遇到这种情况时，在李斯特看来，本可促进发展的最重要资源之一，即个人和团体的自由发展，就会丧失殆尽。长远来看，那里农业的失血也必然会给总体经济造成负面影响，对重工业化的过分强调会造成生产活动忽略消费者显而易见的日常需求，而这难免要引起绩效激励机制的失灵及广大民众的冷漠。漠视服务业，或者透过意识形态有色眼镜把服务业当作"非生产性行业"，必然会阻碍劳动分工及"生产力的联合"。完全脱离外部世界，执行闭关自守的政策，会让一个社会丧失创新的激励。在现有苏式社会主义中，这酿成了特别负面的后果，因为与李斯特的发展纲领正恰相反，当贸易也由国家把持时，本可促进创新的国内竞争便不复存在。况且，苏式社会主义也充分表明，增长是发展的必要条件，但本身并非充分条件，就如世界其他国家一样，发展取决于增长的是什么、增长得多快，还有，增长的东西在按什么方式进行分配。

根据李斯特的观点，苏式社会主义中缺失什么已一清二楚。社会需要解放，需要摆脱国家的控制和政党的垄断，特别是需要从某种绝对专制过渡到开明专制，最后再过渡到民主体制；需要创立政治自由的空间，这

---

① Roman Szporluk, *Communism and Nationalism. Karl Marx versus Friedrich List*, New York-Oxford: Oxford University Press, 1988.

是调动社会休眠资源的起始点,特别是为此需要有政治参与和自我治理的机会;需要农业部门的改革,以学习世界上自我管理、中等规模的合作经营者高效生产的经验;需要调整优先增长点,从基础性重工业转向消费品工业,同时促进技术先进的机器制造业的发展,从而全方位地在各经济部门提高劳动生产率;需要扩大基础设施,重视并扶持服务业的发展;需要加强国内外人员、货物、技术、资本的交流,日益向更宽广的市场开放。由此观之,苏联领导人所倡导的"公开性"和"改革"早就该做了。[1]苏式社会主义的问题恐怕更在于自身需求长期乏力不振,而不在于占主导的西方经济体向它施加了过多的苛刻要求。

四、结　　论

本论文开始就强调,在近几十年的发展政策讨论中,人们给予李斯特的关注实在太少了。本文通过回顾李斯特著作中的重要思想,并把这些思想跟过去和今天的重要发展经验相对照,想必已清楚显示,我们早该广泛地接受李斯特的学说。这里尚未展现李斯特著作对当今发展讨论的全方位启示,那样的任务姑且留待历史学家和考据学家,要由他们去追寻李斯特作品的全部影响。

假如李斯特的卓越力作《政治经济学的国民体系》成为从事发展政策的政治、行政、学术、产业各界人士的必读书目,我们本可以获得很多收益;假如不是等到李斯特诞辰两百周年甚至更晚才来回顾其思想,许多错误本可以得到避免。第二次世界大战结束后,各国政府和国际社会纷纷出手制定发展政策,有鉴于此,我们本该更早地研究并吸取李斯特思想。李斯特对发展问题的诊断,及其所提出的发展纲领,值得我们回顾再三。单凭李斯特学说能为既往150年发展案例的成败得失提供恰当的原因分析,我们就应该重视这个学说。

(原刊于 1989 年,梅俊杰译)

---

[1] Klaus Segbers, *Der sowjetische Systemwandel*, Frankfurt: Suhrkamp Verlag, 1989.

8

李斯特赶超战略的适用性

[德]奥特弗里德·加贝*

立国未久的美国就"充分独立"和"经济独立宣言"展开热烈讨论时，弗里德里希·李斯特(Friedrich List)是参与其中的一位重要人物。[1]李斯特的家乡在德国施瓦本(Swabia)地区的罗伊特林根市，他以政治难民的身份来到美国，经法国人拉法耶特(Gilbert Lafayette)介绍，踏入美国的高层圈子。在德国，他被斥为"极端自由主义者""简直就是革命分子"。在美五年，李斯特从事多种活动并赢得声誉，有两个城镇、一个煤矿、美国最早的铁路之一(1831年11月正式通车)都要归功于他的创业。后来，李斯特成为美国驻德意志邦国萨克森(Saxony)和巴登(Baden)的领事。不过，其影响力更来自所撰写的一本政治经济学小册子，这就是1827年在美发表的《美国政治经济学大纲》。[2]

正是在这本册子中，李斯特一定程度上借鉴德国和美国的素材，形成了涉及发展问题和贸易政策的理念，这些理念如今仍在与时俱进，有时会采用复杂的技术术语，当然也有一些理论上的完善。李斯特在关于美国

---

* 奥特弗里德·加贝(Otfried K. Garbe)，德国外交官，曾任联邦德国驻中非共和国大使，除探讨发展政策外，还研究意大利现代诗歌和文艺复兴时期艺术。——编注。

[1] Friedrich List, *Outlines of American Political Economy (The American System)*, in Friedrich List, *Schriften/Reden/Briefe*, Vol. II, Berlin, 1931, p. 107, and also "Philadelphia Speech" (1827), ibid., Vol. II, p. 467. ——奥特弗里德·加贝原注，下同。

[2] 李斯特在美居留的情况尤可参见威廉·诺茨(William Notz)的描述。除参考《弗里德里希·李斯特：著作、讲话、书信》第二卷导言外，可比较 Notz in: *Welwirtschaftliches Archiv*, 21st Volume (1925, I), pp. 199-265, and 22nd Volume (1925, II), pp. 154-182.

的论作中,已经构想了"依附论""平衡与不平衡增长"以及"外部效应"等理念,①并在相关阐述中,始终关注它们对实力和政治产生的影响。在当今有关世界南北关系的争议中,李斯特的分析方法经常被认为事关南北冲突中的经济和人道内容。

与今日第三世界国家一样,美国在赢得国家独立后很久,仍感到自己所取得的政治独立、所奉行的自主外交政策面临风险。19世纪初,美国是一个易受攻击的弱国,不单与法国和俄国相比才如此。美国的商船经常遭到英国和法国私掠船的拦截,这个年轻的弱国甚至难以抵挡地中海的海盗。1812—1814年的第二次英美战争几乎以美方的失败而告终。②

1823年的门罗主义(Monroe Doctrine)最突出地反映了美国政策对政治自主的早期追求。鉴于美国当时相对弱小,门罗主义的提出与其说是霸权欲望的一种体现,莫如说是处于边缘地位的新兴国家就世界事务所采取的一种政治防御行为,俾斯麦(Otto Bismarck)称之为"国际无礼行为"。门罗主义的要旨在于防止神圣同盟(Holy Alliance)对南美洲的干涉,以免南美新独立的共和国可能重新沦为殖民地,这在一定程度上也是为美国自身安全着想。此外,美国还希望在老牌的欧洲国家与新体系下的美洲国家之间划出一条道义和政治上的分界线,美洲国家自然认为自己"更加优越"。

美国的这一政策,若用来对照当今第三世界国家最初出于外交与政治动机而采取的步骤,则明显可见二者之间的相似性。在1955年万隆会议的外交与政治辩论中,维护刚刚经由艰苦斗争而赢得的政治独立成了头等大事。当时,东方和西方都同样希望至少先巩固自己的势力范围。相比之下,经济问题和殖民风险仍处于次要地位,尽管万隆会议已要求就石油问题"制定共同政策"。

---

① 已有学者指出了李斯特著作中的主题要义,尤可参见 Werner Strösslin, *Friedrich Lists Lehre von der wirtschaftlichen Entwicklung*(《李斯特有关经济发展的学说》), Basle, 1968; and Dieter Senghaas, first in: *Leviathan*, No. 2, 1975; cf. the article: *Friedrich List und die neue internationale ökonomische Ordnung*(《弗里德里希·李斯特与国际经济新秩序》)。

② Cf. Udo Sautter, *Geschichte der Vereinigten Staaten*(《美国历史》), Stuttgart, 1976; and Hans R. Guggisberg, *Geschichte der USA*(《美国史》), Stuttgart, 1975。

一、新经济体系

门罗主义宣布后不久,关于"新经济体系"的争论便成为美国国内政策的一大重点。当时的政治目标是要确立一个"美利坚体系",这意味着在概念和内容上都不承认"不列颠体系",不承认自由贸易假设和自由放任原则。"美利坚体系"的基本要素是:由国家推动工业化,积极鼓励国内贸易,同时利用保护性进口关税政策暂时节制对外贸易。

"美利坚体系"某种程度上与美国早年提出的理念直接相关,美国首任财政部长亚历山大·汉密尔顿(Alexander Hamilton)在其《关于制造业问题的报告》中提出过类似观点。李斯特在论作中还提及国会就美国第一部法律展开的辩论,该法律是一部关税法,一定程度上怀有保护主义目的,旨在鼓励"幼稚制造业",保护独立战争期间创办的小型工业。

李斯特坚信,有必要恢复并延续这一政策。赢得国家独立之后50年,美国的对外贸易依然为世界强权英国所主导,英国甚至控制了当时国际贸易总额的四分之一。1830年,英国出口商品中已有四分之三为制成品,而美国的外贸总体上保留着殖民时期的结构,类似于今天某些较先进的发展中国家所呈现的外贸格局:[1]

	出口(%)	进口(%)
未加工材料	62.5	7.9
未加工食物	5.1	11.9
半制成品	6.8	7.9
加工食品	17.0	15.9
制成品	8.5	57.1

美国的首要贸易伙伴当然是前殖民强权英国,美国主要向英国供应烟草和棉花,同时购入制成品。英国作为"世界工厂",在美国市场上显然

---

[1] Cf. Werner Schlote, *British Overseas Trade*, Oxford, 1952, pp. 131 ff.; Sartorius von Waltershausen, *Die Entstehung der Weltwirtschaft*(《世界经济的起源》), Jena, 1931, p. 214; and William Woodruff, *America's Impact on the World*, Basingstoke, 1975, p. 265 f.

垄断了最重要的制成品,美国所进口的超过 90% 的棉织品和超过 97% 的羊毛和毛织品均来自英国。①

二、美国的依附

李斯特在分析美国的经济和政治依附性时,预示了"依附论"的许多观点,甚至部分预示了依附论的术语。他说,英国当时是"支配性政治强国","其"国民经济占支配地位";美国对原材料出口的依赖是"灾难和虚弱的根源"。美国农业受控于"外国的市场、外国的价格波动、外国的法规和限制",最终会沦为"另一实体的附庸"。②

上述引语表明,李斯特始终把经济分析与政治分析结合在一起。在他看来,美国民众深受英国统治者决策的影响,其程度要高于受本国国会的影响。李斯特相信,这种经济依附配上政治独立可谓美国最糟糕的组合,因为"随着政治的独立",美国"陷入更严重的经济附庸状态"。假如不能实现经济独立,美国还不如"回到母国的完全控制之下"。③

虽然李斯特以独特的逻辑一贯性构想了依附论的基本内容,但他的其他政治结论却迥然有别于某些依附论倡导者的结论。李斯特及其美国战友,如凯里(Henry C. Carey)和克莱(Henry Clay)等人,并不寻求与"发达世界的桥头堡"进行阶级斗争,而是试图说服本国的航运船东、东岸商人、西部农民、南部种植园主,要他们确信新的美利坚体系的优势。他们要让大多数人相信,牺牲"暂时利益换取未来长久利益"乃明智之举。④

三、批判自由贸易

至少暂时偏离自由贸易原则,这是美利坚体系蕴含的一个关键要求。李斯特抨击自由贸易,称之为"一种政治教条""文人圈中的时尚",⑤其抨

---

① Cf. William Woodruff, *America's Impact on the World*, ibid., p. 270.
② Friedrich List, *Outlines of American Political Economy*, ibid., pp. 108, 150, 146, 148; and in: "Harrisburg Address" (1828), in: *Schriften/Reden/Briefe*, Vol. II, ibid., p. 203.
③ Friedrich List, "Harrisburg Address", ibid., p. 203.
④ Friedrich List, *Outlines of American Political Economy*, ibid., p. 146.
⑤ Friedrich List, "Philadelphia Speech", ibid., p. 162.

击的激烈程度恐怕无以复加。他从多个层面展开论证，这些论点至今仍令人津津乐道。

李斯特首先批评了亚当·斯密（Adam Smith）和让-巴蒂斯特·萨伊（Jean-Baptiste Say）等人的古典经济学方法。他们的"政治经济学"有别于后来的新古典主义学派，力图把政治经济问题跟道德和哲学问题联系起来。但人们仍普遍认为，斯密和萨伊的政治经济学还没有资格使用"政治"这一形容词。

李斯特断言，专就外贸与发展理论而言，斯密等人的方法是相当非政治化的。古典政治经济学首先默认，世上存在一个世界性共和国，然后再依照这个主观想象，去假定全世界范围内都应当展开自由贸易。然而，古典政治经济学忽视了一点，即，在众多个体与幻想的世界共和国之间，其实还有一个行动和组织的层面，该层面至今依然关键，这就是国家。古典政治经济学之所以形成了那种理论观念，唯一的解释在于启蒙时代的传统，毕竟启蒙运动一直渴望构建普世价值观。于此可见，自由贸易理论强调自身的普遍有效性，正是自然法与永久和平思想在经济领域的体现。

依照李斯特的观点，自由贸易理论带有明显的意识形态特征，从根本上说，它不过是为了掩盖英国的经济和政治利益。李斯特极而言之，一个支配性强国倡导全球自由贸易，"此乃有史以来利用世人的轻信而玩弄的最非同寻常的一流政治花招"。[①]英国努力借助自由贸易维持其工商垄断地位，同时将那些可能危及其强权的国家置于"幼弱和依附"状态。

上述意识形态批评并非道义谴责，为佐证这种批评，李斯特提及一个事实，即，尚无一个国家在自由贸易下成功建起本国的工业部门，即便英国也是在国家保护下建起本国制造业的。如果说英国前首相皮特（William Pitt）总是随身带一本亚当·斯密的书，那"无非是打着作者的旗号却反其道而行之"。[②]

李斯特特别注重分析自由贸易对美国和德国所产生的冲击，它们都发生在战时保护主义结束之后。一旦战争结束、边境重开，美德两国市场

---

① Friedrich List, *Outlines of American Political Economy*, ibid., p.112.
② Friedrich List, *Outlines of American Political Economy*, ibid., p.141.

皆为廉价的英国商品所淹没,致使起步未久的重要产业部门遭受破坏。据李斯特计算,英国产品来势汹汹,比如曾使得德国工农业主要部门的产量居然下降了三分之二。如此经济后果着实触目惊心。①

李斯特得出结论,在工业化阶段,奉行自由贸易政策是错误的,因为"如果一种政治经济体系的效果与每个具备常识者对它的期望恰恰相反,那么它就一定是错误的"。②不妨借用"批判理性主义"的术语来说,"不列颠体系"对工业化阶段的效用已经被"证伪"。在这方面,李斯特实已预示了后世批判理性主义所提出的检验标准。

四、批判绝对和相对成本优势理论

斯密和李嘉图(David Ricardo)的绝对和相对成本优势理论以1703年英国与葡萄牙签订的《麦修恩条约》(Methuen Treaty)为背景,李斯特对该条约的批判如今再次引发世人的特别关注。李斯特不了解李嘉图的理论,但他非常了解该条约的后果。根据《麦修恩条约》,葡萄牙向英国毛纺织品开放市场,借以换取葡萄酒贸易上的优惠。这一条约的经济后果是,它摧毁了葡萄牙的毛纺织业,该产业实乃葡萄牙本土工业化的核心。(这是一个可在任何资料汇编中查到的事实,但在外贸理论教科书中却总被有意忽略。)

李斯特认为,通过《麦修恩条约》以及随后片面和不利的专业化,葡萄牙自觉自愿地沦为"英国的葡萄园和殖民地",并"为了卖酒的利益而放弃了自己的独立和权力"。③

虽然李斯特和李嘉图的推理基于相同的贸易理论,但因为其假设和观察的不同,所以他们在评判自由贸易时得出了相反的结论。李嘉图假定经济本质上是静态稳定的,初级产品的贸易条件会随着稀缺性的增加而得到改善[辛格(Hans W. Singer)提请人们注意这一点];④只要还没有

---

①② Friedrich List, *Outlines of American Political Economy*, ibid., p. 110.
③ Friedrich List, *Outlines of American Political Economy*, ibid., pp. 112, 115 f.
④ H. W. Singer, "The Distribution of Gains Revisited", in: H. W. Singer, *The Strategy of International Development*, London, Basingstoke, 1975, p. 64 f.

达到停滞状态,发展中国家的边际资本生产率便高于发达国家。

李斯特的看法截然不同,他关注的是经济增长的必要条件。他已观察到,在美国,棉花这一最重要出口商品的贸易条件已经持续恶化,而制造业的生产率高于农业。

李斯特认定,当发展水平悬殊的国家彼此自由贸易时,优势显然集中在工业国一边。对于尚未建起工业的新兴国家而言,自由贸易使之没有机会实现经济独立,因为"老牌国家……在自由交往中将永远会压制一个新兴工业化国家"。① 李斯特另还引用亚历山大·汉密尔顿的观点,即,在发展水平不相等的国家之间的对外贸易中,"制造业国家总会榨干原料生产国的财富"。② 李斯特当然知道,这并不排除自由贸易会增加世界的总产出这一可能性。可是,如果"对人类有益的生产"被证明"对某一特定国家具有破坏性",③那么,对于这个在外贸困局中苦苦挣扎的国家而言,世界总产出的增加又能带来几分安慰呢?

五、世界秩序还是国家本位

李斯特相信,要让世界经济遵守单一秩序的原则,尤其是要在全世界实行自由贸易,那是有前提的,即需要存在一个世界共和国,或者由一国统治全世界并施行一致的社会秩序。他认为这两个前提条件均具有乌托邦性质。

与此相反,李斯特的出发点是,他深知世界原由形态各异的国家所组成。在这样一个现实世界,国际关系是由彼此利益的部分抵触、国家间的实力竞争、或明或暗的权力冲突所决定。没有哪个国家能通过自主行动,置身于这些强力争夺之外,确保自己不会陷入危险境地。即使仅仅为了"自我图存",一个力求保护公民自由和经济繁荣的国家,也必将把维护并扩大自身经济和政治实力当作本国的基本目标。然而,在李斯特看来,经

---

① Friedrich List, *Outlines of American Political Economy*, ibid., p. 134.

② Friedrich List, "Observations on the Report of the Committee of Ways and Means" (1828), in: *Schriften/Reden/Briefe*, Vol. II, ibid., pp. 227, 221.

③ Friedrich List, *Outlines of American Political Economy*, ibid., p. 150.

济繁荣和国家实力不能跟国民总产出的规模混为一谈,真正起决定作用的是生产力,即一国依靠自身力量创造国民总产出的能力。①

尽管所有国家原则上都一样怀有实力和政治目标,但一国可达到的实力和政治地位,却因其发展状况以及智力与自然的资源禀赋而参差不齐。一国的地位会介于以下几种情况之间:(1)支配国地位;(2)充分独立地位,即政治和经济的独立;(3)可改变的依附地位;(4)永久性依附地位。可实现的目标未必在任何时候都一成不变,对许多国家而言,可达到的和实际达到的国家地位在历史进程中会双向演变,某个时刻都在朝着某一方向变迁。

相对于支配国的实力和政治目标,同时或后继还存在着次等国家的实力和政治目标,这便是李斯特呼吁采取"国家本位"的决定性原因。因为每个国家都有自己"特殊的政治经济",所以理所当然,不可能有适合一切国家的单一的外交政策和发展政策。②一国的最佳战略,因其发展状况及可达到的实力和政治地位而时有差异。依据李斯特的《美国政治经济学大纲》,可以就外贸政策推导出以下战略建议:③

(1) 对于占支配地位的强国而言,自由贸易是确保并扩大其工商产品垄断的最佳战略,支配国经济和政治的实力地位会因自由贸易而得到加强。

(2) 对于处在工业化门槛位置、有能力实现充分独立的大国,即所谓"门槛大国(threshold powers)",其最佳战略是,借由保护性关税政策,至少应当部分地退出国际分工。而要让保护性关税政策有意义,应当具备某些必不可少的结构性特征,包括拥有基本的固定资产、充足的自然资源和智力资源。智力资源包括人口教育水平、创业进取心、积极工作伦理、治理和行政水平,李斯特称"心智资本(capital of mind)"为关键的发展因素。在他心目中,美国、法国、德国属于"门槛大国"。

(3) 对于发展中国家而言,它们目前只能调节对外依附的程度,换言

---

① Friedrich List, *Outlines of American Political Economy*, ibid., pp. 105, 116.
② Friedrich List, *Outlines of American Political Economy*, ibid., p. 124.
③ Friedrich List, *Outlines of American Political Economy*, ibid., pp. 106, 108, 125.

之,只能暂时接受"尚可容忍的对外依赖和经济附庸"。李斯特认为,在一定时期内,通过自由贸易与世界经济广泛融合,这对发展中国家实乃一项明智战略。在此阶段,因为"心智资本"等方面还不够发达,所以还无法成功地实施保护性关税政策。总体上,现有处境下的这类国家能够从本国原材料与外国制成品的交换中获益,因为如果国家对外开放,决定性的"心智资本"等要素会发展得更快。在《美国政治经济学大纲》中,李斯特把墨西哥、南美各国、西班牙、俄国列为发展中国家。

（4）最后一类是无法自行调节对外依附程度的国家,李斯特在后来的著作中才提出这个类别。这些国家地处"热带"地区,不宜也无法实现工业化,因此,被欧洲殖民对它们还是有利的。

六、工业化与外部效应

李斯特在概述其发展战略时,他首先关注的是那些在通向充分独立的道路上正处于门槛位置的大国。这些国家发展战略的重中之重,应该是通过工业化促进经济增长。这一点在李嘉图和马尔萨斯(Thomas Malthus)那里并非理所当然之事,在他们看来,经济和人口的停滞似乎是个合乎逻辑的前提。

李斯特深知增长无止境,他对工业化重要性的强调可谓无人能及。对门槛大国而言,制造业是其国民经济的真正动力,因而也是经济和政治实力的先决条件。当然,在此发展阶段,如果存在一个具有超强竞争实力的霸主,这些门槛大国就需要动用政权力量来支持本国工业化,否则就无法抵挡既有工业强国"资本和技术的联合威力"。[1]在此过程中,关税保护将有助于壮大国家的生产力,从长远看,生产力比起短期内社会的更高产出更加重要。

李斯特尚不了解"外部效应"的概念,但他意识到在工业化的艰难阶段,"个人利益和国家利益"有可能出现分歧。[2]保护性关税政策意味着需要暂时"牺牲大多数个人的利益"。[3]反过来看,工业化会对农业生产和交

---

[1] Friedrich List, *Outlines of American Political Economy*, ibid., p. 119.
[2] Friedrich List, *Outlines of American Political Economy*, ibid., p. 128.
[3] Friedrich List, *Outlines of American Political Economy*, ibid., p. 132.

通运输产生有利的影响,并产生工业内部多方面的相互带动。①例如,李斯特希望,通过前向关联和后向关联,建筑和木材行业、钢铁和机械行业都能从棉纺织业的兴起中受益。②

制造业的重要性不限于具体的经济效应。工业创新乃"艺术、科学、技能的摇篮,实力和财富的源泉"。③或者正如辛格在当今时代所言,工业"除了能产生直接的马歇尔式外部经济性,还能为增加技术知识、城市教育、与城市文明相伴的活力和韧性,提供生长点"。④

李斯特没有为发展中国家的发展政策提出详细建议,每个国家都有具体的国情,所以同样的措施可能会产生大相径庭的结果。李斯特举例称,在人口稠密的国家如中国和印度,人口的继续增长和机器的引进使用只会造成有害的后果,而在美国,它们却能成为经济进一步增长的决定性条件。⑤

七、"平衡"还是"非平衡"增长

李斯特的《美国政治经济学大纲》也已包含了"平衡与不平衡增长"理论的基本思想。不过,他的理念跟这些当代理论并不完全匹配。

李斯特向门槛大国提出了实现充分独立这样的经济目标,这接近于总体经济的"平衡增长"概念。出于安全和经济原因,李斯特强调,第一、第二、第三产业应当相互协调、紧密融合。⑥

一个经济体单凭这些特征,就基本上足以抵御外部经济领域因政治和经济因素而出现的波动,于是便能为国家带来更大的稳定和实力。举

---

① Friedrich List, *Outlines of American Political Economy*, ibid., p. 155; "Harrisburg Address", ibid., p. 203 f.; and "Remarks on Mr. Cambreleng's Report on the Tariff" (1830), in: *Schriften/Reden/Briefe*, Vol. II, ibid., pp. 235, 237.
② Friedrich List, *Outlines of American Political Economy*, ibid., p. 120.
③ Friedrich List, *Outlines of American Political Economy*, ibid., p. 105.
④ H. W. Singer, "The Distribution of Gains between Investing and Borrowing Countries", in: H. W. Singer, *The Strategy of International Development*, ibid., p. 47.
⑤ Friedrich List, *Outlines of American Political Economy*, ibid., pp. 124, 126.
⑥ Friedrich List, *Outlines of American Political Economy*, ibid., p. 107.

例来说,重要的经济部门均应达到一个盈利门槛,此即,应当仅靠国内市场便能保证生产的盈利。①

不同经济部门的相互协调、紧密融合也将提高生产率。例如,第一产业与第二产业的深度结合,即所谓"本国制造业与农业携手共进",便大有益处,因为其中蕴含诸多关联和乘数效应。②工农联手还能促进国内贸易,而内贸通常比外贸更有利于门槛大国。在对外贸易中,"每个国家(仅仅)享有本国产业的利润",而在国内贸易中,"国家享有两个产业(伙伴)的利润"。③

成功的工业化是实现国民经济和谐运转的决定性因素。工业化国家除需要排除外国工业经济体的扰乱之外,还需要"平衡"地发展彼此互补的产业,建立不可或缺的建筑部门,尤其是需要造就一支训练有素的熟练劳动队伍。(门槛大国的工资成本居然高于工业化国家!)④

另一方面,李斯特承认,纵然像美国这样得天独厚、有潜力发展全部产业的国家,也不可能让所有产业都齐头并进地发展。有鉴于此,他主张谨慎选择需要优先发展的产业,此即"不平衡"工业化。他建议的选择标准是,优先产业应当具备"有资源基础的工业化战略"特征。首先要促进的是以本地原材料为基础、拥有巨大国内市场的工业,如毛纺、棉纺、化工、铁器、陶器等产业。换言之,这些产业必须是"雇用大量劳动力、消耗大量农产品和原材料的制造业"。⑤

八、以自我为中心的发展?

李斯特为门槛大国提出的贸易政策和发展战略,与那个被称为"以自我为中心的发展战略"无疑多有相似之处。这里可提及的相似点包括:以

---

① Friedrich List, *Outlines of American Political Economy*, ibid., p. 135 f.
② Friedrich List, "Harrisburg Address", ibid., p. 201.
③ Friedrich List, "Observations on the Report of the Committee of Ways and Means", ibid., pp. 218, 211.
④ Friedrich List, *Outlines of American Political Economy*, ibid., p. 133.
⑤ Friedrich List, *Outlines of American Political Economy*, ibid., p. 125.

国家生产力为中心的核心概念,建立经济循环紧密融合、组织和谐的国民经济这一理想追求,优先发展国内贸易的具体要求,强调利用"自身努力"和"心智资本"发展经济的基本思路。①

李斯特论作中的一些段落听起来似乎立意要维护某种发展议程,该议程则基于一种防范的观念。李斯特在谈到德国(他那个时代的门槛大国之一)时说道:"自从希腊人把一匹木马送给特洛伊人以来,各国在接受其他国家的礼物时都心存疑虑。英国人以补贴的形式向欧洲大陆赠送了价值连城的礼物,欧洲大陆国家却实力大损,为此付出了惨重的代价。这些补贴起到了出口奖励的作用,对英国工厂有利,对德国工厂却不利。如果英国承诺长年向德国人提供所需的全部制成品,我们不会建议德国人接受这样的送货上门。"②

然而,李斯特也表达过与自我中心发展战略相反的观点,无视那些观点肯定是不对的。保护性关税不仅是为了促进本国工业的发展,而且也为了吸引外国的资本和技术。在他看来,外国投资和移民进入美国,此乃经济快速增长的必要条件,也是避免自己四面出击、粗放生产的重要手段。③在工业化阶段,美国依然需要对外贸易,因为它在任一时候都不可能同时发展较多数量的产业。

因此,门槛大国仍应保证与世界经济维持富有长远意义的融合,哪怕这种融合只是局部性的。一旦工业化大功告成,则对外贸易将再次大大加强,因为工业国之间的外贸量会大幅增长。④至于实现充分独立后是否应当过渡到自由贸易,从《美国政治经济学大纲》中看不到李斯特就此问题留下明确阐述的观点。李斯特一方面在热忱倡导遥远未来的"美好理想",另一方面则努力求解现实国际竞争对一国经济增长的影响,他徘徊

---

① Friedrich List, *Outlines of American Political Economy*, ibid., p.115.
② Friedrich List, *Das Nationale System der Politischen Ökonomie*(《政治经济学的国民体系》), in: *Schriften/Reden/Briefe*, Berlin, 1930, Vol. VI, p.184. 李斯特较早便已形成这一理念,见"Harrisburg Address", ibid., p.196:"我敢说,如果他们(美国农民)可以不花一分钱就得到制成品,那才是最糟糕的事情,因为这种情况下,英国人只会把零头赔偿给美国人,相当于美国人如果自己生产这些制成品本可获得的那笔款项的利息。"
③ Friedrich List, *Outlines of American Political Economy*, ibid., p.123.
④ Friedrich List, *Outlines of American Political Economy*, ibid., p.155.

在二者之间。

＊　＊　＊

总之,早在当今世界的南北争议出现以前,国家经济独立和国际经济新秩序已然是世界政治经济中引人注目的问题,美国在19世纪初就把经济独立和国际新秩序列为本国追求的目标。美国这个前殖民地弱国与当年世界强权英国之间的政治经济冲突,与目前正在发生的南北争议之间,甚至在措辞和论述上都有惊人的相似性。这就决定了李斯特的经典学说对当今发展政策仍有显而易见的适用价值。

（原刊于1977年,梅俊杰译）

第四编

汉密尔顿论工业发展

关于制造业问题的报告

[美]亚历山大·汉密尔顿[*]

遵照众议院1790年1月15日令,财政部长在其他职责允许的情况下已尽早关注了制造业问题,特别是能让美国在军需及其他必需品供应上独立于外国的促进手段。谨此提交以下报告。[①]

一

采取措施鼓励美国的制造业,不久前尚被认为大可存疑,现在看来已得到相当普遍的接受。阻碍我国对外贸易发展的种种窘境,促使我们认真思考扩大国内贸易范围的必要性。国外市场上的限制性规定,阻碍了我国日益过剩的农产品的出口,使得人们真切地希望在国内创造出对过剩农产品更广大的需求。制造业经营在某些有价值的领域已取得巨大成功,同时在若干不太成熟的尝试中也出现了颇有希望的迹象。这让人有理由期待,阻挠制造业发展的障碍并不像人们担心的那么可怕。而且不难发现,在制造业的进一步拓展中,资源可以得到增加,已经或可能经受

---

[*] 亚历山大·汉密尔顿(Alexander Hamilton,1755—1804),美国开国元勋之一、美国制宪会议代表和宪法起草人之一、美国首任财政部长,主撰《联邦党人文集》(1788)、《关于制造业问题的报告》(1791)及有关确立国债制度、组建国民银行等问题的报告。——编注。

[①] 汉密尔顿撰写本报告时,得到了助理财政部长坦奇·考克斯(Tench Coxe,1755—1824,1790—1792年任职)的协助。考克斯起草了本报告短得多的一个版本的初稿,提供了制造业的信息,并且评阅了汉密尔顿后来数版的文稿。——乔安·弗里曼(Joanne B. Freeman)编《亚历山大·汉密尔顿文集》原注。

的外部不利情况可以得到充分补救，从而有利于国家的独立和安全。

尽管如此，仍有一些值得尊敬的人士，对于鼓励制造业持有并不友好的观点，他们自我辩护的理由如下：

"（持有该观点的人称，）在每个国家，农业都是人类最有益、最有生产性的产业。该结论即使不能放之四海而皆准，也特别适合美国，因为美国拥有大片肥沃的土地，既无人居住，也未经耕作。将这片广袤荒原改造成耕地，便能提供资本利用和劳动就业的大好机会，能为国家的人口、实力、真正的富裕作出无与伦比的贡献。"

"想通过政府的超常扶持来加速制造业发展，实乃试图通过软硬兼施，把人力物力的自然流向从较有利的渠道转到较不利的渠道。任何事情凡有这一倾向，必属冒失行为。事实上，政府要为公民指明努力方向，多非明智之举。在私利的精明引导下，若任其发展，人力物力必能找到最可盈利的应用途径，正是通过这种应用，才能最有效地促进公共繁荣。因此，对人力物力听之任之，任何情况下基本上都是最简单稳妥的政策。"

"向美国建议这一政策，不但基于涉及各国的普遍性考虑，某种程度上也由一种非常特殊的客观力量所决定。与国土面积相比，美国人烟稀少，不断地吸引人们从定居地向未定居地移民，也使得独立性较低的工匠营生可以轻易转变为独立性较高的农民营生。凡此种种，共同造成制造业人手紧缺、劳动力普遍昂贵，这种情况在相当长时间内定会继续存在。除这些不利于制造业发展的因素外，还有资金不足的问题，故而要想成功地与欧洲制造业竞争，前景必定是基本绝望。大范围的制造业只能脱胎自多余的人口，至少是饱和的人口。在人口富余成为国情特征之前，对制造业寄予希望均属徒劳。"

"如果违背自然规律，通过重税、禁令、补贴之类强制措施，过早地把不合时宜的条件给予某些制成品，那只会牺牲社会利益，徒让特定阶层得利。除误导劳动力外，受雇于那些制造行业的人将获得事实上的垄断权，而每一垄断必然带来价格上涨，后果必然要由社会其他部门来承担。更可取的做法是，这些人应当去种地，再以土地的出产去换取外国人能以更完善质量、更优惠条件所供给的商品。"

上述推理方式建立在事实和原则的基础上，当然有其可通之理。如果它能比既有实践更普遍地指导各国的行为,那有理由相信,它可能让各国更快地繁荣昌盛,速度要快于因追随相反原理而取得的成就。然而,大多数通行理论无不包含诸多例外,政治类理论中,大多把相当部分谬误与其所灌输的真理混杂在一起。

为了准确判断前引论调在多大程度上确实存在此类问题,有必要细察那些倾向于发展制造业的思考。这些思考似乎建议,某些情况下,在某些合理的限定条件下,应当对制造业予以积极的特别鼓励。

土地耕种乃国民供给最可靠的第一来源、人类生存主要的直接依托、非农业劳动者营养材料的首要出处、最利于人类心灵自由独立的一种状态,也许还是最利于人类物种繁衍的一种状态。因此,不言而喻,种地务农自应比其他任何产业类型都更为重要。

然而,无论在哪个国家,若称农业有权可独享恩宠,则必须慎之又慎。以为农业比任何其他产业部门都拥有更高的生产性,此论也需要拿出更多的证据来支撑。就农业那些至为宝贵但不应虚夸的重要利益而言,对制造业的适当鼓励将促进而不会损害农业的真正利益,我们相信这一点可以得到令人满意的证明。我们同时相信,国家政策中最有力、最有说服力的动机也表明,对制造业的鼓励总体来看是值得倡导的。

有人坚称,农业不但是最有生产性的产业,还是唯一有生产性的产业。然而,无论从哪方面看,此论的真实性并未得到准确的细节和统计的验证。为证明该观点而引用的一般论据,与其说是坚实可靠或令人信服的,不如说是虚无缥缈和自相矛盾的。

那些坚称农业具有唯一生产性的论点大意如下:

在土地耕种上付出的劳动,其产出不仅足以抵销经营过程中发生的一切必要支出,维持受雇人员的生活,为农民的资产或资本创造普通利润,而且能为地主或土地所有者带来净盈余或租金。反之,工匠的劳动除抵销了雇用他们的资产(包括物质工具和工资投入),以及资产应得的普通利润外,再无其他功用了。工匠劳动并不产生相等于*地租*的那种东西,也没有为该国土地和劳动的全部年产出的总值提供任何增值。土地产出中有一部分被加工成制成品,该部分所获得的额外价值,却被产出中由制造商所消耗的其他部分的价值所抵销。因此,工匠阶层只能通过节俭或吝啬，而不是通过他们劳动的正面生产性，来增加社会的收入。

我们对此的答复是：

(1)"只要承认制造业劳动所产生的价值等同于该生产劳动中所花费或消耗的价值，并使原来的资产或资本继续存在，那么仅凭这一点，它就不应该被认为是完全非生产性的。虽然我们承认，正如所声称的那样，工匠或制造商阶层对土地产出的消费，完全等同于其劳动给加工材料带来的增值，但这并不意味着，他们的劳动对社会的收入，或者对其土地和劳动的年产出总值，没有增加任何东西。如果某特定时期的消费额为某一特定数额，而同一时期农业产出经加工而增加的数值为同样的数额，那么该时期的消费和生产总额将等于这两个数额，从而是所消费农业产值的两倍。虽然工匠阶层创造的价值增量在任何时候都不会超过其所消耗的土地产出的价值，但由于他们的劳动，市场上的商品价值每时每刻都会高于没有工匠劳动时本来的商品价值。"

(2)"工匠只能通过节俭或吝啬来增加社会收入的观点，只有在一个意义上说得通，即它同样适用于农耕者或畜牧者。可以同样肯定的是，对所有这些阶层而言，其劳动所得并用于自身供养的资金，一般情况下都不会多于他们的劳动付出。由此可见，社会财富或资本的增加，就其中任何一种情况而言，都只能来自较为节俭或吝啬的人的储蓄。可为例外的，只有那些涉及特别心灵手巧或高超技能的情况。"

(3)"一个国家土地和劳动的年产出只能通过两种方式而增加，一种是通过提高国内实际存在的有用劳动的生产能力，另一种是通过增加这种劳动的数量。就第一种方式而言，由于工匠的劳动比农耕者的劳动更细分，操作更简单，所以，无论是通过增加技能，还是通过应用灵巧的机器，都会在相应程度上提高工匠的生产能力。可见，在这一点上，种地务农所雇用的劳动并不比从事制造业的劳动更有优势。至于有用劳动数量的增加，如果不考虑偶发情况，则主要取决于资本的增加，而资本的增加又取决于任何时候劳动者及管理者收入的节余，并不管是在农业还是制造业或其他领域。"

但是，虽然农业劳动独有生产性之说遭到了否认和驳斥，农业生产的优越性却应予爽快承认。由于这一承认涉及公共管理准则中一个相当重要的问题,因此值得对有关立论依据作一明确具体的考察。

其中用以支持该观点的一个论据可谓既古板又肤浅。它等于是说,在土地的生产中,大自然与人类合作,其共同劳动的效果一定大于人类单独劳动的效果。

然而,这远非一个必然的推论。可以想象,在一项需要高超技艺方能至善至美的工作上,单靠人类的劳动,其价值可能比自然和人类的劳动合到一起,用于比较简单的操作和目标时会更有成效。只需回想一下,自然中的人力作用,体现于机械力量的应用,在多大程度上助力了制造业的发展,则我们所关注的那种意见便不再可信。

从相反的角度可见,农业劳动很大程度上是周期性和应时性的,取决于季节,会有各种长时的停歇;而许多制造业的劳动是持续性和惯常性的,可贯穿全年,某些情况下还会夜以继日。此外,在农耕者中,懒散懈怠的现象比在工匠中可能更为常见。农民由于土地肥沃或若干其他有利条件,即使在耕作方式上有相当程度的粗心大意,也时常能获得生计。但工匠若不付出跟同行相等的努力,便很难达成相同的目标。若可同样假定,制造业比农业为发挥聪明才智开辟了更广的天地,那我们就能不难推测,制造业所使用的劳动比农业劳动更恒定、更划一、更灵巧,同时也可见具有更高的生产性。

不过,我们无意特别强调此类观点,它们只应该用它来平衡相关的其他观点。过于抽象、模糊、笼统的论述,在此类问题上无法提供具体的启发。

另一个论点,似乎是为农业劳动具有更高生产性而提出的主要论断,立足于这一说法,即制造业雇用的劳动无法产生与地租相对等的东西,或与所谓净盈余相对等的东西,而土地所有者是能收获地租和盈余的。

可是,这种区别尽管被认为很重要,却似乎更是*说说*而已,并非实质性的。

不难看出,在农业这种情况下,分为两部分的东西,即农民资产的普通利润和付给地主的*租金*,到制造业这种情况下,被统称为经营者资产所产生的普通利润。形式上或口头上的不同分类造成了两种情况下的全部区别。人们似乎忽略了一点,即土地本身就是一种资产或资本,由土地所有者垫付或借给土地占有者或承租人,他所收取的租金只是某种土地资产的普通利润。土地并非由土地所有者本人管理,而由他借给或租给另一人去打理,打理者自己还要垫付第二笔资金来添置资产并改良土地,他从中获取普通利润。因此,地主的地租和农民的利润只不过是属于两个不同人的两笔资本所产生的普通利润,但它们都统一于农地的耕种中。在另一种情况下,任何一家工厂产生的盈余,在抵销了经营的开支后,都成了这家工厂运行中用到的一种或多种资本的普通利润。这里之所以说"一种或多种资本",是因为事实上,在农业情况下所遇到的这件事情,有时也发生在工厂中。会有一个人提供部分资本,或借出部分资金,通过这些资金来开展业务,而另一人则通过增加自己的资本来开展业务。在扣除开支后的盈余部分中,需要向放贷人支付他出借的那部分资本的利息,这部分利息与付给地主的租金完全相同。剩余部分则构成了经营者或制造商的利润,这等于就是所谓农民资产的普通利润。二者共同构成了一家工厂所使用的两种资本的普通利润,正如在农业情况下,地主的地租和农民的收入构成了农地所使用的两种资本的普通利润。

因此,土地所有者应得的地租,远非如人所称乃独有生产性的标准,甚至亦非优势生产性的标准。问题仍然在于,用于购买和改良一块土地的给定资本,在支付费用后的盈余是多于还是少于用来开办工厂的类似资本,或者说,给定资本和给定劳动量在一种情况下所产生的全部价值,是否会多于还是少于*同等资本和同等劳动量*在另一种情况下所产生的全部价值。或干脆说,根据资本量与劳动量的复合比例,当它们用于这种或那种情况下时,到底是农业生产的产出最多,还是制造业生产的产出最多?

要解决这两个问题中的任何一个都不容易,它涉及大量复杂的细节,取决于对比较对象的准确了解。目前还不知道,是否已在足够数据的基础上作过对照,且这些数据经过了适当的核实和分析。要想在当前时机作出令人满意的精确比较,就需要预先进行更多的调查研究,而迄今为止,我们既无闲暇也无机会来完成此项工作。

然而,也已有人作过若干努力,旨在获得必要的相关信息。只是这些努力与其说有助于确证我们正在考察的假设,莫如说反而增加了其中的疑问。不过应当承认,已有研究的差异化不大,也不完善,无从得出任何一面的明确结论,只能导向可能性猜测而非确定性推论。据研究,很可能存在多种制造业部门,跟投资于土地购置与改良的同等资本相比,制造业部门中给定资本所产生的总产出会更大,净产值要高出较多;还有一些部门,根据资本和劳动的复合比率,其总产出和净产值都会超过农业。但正是在这最后一点上,似乎存在着最大的疑问空间。一般来说,要推断从事制造业的资本净产值大于从事农业的资本净产值,难度要小得多。

在说明这些结果时,人们仅考虑了购置与改良以前耕种的土地。而按新土地和荒地的安置情况来说,同样的比较会更有利于农业。然而,从如此临时性情况中得出的论点,并不能有效地确定两种产业的长久相对生产率这个一般问题。至于它应在多大程度上影响美国的政策,我们将根据具体情况另作讨论。

上述建议并非有意灌输制造业比农业更具生产性这样的观点,它们更旨在表明,与此命题相反的观点并未得到证实,用来支撑那种观点的一般论据还不能令人信服。因此,认为种地务农的生产率更高,不应妨碍我们听取关于鼓励制造业的实质性劝导。可以感到本来是存在这些劝导的,但人们担心,这些劝导可能会使劳动从利润较高的产业转往利润较低的产业,故而漠视这些劝导。

极有可能的是,依据事实和计算而全面准确地研究该问题后可见,一种产业与另一种产业的总生产率之间并无实质性差别;而且,任何情况下,对其中任一产业拟议的鼓励是否适当,都应根据与那种比较研究无关的其他考虑因素来决定。

然而,即使不去争论制造业是否具有更优越的生产性,单从其他一些方面来考虑这个问题,也会有助于更好地判断为鼓励制造业应采取的政策。从其他方面看,不仅可以证实这种观点,即制造业本身是被不恰当地描述为非生产性的;而且还可证明,制造业的建立和传播具有某种效应,可使社会中有用的、生产性的劳动总量超过本来可能的规模。在充分展开讨论时,或许有必要简要地再论并总结一下已经触及的某些话题。

如果说,制造商的劳动是非生产性的,因为它消耗的土地产出与它加工原料时的增值一样多,那么同样可以说,为制造商提供材料的农民的劳动也是非生产性的,因为它消耗了同等价值的制成品。前一种说法并不比后一种说法更有依据。农民和工匠中,每一方都向另一方提供自己劳动成果的一部分,同样,每一方都消耗另一方劳动成果的相应部分。与此同时,社会需要维持两个公民而不是一个公民的供养,国家有了两个成员而不是一个成员,他们加在一起所消耗的土地产值是原来的两倍。

如果不是同时有一个农民和一个工匠,而是仅有一个农民,则该农民必须把一部分劳动用于制作衣服等物品,而如有一个工匠时就可以买到这些东西。农民因为需要自行制作衣物,那就无法把更多的劳动用于种地,从中获得的产品也就会相应减少。在这种情况下(即仅有农民时),包括粮食、原料、制成品在内的总产的价值,肯定不会超过既有农民又有工匠的情况下专产的粮食和原料产量。

再强调一下,如果既有工匠又有农民,农民便可自由地专门耕种农田。如前所述,这样农民当然会产出更多的粮食和原料,至少不少于在相反假设下(即仅有农民时)会产出的全部粮食、原料及制成品。且与此同时,还有工匠在那里生产制成品,其数量不但足以用制成品来交换农民产出的粮食和原料,还足以为工匠自己提供制成品自用。如此一来,就会存在两种商品或价值,而不是一种;后一种情况下的收入和消费会是前一种情况下的两倍。

如果不考虑上述两种假设,另假设存在两个农民但没有工匠,每个农民都把部分劳动用于耕种土地,另部分劳动用于制造产品。在此情况下,两个人用于种地的劳动所产出的粮食和原料,仅等于一个人专门种地时所产粮食和原料的数量;两个人用于制造业的劳动所生产的制成品数量,仅等于一个人专门制造时的全部劳动所生产的制成品数量。因此,两个农民的劳动成果不会超过一个农民和一个工匠的劳动成果,也因此,工匠的劳动跟农民的劳动具有同样积极的生产性,同样积极地增加了社会的收入。

工匠的劳动取代了农民的那部分劳动,农民用这部分劳动向工匠提供原材料作交换,否则他不得不自行加工这部分材料。工匠的行为能使农民扩大其农业资产,其中一部分由工匠购买自用,同时工匠也为自己提供自需的制成品。

工匠还做了更多的事情。除为其所消耗的那部分农业劳动提供等价物，以及为其自身消费提供制成品外，他还提供盈余，用以补偿他本人或其他人为开展业务而垫付的资本的占用费。这便是工厂所使用资产的普通利润，从任何意义上讲，它都是对社会收入的有效补充，就像地租一样。

因此，工匠的劳动成果可视为由三部分构成：第一是从农民那里购买的生活必需品和待加工材料，第二是他为自己提供的制成必需品，第三是他所使用资产的利润。在通行理论体系中，最后两部分似遭忽略，以致制造业被认为贫瘠荒芜、不具生产性。

二

在前文的说明过程中，农民和工匠等量劳动的产出被视为彼此相等。但这并不等于断言存在这种精确的相等性，那无非是为简明起见而采用的一种表达方式。农民的劳动产值是否比工匠的劳动产值高一些或低一些，对于论证的大局并不重要，因为至此的论证仅在于表明，农民或工匠任一方的劳动都会对社会的总产出和总收入产生积极影响。

现宜进而列举一些主要情况，以从中推断：制造业不仅积极增加社会的产出和收入，而且从根本上使产出和收入大于没有制造业时或会达到的规模。这些情况是：

（1）实行劳动分工；
（2）推广机器使用；
（3）为通常不从事实业的社会阶层新增就业机会；
（4）吸引外来移民；
（5）为人人各异的才智和秉性提供更大的发挥空间；
（6）为创业精神提供更加广阔多样的施展天地；
（7）总是为过剩农产品确保稳定可靠的需求，有时则创造新的需求。

这些情况中，每一种都对社会的努力总量产生相当大的影响。它们加在一起时，所产生的能量和效果将是难以想象的。按照上述顺序，对其中每一情况加以评论，可有助于阐明其重要性。

(一)实行劳动分工

有人公正地指出,在一国经济中,最重要的事情恐怕莫过于适当的劳动分工。职业的分离使每种职业都得到更大的完善,这比职业混合产生的结果要好得多。这主要源自三种情况。

首先,持续专注于某一目标,自然会提高劳动者的技能娴熟度。显而易见,娴熟技能一定会随着劳动对象的分离和简化以及对每个对象的稳定专注而增强,也一定会随着对象的复杂化和注意力的分散化而减弱。

其次,节约时间,即避免因频繁地从一项作业切换到性质不同的另一项作业而造成时间损失。这取决于各种情况,切换本身就涉及:有序处置拟放弃作业中所使用的工具、机器、材料;开始新作业前要完成有关准备步骤;要中断因从事特定作业而形成的专注;从一件事转到另一件事难免会分心、犹豫、不情愿。

再次,有助于拓展机器的使用。如果一个人仅专注于一个目标,其能力就会更强,也会更自然地发挥想象力,想出各种办法来简化劳动,而不像面对一系列独立各异的作业时那样茫然失措。除此之外,在许多情况下,机器制造本身已成为一个独特的行业,从事机器制造的技师在改进其特殊技艺方面拥有上述所有优势,令机器的发明和应用这两方面都得到拓展。

综上所述,单单把工匠职业从农民职业中分离出来,便能提高劳动生产率,从而增加国家的总产出或总收入。因此,仅从这单一角度看,工匠或制造商在促进生产性产业发展中的作用即一目了然。

(二)推广机器使用

这一点尽管一定程度上不出所料,但仍需再说明一二。机器的使用在整个国家产业中举足轻重,它是一种人造力量,用于辅助人的自然力。对所有劳动目的而言,机器都是人手的增加、力量的增强,又可节省劳动者的维持费用。因此,是否可以持平而论,凡能最大限度地利用这种辅助工具的行当,都最能贡献于总劳动付出及由此而来的总产量?

与农业相比,制造业活动更容易应用机器,这一点不言而喻,其正确性可通过观察来验证。如果一个社会不再自行生产制成品,而改从其他国家采购来满足自身需要,则制造业更能得益于机器这一差别将不复存在。用外国制成品取代本国制成品，这等于把由使用机器所产生的好处拱手让给外国，须知，使用机器能以最有效、最广泛的方式展开生产。

刚才提出的总体主张有一个典型例证，那就是英国过去20年里发明的机器棉纺织厂。由于此项发明，英国全部的棉纺工序皆由机器完成，机器由水力驱动，多由妇女和儿童操作，所需人手总体上要少于普通纺纱方式。棉纺织厂能方便地日夜连续运转，形成了一个意义重大的优势。此种机器的巨大作用可想而知，英国能在棉纺织业各领域突然取得巨大进步，本质上应归功于这一发明。

（三）为通常不从事实业的社会阶层新增就业机会

可以说在制造部门为扩大产业资产和生产总量所作的贡献中，新增就业并非最无价值。在制造部门集中的地方，除经常从事这些工作的人手之外，勤劳的个人和家庭也能得到临时的兼职。这些人愿意将日常工余的闲暇用于兼差，以此增加自己的财富或享受。在附近工厂需求的吸引和刺激下，作为一家之主的农民也从妻女的额外劳作中获得了新的收益和支持。

除为从事不同职业的阶层提供临时就业这一好处外，还有一个与之性质相近、趋势相似的好处，这就是雇用那些出于秉性、习惯、体弱等原因而不适合或不能够从事乡间劳动的人，否则他们就会无所事事，许多情况下成为社会的负担。值得特别指出，一般来说，比起没有制造业的情况，妇女和儿童在制造业中作用更大，儿童的作用发挥得尤其早。据统计，英国棉纺织厂的雇工中，有将近七分之四为妇女和儿童，其中儿童占比最大，许多儿童年龄还很幼小。

因此，这似乎是制造业的特征之一，也是一个非同小可的特征，即，在制造业盛行的地方，即使是*同样数量的人手*，也有机会发挥出比没有制造业时更大的生产能力。

（四）吸引外来移民

人们一般不愿意放弃一种职业和谋生方式而去改行，除非受到十分直观和直接的利益感召。如果有望继续从事所受教育的职业并从中获利更多，许多人便会从一国前往另一国，而往往不会采用其他方式来改善处境。制造商们听闻其制成品或劳动可以获得更高的价格，食物和原料可以更加便宜,可以免除在旧大陆所承受的大部分税负和束缚,可以在更平等的政府运作下享有更大的个人独立和作为,以及比一般性宗教宽容还要珍贵的东西,即完全平等的宗教权利——他们便可能从欧洲蜂拥至美国,来继续从事原本的行当或职业。一旦让其意识到将可享受的好处,并给予鼓励和就业的保证,那他们将受诱导而背井离乡,但不大可能是冲着要成为种地农民这一前景而来。

如果开放一切可能的途径吸引海外移民确实符合美国利益,这就为鼓励制造业提供了一个有力的论据。基于前述原因,对制造业给予鼓励将形成一股强大的趋势,使得人们越来越受到更多的吸引而奔赴制造业。

在这里,我们看到一种重要的资源,它不仅可以扩大一国的人口,随之增加有用的生产性劳动力,而且可以在不减少本来引去种地的人手的情况下开展制造业,甚至还可以补充农业中可能经受的人手流失。许多人在制造业前景的诱导下移居美国,但因为美国的特殊国情,随后又可能屈服于这里展现的从事农业的种种诱惑。不过,农业在其他方面固然会从制造业的发展中获得许多显著的、纯粹的好处,但从事农业的人数究竟是增还是减,这点尚不能确定。

(五) 为人人各异的才智和秉性提供更大的发挥空间

这是一个增加民族产业资源储备的有力手段,比初看起来更要有力得多。一个公正的观察结果是,即使是最强大、最活跃的头脑,假如局限于不愉快的活动,在追求其相应目标上也可能屈居平庸水平,其劳动也可能了无成果。由此可以推断,人类努力的成果可以通过努力对象的多样化而大大增加。当一个社会拥有各种不同的产业时,每个人都能找到自己合适的行当,由此激发本人天性中的全部活力。各人都能以最有效的方式为社会服务,而社会也能从各成员的服务中受益。

我们经常听到这种说法,称这个国家的人民在机器改良方面天赋异禀。假如这个说法还有点道理,这便可成为一个有力的理由,让我们通过推广制造业,为那种天赋的发挥提供机会。

(六) 为创业精神提供更加广阔多样的施展天地

这也会对国家努力的总规模产生影响,有关影响可能比表面看来的要大,其效果则与上一点所提及的情况有相近之处。通过增加创业的对象来珍惜并激发人的思想活动,这在促进国家财富的过程中并非无足轻重的举措。即便是本身缺乏积极意义的事物,有时也会因其激起人们的努力奋斗而变得有积极意义。每一个新的场景,都会激发人类忙碌的天性,都会为人类的总体努力增添新的能量。

创业精神是有用的,也是多产的,它必然会随着社会中职业和产品的单一化或多样化而缩小或扩大。在一个只有农民的国家,创业精神一定不如在一个兼有农民和商人的国家;而在一个兼有农民和商人的国家,创业精神一定不如在一个兼有农民、工匠、商人的国家。

(七)总是为过剩农产品确保更稳定可靠的需求,有时则创造新的需求

在全部上述情况中,这种情况居最重要之列。它作为一项主要手段,可令制造业的建立有助于增加一国的产出或收入,并且与农业的繁荣直接而密切地关联起来。

显而易见,农民的努力是稳定还是波动,是有力还是无力,与他必须依赖的市场的稳定或波动、充足或不足成正比。农民依靠市场去销售自身劳动所生产的剩余物,正常情况下,这种盈余的多寡是与市场情况成比例的。

从销售这一角度看,国内市场比国外市场要远为可取,因为按事情的本质而言,国内市场远远地更加靠得住。

各国政策的首要目标,是能够从本国土地上获得生活必需品,而制造业国家在条件允许的情况下,也会努力从本国来获取生产本国制成品所需的原材料。在垄断精神的驱使下,这种倾向有时甚至会发展到极不理智的程度。人们似未时时记得,既无矿山也无制造业的国家,只能用土地出产去交换自身所需制成品。如果那些最能提供制成品的国家不愿意正常进行这种交换,那农业国就必须尽其所能自行生产制成品。如此一来,工业国因不愿让农业国享受工业国的优势而剥夺了农业国的自然优势,由此牺牲了互惠交往的利益,徒剩"啥都要卖"却"啥都不买"这样的空洞方案。

然而,上述政策又会造成一种结果,即外国对农业国产品的需求很大程度上是偶发和临时的,而非确定或持续的。对美国某些主要农产品的需求在多大程度上遭受了破坏性中断,须由从事本国商业活动的人士来判断。但可以有把握地推论,这种中断不时会给人带来很大的不便,造成市场受尽限制和约束,以至于需求远不能跟上供应。

同样,除上述政策造成人为障碍外,还有一些自然原因会使对农业国过剩产品的外部需求成为一种朝不保夕的依赖。由于农产品进口国时令年景上的差异,在不同的年份,它自己的土壤产出会大相径庭,其对外来供应的必需程度也迥然有别。农产品的丰收,特别是假如其他供应国同时出现类似的丰收,自然会导致市场供应的过剩。

考虑到美国新定居点的发展速度和程度必定会增加土地上的过剩产品,并在认真权衡欧洲大多数商业国家中盛行体制的趋势后,无论有人如何想依靠自然条件的力量去抵消人为政策的影响,我们似乎都有充分的理由认为,外国对我国过剩农产品的需求,实乃一种充满不确定性的依赖,我们希望能有一个广阔的国内市场来取而代之。

为确保这样的市场,除促进制造业发展之外也别无他途。制造商是继种地农民之后人数最多的阶级,因此也是过剩农产品的主要消费者。

给过剩农产品提供一个广阔的国内市场,这一理念至关重要。悠悠万事中,唯此最能有效地促进农业的蓬勃发展。如果工厂的效果是使一部分原本种地的人脱离农耕,那它可能导致种地面积的减少。但由于工厂趋于为过剩农产品提供更确定的需求,它们同时也会使耕种的土地得到更好的改良并提高产量。受此影响,每个农民的条件都会获得改善,而农业生产的总量也可能增加,因为产量的增加显然取决于土地改良的程度,而不是耕种的面积。

值得特别注意的是,工厂的增加不仅为一国惯于大量生产的物品提供了市场,而且为那些不为人知或产量极低的物品创造了需求。人们会搜遍地球的里里外外,去查找以前所忽略的物品,动物、植物、矿物于是获得了前所未有的用途和价值。

上述考虑似乎足以证明若干一般命题,即:国民由个体组成,让个体的勤奋努力多样化,此乃国家利益所在;制造业的建立不但可以增加有用的生产性劳动的总量,甚至还能特别改善农业的状况,当然也能提高农业从业者的收益。接下来,我们还将就这一问题发表其他看法,相信这些看法也有助于证实上述推论。

三

在进一步讨论那些反对鼓励制造业的意见之前,不妨先来看看,针对美国的特殊国情,可如何反驳与上述意见相关的某些定论。

至此可见,一国如果拥有大片闲置的肥沃土地,同时又与外国商业隔绝,那么,将其部分人口从农耕转向制造业会符合该国利益及其农业利益。这一理念并非无关紧要。但无论这一理念如何正确,我们也不能跟着断言,如果一国拥有如此闲置的沃土,就同时拥有了充分的机会,可从国外合算地采购其所需要的一切制成品来供应本国居民。据声称,由农业国从国外购买制成品,这至少能实现劳动分工的巨大优势,可使农民自由地专注于种地,并使他能用农产品去换取自身生存或享受所需的制成品。另据称,在定居的国家,产业多样化当然有利于提高劳动生产率,增加收入和资本,但难以想象,它能对一个未加开垦、无人居住的国家产生那么稳固和永久的好处,使之能把荒地变成耕种的人居地区。如果在此期间收入不够,那就必定需要更多的资本。

关于这些意见,以下似乎是一个令人满意的答案。

(一)如果工商业完全自由的制度成为各国通行的体制,那么劝阻处于美国这种困境的国家别热衷于制造业,这种论点无疑会很有说服力。除少数例外情况外,我们也不能断言,此类论点不能成为国家行为的准则。在自由状态下,国家都将充分受益于自身特有的优势,得以弥补自身的不足或劣势。如果甲国能够以比乙国更好的条件提供制成品,那么乙国可能会因自己特别擅长提供农产品而获得大量的回报。双方可以按最好的条件自由交换各自所能提供的商品,互惠互利、充分有力地支持各自的产业活动。上文提到了那七种情况,下文还将阐述其他情况,它们有可能造成这种局面,即纯农业国享受不到与其人口规模相当的富裕,其富裕程度比不上那些兼有制造业和农业的国家。可是,纯农业国土地的不断改良最终有可能弥补其财富上的劣势。在不走极端的情况下,应该的合理选项或许始终是,让产业活动朝着它自己的方向去发展。

然而，上述工商业完全自由的制度远非各国一般政策的特点，目前的流行体制弥漫着一种相反的精神。

这样做的后果是，美国在某种程度上形同被排除在对外贸易之外。美国固然可以毫不费力地从国外获取自身所需制成品，但它在本国商品的出口和外销方面却遇到十分有害的诸多障碍。这也不限于某一个外国，与我们有最广泛交往的几个国家都在法规上严重阻挠着美国主要农产品的输入。

在此情况下，美国无法按平等条件与欧洲进行交换。缺乏互惠会使美国成为某种体制的牺牲品，该体制促使美国眼中只看到农业，而不去从事制造业。美国对欧洲商品的需求始终存在且不断增加，而欧洲对美国商品的需求仅涉及部分品类且时断时续，这只会让美国面临贫困化状态，达不到其政治和自然优势本有望争取的富裕程度。

发表此类议论不是为了抱怨。对于前已提及其管理体制的那些国家，它们应自行判断，自己是否确立了过高的目标乃至会得不偿失。至于美国，它应该考虑采取何种手段，可使自己不受外国那些好好坏坏的政策组合的牵制。

颇令人欣慰的是，那些让我国贸易陷入困境的外国限制，反而加快了我国的内部改进，总体上由此改善了我国的状况。即使这些改进措施或类似措施可能带来不便，但唯有使之多样化并加以推广，方属最可靠、最安全的兴利除弊办法。如果欧洲不愿意以符合我方利益的条件从这里买走我们土地上的出产，那么理所当然的补救办法是，我们应当尽快减少我方对欧方产品的需求。

（二）在美国的政治运筹中，将荒地转化为耕地无疑是意义重大的一件事。鼓励发展制造业一定程度上可能延缓这一进程，但是这难以抵挡鼓励发展制造业的强大动力。

换个角度进行观察，也可对理解这一问题产生重大影响。如果不可否认，当一国所占有的已有土地得到良好耕种，而不是占有更多却耕种较差的土地，甚至农业自身利益也可得到促进；如果出于上述原因，必须承认制造业惯于促进所占土地的耕种能比没有制造业时更稳定、更有力——那就可以推论，制造业能够弥补一国新定居点止步不前这样的问题,并且能够增加其土地的资本价值和收入,哪怕那些定居点减少其耕种土地的面积。

不过,这绝不意味着制造业的发展会阻碍新定居点的发展。成为一个独立的土地所有者的愿望,建立在人心中无比强大的原则之上。既然在美国有极大的机会成为这样的独立地主,那么,在那些原本就有机会成为独立地主的人当中,放弃农耕机会而转向制造业的人应该比例很小。此外,如已提示,原被制造业前景吸引过来的外国人以后很可能会放弃制造业转而经营农业,而新入行的这些外国人数将超过可能正好脱离农业的我国公民。

另还有其他意见反对在美国鼓励制造业,现一并加以考察。

其中有一种意见断言,若任由产业自行发展,它自会找到最有用、最盈利的经营方式。由此推断,若无政府帮助,制造业也会按照自然状态和社会利益的要求,以最快的速度发展起来。

为批驳这一假设的合理性,我们可以充分地提出很有说服力的理由。这些理由涉及:社会行为惯性和因循仿效精神往往根深蒂固;人们担忧未尝试过的事业难以成功;在拟尝试事业中要与已经完善者展开竞争存在固有困难;外国在行将遇到海外竞争的领域会向本国公民的经营活动提供补贴照顾及其他的人为鼓励。

经验告诉我们,人往往受到惯常看见和实践的东西所支配,乃至在最普通的行当中,即便要采取最简单易行、最理所当然的那些改良,大家也不免心存疑虑、不情不愿、小步慢走。在一个长期习惯于现有工种的群体中,要自发地过渡到新工种,可能会遇到相应的更大困难。当原先职业不再产生足以维持从业者生计的收益时,或者当这些职业由于人手过剩而绝对缺乏就业机会时,变革就会不期而至。然而,这些变革可能会拖拖拉拉,跟个人或社会的利益要求相脱节。在许多情况下,变革干脆不会发生。纵然尚可以改行到更有利可图的就业中,可是,墨守成规毕竟还能确保差强人意的生活。有鉴于此,要尽早实现理想的变革,可能需要政府的激励和支持。

担忧新尝试失败或许是一个更严重的障碍。有些人容易被一项事业的新颖性所吸引,但追逐新颖性并非总能保障这项事业特别能取得成功。

为此,关键在于激发本国和外国审慎明智的资本家的信心。而要让这类人充满信心,就必须让他们看到,在那些不牢靠的新项目中(不牢靠完全是因为新,而不是其他原因),存在着政府给予支持和帮助的前景,从而有望克服初期尝试中难免的障碍。

已经先占并完善了某一行业的国家享有先发优势,比上文提到的任何优势都更能构成一种可怕的障碍,阻碍着把这一行业导入原本没有该行业的国家。在一国新创行业与另一国久已成熟的行业之间,要想在质量和价格上展开平等竞争,大多数情况下都是不切实际的。质量或价格上的任一种差距,或者同时两种差距,必然相当悬殊,使得若无政府非同寻常的援助和保护,便不可能展开成功的竞争。

但是,据案例所示,要在一国顺利推进该国此前未知的新行业,最大的障碍在于,这些需要模仿确立的行业,之前在领先国的发展过程中,都曾得到过那些国家以各种方式给予的补贴照顾及其他扶持。众所周知(本报告将列举若干具体例子),某些国家对某些商品的出口给予补贴,使得本国工人能在这些商品的出口市场上低价销售,乃至取代所有竞争对手。因此,新制成品的经营者不仅要与经营新事业过程中的自然劣势作斗争,还要与其他国家政府给予的奖励和补偿相抗衡。显然,为具备成功抗争的能力,本国政府的干预和扶持乃必不可少。

甲国从事某一特定行业的人相互合谋,通过暂时的牺牲,力图阻挠把这一行业导入乙国,甲国的政府也许还会给予特别补贴。这种情况据信已经存在,并非毫无可能。对于要引进某行业的乙国而言,假如存在政府的扶持或相关保证,必然就能帮助本国企业家应对甲国那种险恶的合谋。乙国政府通过证明合谋行为终将徒劳,便可在合谋成形后仍挫败其效果,或者当合谋未成时便预加阻止。

人们惯于相信,一个民族的勤奋努力,在私人利益的引导下,在平等的条件下,定能找到最有利的发挥机会。无论这一信念有多大依据,我们也无法指望,一个民族的勤奋努力必能打败那些不平等条件,或者必能自行克服竞争道路上的一切外来障碍。妨碍后来者取得成功的这些障碍,可能是由于领先国的既有实践和先占一步而自然获得的优势,也可能是由于其积极的规范和人为的政策而创造的优势。即使不谈那些已经特别强调的重要考虑因素,单单这样的笼统思考就足以为正在审议的反对意见提供一种答案。

另有反对意见称,美国发展制造业不可能取得成功,理由在于三个原因:人手不足、劳动力昂贵、资本短缺。以下接着加以讨论。

前两种情况即人手不足和劳动力昂贵,一定程度上是真实存在的,在适当范围内应该承认,它们阻碍着美国制造企业取得成功。然而,也存在各种因素可以削弱二者的阻力,并可保证,它们不足以阻止面广量大的有用制造业的有利发展。

关于人手不足问题,这一事实本身在适用于美国某些地区时应当变通理解。美国有一些大的地区,可以被认为人口相当稠密;尽管不断有人口流向远方定居,但这里仍散布着繁荣兴旺、不断扩大的城镇。即使这些地区如今不至于抱怨人手不足,它们离这个地步也不遥远,甚至正在快速地接近之。与联邦中其他一些地方相比,这些地区对农业的吸引力可能要小一些,但它们对其他类型的产业却表现出了相应的强烈倾向。在这些地区,可以看到制造业的成熟度并不低。

但另有些情况,我们已从另外角度看到,它们在很大程度上减少了人手不足的影响。这些情况包括:首先可以大量利用妇女和儿童。关于这一点,前已提及一个有启发性的强烈事实,即晚近的改进大举拓展了机器的使用范围,由此替代了水力和火力的作用,大幅减少了对体力劳动的需求。其次在空闲的季节或时段,可雇用平常干其他活儿的人手。如前所述,兼职不仅可让同等数量的人手有机会从事更多的劳动,从而增加劳动的总量,而且还可具备一种缓解人手短缺的备用资源。最后则是吸引外国移民前来。任何人只要仔细观察我们城镇的构成,就能明白移民资源在很大程度上是可以仰仗的。情况表明,在不同的技艺和行业中,存在大部分有天分、有价值的工人,他们从欧洲移居过来,既改善了自身境况,又贡献于美国的产业和财富。从已有的经验中自可推断,一旦美国表现出认真发展制造业的姿态,一旦外国技师意识到此间状况完全能够保障就业机会和产业鼓励,那么,足够的欧洲工人便会移居过来,从而有效确保我们计划的成功。考虑到这个国家的形势所提供的各种强大诱惑,这些诱惑背后那么多强烈的激情和感受,以及那么多的普遍与特殊利益,又岂能不发生这种情况呢？

因此可以肯定，我们将保留本国人手，用于耕种我们的土地并为我们的船只配备人员。就从事制造业的人手而言，我们将在很大程度上依靠外国的人手储备，只要性格和情况允许就这样做。值得一说的是，反对制造业成功的理由是说人手不足，可这一点同样适用于贸易和航海，而大家认为这两个行业都在蓬勃发展，并未受到那个原因的明显阻碍。

至于另一个被指责的障碍即劳动力昂贵问题，这主要与两种情况有关，一是刚已论及的劳动力的稀缺，另一是利润的丰厚。

既然利润的丰厚也由人手不足所造成，则上述那些可以减轻人手不足问题的各种因素，都应该有助于降低利润丰厚的程度。

同样可以肯定，欧洲一些制造业最发达地区与美国大部分地区在利润方面的差距并不像人们通常想象的那么大；在工匠和制造商这里的利润差距也远远小于在乡村劳动者那里的差距。虽然仔细比较不难发现，在这方面有很多夸大其词，但同样有目共睹的是，确实存在的差距及其影响会随着机器的使用而成比例地缩小。

为说明最后一个观点，不妨假定如下。在两个国家中，制造某种物品所需的一定量的手工劳动的价格差异为10。两国都引进某种*机械动力*后，机器可以完成一半的必要劳动，仅剩下另一半劳动要由手工完成。很明显，由于引进了*机械动力*，两国制造有关物品的成本差异，就其与劳动价格相关的情况下，将从10减少到5。

这一情况值得特别关注，它极大地削弱了用以反对美国制造业发展的一个最强烈的理由。

要采购在欧洲各地都已知的所有这些机器，仅需要适当的准备和足够的努力。我们已经掌握了其中最重要的几种机器的知识，大多数情况下，在美国这边装备这些机器几乎皆已可行。至于机器对水资源的依赖问题，我们拥有某些优势，因为美国不同地区有很多适合安装水力发动机的地方，地形的种类异常丰富，成本价格也更加便宜。

在任何行业，只要劳动力的昂贵概由利润丰厚所造成，那它就不会妨碍该行业取得成功，因为从业的厂家支付得起这个代价。

有理由断定，我国的制造业者目前能向雇工支付比欧洲同类雇工更高的工资。外国制成品在美国市场上的价格,将在很长时间内调节国内制品的价格。可以认为价格由以下因素复合而成:首先是原材料的成本,包括在产地可能支付的税费;场地、建筑、机器、工具的费用;工厂雇用人员的工资;所使用的资本或资产的利润;在产地收购产品的代理商的佣金;运往美国的运输费,包括保险费和其他杂费;出口时可能支付的税费及手续费;进口时支付的税费及手续费。

关于其中第一项,即原材料成本,目前总体上是美国占有优势,而且,随着明确而广泛的国内需求促使土地所有者更加注重有关原料的生产,则美国的优势幅度一定还会增大。就此作比较时,我们不应忽略一点,即欧洲那些主要工业国在制造业原材料方面对外国供应的依赖程度远高于美国,毕竟美国有能力为自己提供更丰富、更多样的所需原料。

关于第二项,即场地、建筑、机械、工具的费用,至少可以假定欧美两边的情况总体相等,因为某些方面的优势可以抵消另一些方面暂时的劣势。

至于第三项,即工资情况,比较的结果肯定对美国不利,当然如前所述,其差别程度并不像通常所说的那么严重。

第四项,即资本或资产的利润,既适用于外国制造,也适用于本国制造。其实作比较时,与其说它是一个具体的指标,不如说它是一个总体的结果。

但就剩下的所有其他项而言,它们仅仅适用于外国制造,而且严格意义上说属于额外费用。虽则外国制成品的价格无法一概而论,但其额外费用总额约少于出厂成本的15%至30%。

我们颇有信心地认识到,这笔额外费用可以成为对欧美实际劳动价差的一种抵销,它也是制造业在美国能够克服劳力昂贵而兴旺起来的一个可喜证据。人们一般以为,由于人手不足和劳力昂贵这些相关因素,只有在人口过剩或人口饱和的情况下才能发展大规模制造业。对于这般论断,我们只需笼统地回答,事实并非如此。考察各种制造业已发展成熟的几个国家的阶段,可知所谓制造业成功必需的人口条件,并不符合那里的情况。

在反对美国从事制造业的通行意见中,有一条涉及所谓资本短缺问题,而这是所有反对意见中最不明确的一个理由。

关于一国货币资本的实际规模,以及货币资本在需要投入资本的项目中所占的比重,都很难作出准确的判断。同样不易判断的是,任何一定数量的货币,作为资本,或换句话说,作为一国工业和财产的流通媒介,其作用能在多大程度上因为新的投资项目给该国带来的额外流动情况而得到增强。这种效果,就如下降物体的动量一样,可用质量和速度的复合比例来表示,这样理解当无不妥。似可肯定,在商业活动的快速动力较少为人感受的情况下,一定数额的货币似乎不足以流通大量的产业和财产,其效应会小于商业活动的影响得到充分感受的时候。

并不清楚的是,为什么针对制造业提出的反对意见不能同样向对外贸易提出来?显而易见,我国大片已占和未占土地能为更多的资本提供用途,实际获得的资本却没有那么多。资本的有益利用无疑能在美国到处找到广阔的天地,但这并不意味着,美国无法以这样或那样的方式找到一笔充足的资金,来成功地促进一种最终可能真正有益的产业。

以下思考有助于消除有关资本短缺的疑虑。

正如在另一场合所表明的那样,银行的引进具有扩大一国活跃资本的强大趋势。在美国,人们对银行的效用多有体验,这使得此类机构成倍增长。凡是银行能发挥优势的地方,那里便可能建立银行。凡是银行得以维持的地方,但凡管理审慎,它们便能为所有金融业务增添新的活力。

外国资本的援助也可以有把握地、大幅度地计算在内。长期以来,我们在对外贸易中已经感受到外国资本的作用,在其他各种业务中也开始感受其作用。不仅我们的资金,而且我们的农业及其他内部改进也得到了外资的激发,某些情况下,它甚至已延伸到我们的制造业。

众所周知,欧洲有些地方的资本要多于那里可盈利的投资机会,除其他证据外,一个证据就是它们不断向外国提供大量贷款。同样毫无疑问,在美国内部,某些地区的资本可以在外地找到比当地投资更可盈利的机会。尽管有很多诱因促使人们宁愿利润较低也要在国内投资,而不愿去国外进行收益更高的投资,但是,本土投资机会的匮乏、盈利上的内外重大差别,终究会压倒上文所说的那些诱因。这两个原因都会引发外国资本向美国转移。可以肯定,美国的各种项目具有其他国家难以企及的优势,而且随着外界对我国政府的印象越来越好,美国的吸引力也会越来越强大。如果外界印象因为我国事态的进步而得到确证和强化,它们将成为我国繁荣的富矿。为确保这种优势,现在很少需要再做什么,不过就是扶持产业发展,在国内外培养秩序和安宁。

颇有可能的是,某些人会以嫉妒的眼光看待外资的引进,似乎它成了剥夺我国公民从本国产业中获利的一个工具。然而,天底下也许没有比这更无理的嫉妒心了。与其把外资视为竞争对手,不如把它当作最有价值的辅助工具。外资有助于调动起更多的生产性劳动和更多的有用创业活动,会超过没有外资情况下二者的存在规模。至少有一点昭然若揭,那就是在美国这样一个资源无限、有待开发的国家,每一分钱的外资,只要用于改善我们的国内条件和建立永久性劳动生产设施,便都是宝贵的财富。

无论最初吸引外资的目的是什么,一旦引入,就可将它引导到人所希望的任何有益目标。要想把外资留下来,没有比扩大其使用范围更有效的办法了。外资受诱导进入时,其动机不过是资金投机,然而,之后可以令其服务于农业、商业和制造业的利益。

吸引外资直接用于制造业目的,不应被视为一种不切实际的期望。如在另一场合所提到,原已不乏吸引外资到制造业的例子。只要树立这种意向,相关的例子还会越来越多。另外一类例子也有助于我们提高这种期望。已有一些创业活动,通过开凿运河、疏通河道、架设桥梁来改善公共交通,它们就从外资渠道获得了大量援助。

当欧洲的工业资本家注意到本报告中提到的许多重要优势时,他们一定会意识到,有股强大吸引力在促使他们把人身和资本转移到美国。面对美国形势中意味深长的特殊情况,他们必然会作出思考,并必然会注意到,美国的人口在不断扩大,内部在日益改进。这些将成为投资计算中的重要考量,可望确保其所产制成品在美国的需求将持续增长,而不会受到外部人口减员或世事变迁的影响。

不过,虽然有充分强大的情况,允许我们在相当程度上依靠外国资本的援助来实现目标,但最好基于充分的理由来保证,国内资源本身就足以满足资本需要。碰巧的是,有一种资本在美国国内实际存在,可以消除人们对资本短缺的担忧,这就是长期债务。

作为资本的一种,长期债务的影响在以前的场合已有提及,但既然这里对它再作强调,似乎需要就此进行更具体的阐释。以下便试作阐明。

公共债务具有资本的用途,这是因为,有钱人通常对公共债务有很高的评价,它可以很容易地转化为货币。这种迅速变现的能力,使得资产转让在很多情况下等同于钱币支付。万一接受资产的一方不适合接受资产的转让,那么支付资产的一方总可以转身找到自己资产的买家,在该买家处用资产交换到自己所需的钱币。可见,在公共债务能顺利交易的情况下,拥有一笔公共债务的人,就像手握等额的钱币,照样能满怀信心地接受所面对的任何商业计划。

公共债务充当资本的这种运作方式一清二楚,原不容否认。但有人反对这一做法,认为公共债务作为社会资本的增量,会造成其他一些资本遭到同等数额的破坏。

据称会遭到破坏的资本仅仅包括:一是年度收入,因为其中一部分需用于支付债务的利息并逐步归还本金;二是一笔钱币,需用于流通那些债务,或者换句话说,用于实现债务所要历经的多次转手。

然而,对于此事的真实和准确的看法,似应表达如下。

首先,关于需用年度收入来付息还本的问题。

鉴于采用直观的比例会使推理更加明白,我们假定,用于还本付息的年收入,与美国6%的资产变动相对应,占到总年收入的8%,其中首先包括6%的利息支付,还有2%的本金归还。

由此可见,被破坏的资本与被创造的资本的比例不会超过8比100。从其他资本总额中抽出的8美元将支付给公共债权人,而债务人将拥有100美元,可随时用于任何目的,从事任何他认为合适的事业。在这里,资本的增量,或者说创造出的资本超过被破坏的资本,等于92美元。针对这个结论,可能有人会提出异议,因为每年都要提取8美元,直到100美元全部耗尽。他们于是推断,随着时间的推移,耗尽的资本将与最初创造的资本相等。

然而,从100美元资本的产生到资本减少到不超过用于还本付息的年收入,在整个这一间隔期,所存在的活动资本会大于没有债务安排下的规模,这终究是事实。在任何一年,从其他资本中提取的金额都不会超过8美元,但在整个期间的每一时间点,都会有一笔与本金相应的金额,在某个人或其他人的手中,被用于或准备用于某些有利可图的事业,因为这些本金尚未被偿还。因此,有能力动用的资本总是多于从实际动用中抽走的资本。第一年的超额为92美元,以后将逐年递减,但始终会有超额,直到债务本金与偿债年金持平,即举例中所假定的8美元。这种超额增量的事实一清二楚,就如常见的那样,假设外国公民向美国输入100美元,用于购买等额的公债,在此情况下,流通钱币的数量绝对会增加到100美元。当一年结束时,该外国人被假定提取8美元的本金和利息,但他仍留下92美元的原款在流通中。同样,他在第二年结束时将留下84美元,因为又要提取8美元的年金。就这样,留在流通中的本金逐年减少,越来越接近偿债年金的水平。不过,由外国人购买的那部分债务与留在公民手中的那部分债务,在最终运作上还是存在某些区别。可在每种情况下,虽然程度不同,但总的效果都是增加了国家的活跃资本。

迄今为止,我们都以立场上的让步作为推理的基础,即总以为,因为要拨出年金用于债务的付息还本,如此便形成了对其他某项资本的破坏。然而,在这一点上,我们其实已经让步太多。至多是,发生了从其他某项资本的暂时性转移,其数额与偿债年金数额相等,从付款人转移到了收款的债权人手中。而债权人会把款项重新投入流通,用以恢复资本的职能。他或者直接把钱用于某个行业,或者间接把钱借给他人由其使用,再或者把钱花于自己的日常生活。无论何种情况都没有破坏资本,只不过暂停了资本的运动,换言之,即资本从支付者手中进入国库,然后从那里再通过公共债权人而进入其他流通渠道。如果利息的支付是定期和快速的,并且通过银行的手段进行,则资本的转移或中止几乎可谓瞬间性的。因此,这方面的资本减少程度比乍看起来要小得多。

就偿债年金而言,除其中涉及构成年金的每人收入的那部分外,显然并无对任何其他资本的破坏或转移。土地为农民创造了他用以缴款的收入,但土地本身保持不变,其他资本的情况也是如此。事实上,作为缴款物的税款,当它一般情况下没有因为过重而造成压迫时,有可能促使人们在任何职业中都更加努力,甚至会有助于增加缴款资本。在对这个问题的总体观察中,树立这一观念并非无足轻重。

剩下的问题是,从债务存续所创造的资本中,应该再扣除多少用于流通的钱币。对此难以精确计算,远不如前文讨论的内容。我们无法断言,为了任何一种财产通常所要进行的转让,需要多大比例的钱币,因为数量确实因情况而异。不过,我们仍可毫不犹豫地指出,从循环的速度,或者说从转手的速度来看,流通的媒介总是仅仅占到流通财产量中的一个较小比例。据此可恰当推断,用来议付债务以及把债务激活为资本的钱币,在数额上远远小于为生意目的而议付的债务总额。

然而,不容忽视的是,资金的议付本身也是一项独特的业务。它需要使用流通的钱币,并因此将一部分流通钱币从其他业务中转移过来。但即使适当考虑了这一情况,我们也没有理由下结论说,在整个业务中,流通钱币的转移效应会在它所激活的资本量中占有多大的比例。在任何有用的经营中,流通中的债务总额持续地处于主宰地位,而流通这笔债务的钱币本身,从来都只是暂时地脱离其正常功能。这些钱币经历着从产业渠道到债务投机渠道之间不断而快速的流动和回流。

有很多情况可以证实这一理论。英国所展现的货币资本力量,以及在其推动下各行各业所达到的高度,是无法用该王国所拥有的钱币数量来衡量的。与此相应,英国不仅拥有其融资制度,而且该国的商界人士和最精明的理论家普遍认为,作为资本的公共债务运作促成了英国的发达效果。在我们这边,迄今的情况也有利于得出同样的结论。总体而言,产业似乎已经复苏;有迹象表明,我们的商业正在扩展;我们的航运业近来确有长足的发展。美国的许多地方似都出现了资本的主导,最近以前,至少自革命以来,这种局面尚不为人知。可与此同时,也必须承认,其他一些因素也在很大程度上共同造成目前这种状况,所以还不足以把某些表面现象视为完全可靠的决定性因素。

在讨论这个问题时,重要的是应当区分资本的绝对增加或实际财富的增加,以及资本的人为增加,后者乃生意的发动机或工商业的工具。按前一种意义看,没有理由把长期债务当作资本的绝对增加,而按后一种意义看,长期债务无可争议地属于资本的人为增加。具有类似性质的还有银行信贷,以及程度较低的各种私人信贷。

不过，尽管长期债务首先不是资本的绝对增加，也不是实际财富的增加，但通过在产业运作中充当一种新的动力，它在一定范围内确有增加社会实际财富的趋势。这就如一个勤俭的农民借钱来改善其农场，最终可能增加自己的实际财富存量。

有些值得尊敬的人，出于对积累公债的正当厌恶，不愿意承认公债有任何效用。他们认为公债毫无好处可言，不可能缓解其内在的弊端。我们难以让他们相信，在任何意义上都应把公债视为资本的增加。他们总担心世人因此而推断，债务越多便等于资本越多，债务负担越重便等于社会福利越高。

然而，有必要让公共议事会好好评估每件事情的真实情况，以便认清任何措施中，很大程度上有其利必有其弊，或者有其弊必有其利。利弊互见之下，很少不是彼此掺杂的。

当然，我们也不能说积累债务总是可取的，因为一定程度的债务固然可以作为资本运作起来，但政治体如同自然体一样，也会发生过剩现象。有可能出现一种情况，在那里任何债务类人造资本都不再必要。债务可能膨胀到过分的规模，以致债务的绝大部分不再是有用的资本，仅仅用来纵容游手好闲、放荡不羁的个人挥霍。或者，偿付债务利息所需的金额也许令人不堪重负，超出了政府在保持社会安宁前提下所能采用的筹款手段。或者，为偿还债务而征税的资源恐已捉襟见肘，无法为公共安全的应急需要再开掘税源。

这个临界点在哪里，我们固然无法断言，但也无法相信不存在这个临界点。

由于国家的沧桑巨变会造成债务积累长期发展的趋势，因此每个政府都应该在符合正直和诚信的前提下，在可行的范围内，采取持续不懈、焦虑不安的努力，以最快的速度减少任何时候积存的债务。

当一个问题包含如此抽象和复杂的思想，又不大可能用精确的计算来说明时，对这类问题进行推理，就像刚才讨论问题时那样，总是存在陷入谬误的危险。因此，我们理应正视这种犯错误的可能。但是，就这个问题的性质而言，似有令人满意的理由让我们相信，公债确能成为美国公民的一种资本来源，而且，如果说它们是一种资源的话，这也是一种广泛可用的资源。

有人相信,要在美国成功建立制造企业纯属不切实际,并为此提出了各种说辞。对此,只需参考已有的经验,我们便可得到充分的答案。可以肯定的是,颇有几个重要的行业已经以惊人的速度发展壮大,为未来的尝试提供了令人鼓舞的成功保证。这里不妨列举其中最显著的若干行业。

(一)皮革类:鞣制并加工的皮革、鞋子、靴子、拖鞋,以及各种类型的挽具与鞍具;提包、皮箱、马裤、手套、袖套与披肩、羊皮纸与胶水。

(二)铁器类:铁条与铁板、钢材、钉杆与钉子、农具、炉子、锅罐及其他家用器皿;马车和造船用的钢铁制品、船锚、秤杆与砝码,以及各种匠人工具、各种武器。尽管最近由于需求不足,后面所列品类的生产有所减少。

(三)木器类:船舶、橱柜物品与车削工件;羊毛和棉花梳理器,以及其他工业用和农家用的器械;计算用具,各种桶具。

(四)亚麻和大麻类:缆绳、帆布、帆索、细绳、包装线。

(五)砖块、粗瓦、陶器。

(六)烈性酒、麦芽酒。

(七)书写纸与印刷纸、护套纸与包装纸、硬纸板、填充纸或冲压纸、纸挂件。

(八)毛皮和羊毛及二者混制的帽子、女式服装、丝绸鞋。

(九)精制糖。

(十)动物油与种子油;肥皂、鲸油和牛油蜡烛。

(十一)紫铜和黄铜器皿,特别是蒸馏、炼糖、酿酒用器皿;家用五金器具;研究用具。

(十二)锡器,用于大多数普通用途。

(十三)各种车辆。

(十四)鼻烟、咀嚼烟、抽吸烟。

(十五)淀粉、发粉。

(十六)灯黑及其他漆匠用颜料。

(十七)火药。

上述物品的制造已成为常规经营行业,并已达到相当成熟的程度。

除这些物品较正规的制造外,另有面广量大的家庭制造,它们对社会供应的贡献之大超乎想象。只是我们尚未将其作为特别调查的对象。这一考察结果得自本报告主题所引出的调查,考察结果令人愉快,既适用于中部和北部各州,也适用于南部各州。大量的粗布、外套、哗叽、绒布、麻毛交织布、毛袜、棉布与棉线、棉麻混纺粗布、粗斜纹布与细平纹布、格子和条纹棉类和麻类制品、褥套、被套与床罩、短亚麻织物、粗衬衫料、被单布、毛巾布和麻桌布,以及各种毛棉混纺布与棉麻混纺布,都以家庭经营的方式制作。许多情况下,家庭制作量不仅足以供应这些家庭本身,而且还用于销售,某些情况下甚至用于出口。据统计,在一些地区,三分之二、四分之三,甚至五分之四的居民衣物都由他们自己制作。家庭制造业在短短几年内就取得如此巨大的进步,这从精神和政治角度看,都让这一事实非常有意义。

上述列举也没有包括常规行业所生产的全部物品。诸多其他产品同样具有良好的基础,但由于未能达到同等的重要性,故而被省略了。此外,还有仍处于幼稚阶段的许多尝试,虽然表面看来势头很好,但在列举已建工厂时,尚无法适当地将它们包括在内。另有一些十分重要的物品,虽严格来说属于制造业,但由于它们与农牧业密切相关,所以也被省略了,如面粉、锅灰与珍珠灰、沥青、焦油、松节油等。

我们还需要注意另外一条反对鼓励制造业的意见,其性质不同于质疑制造业成功前景的其他意见。这种反对意见认为,鼓励制造业会造成一种趋势,让特定阶层垄断某些优势,从而损害社会其他阶层的利益。据称,国内其他阶层本可以按照较好的条件,从外国人那里购买其所需制成品,会比从本国公民这里购买还合算。据信,因为国内出台措施阻碍了外国商品的自由竞争,所以国内其他阶层不得不为其想要的任何东西支付更高的价格。

上述意见自不无道理,出台措施限制外国商品的自由竞争,是有可能导致价格的上涨,而且不可否认,在不少情况下的确产生了这种后果。然而,事实与理论并非全然一致。若干情况下,国内制造业建立后其实立即引发了价格的下降。不管这种降价是由于外国制造商力图借低价销售来取代我方产品,还是出于其他何种原因,反正结果均如上所述,与人们原本的期望正恰相反。

出台法规来控制外国制成品与本国制成品的竞争,其直接而确定的效果将是价格的提高。尽管这点说得没错,但普遍的事实是,每一行成功的制造业最终产生的效果必定正恰相反。当国内生产达到了完善的境界,并雇用着足够数量的从业人员时,其产品价格必然会低廉下来。由于免去了进口外国商品相随的高昂费用,国内商品更可以负担得起,况且过一段时间后,其售价几乎或必定会低于它所替代的外国商品。内部竞争的出现很快就会消除垄断之类的一切限制,逐渐地把商品价格降低到其资本的合理利润的最低限度。这一点符合事物的道理和人们的经验。

由此可见,为最终实现持久的节省,自应鼓励制造业的发展,这符合社会的利益。从国家角度看,价格的短期上涨总会通过价格的长期下降而得到充分补偿。

在此,我们不妨适当地再思考一下。随着发展国内制造业导致制成品价格的最终降低,那将对农业产生大有可观的直接好处。它使农民能用较少的劳动购买到所需制成品,从而增加其收入和财产的价值。

至此,我们已经讨论了人们通常提出的反对意见,即认为在美国鼓励发展制造业并不得当,而且认为在美国从事制造业活动不可能取得成功。在讨论过程中,我们列举了各种考虑因素,建议美国政府支持制造产业。以下将探讨若干一般性的和若干特殊性的话题提请注意,以给上述考虑因素提供有力的支持。

四

似可有把握地说,一个既从事制造业又从事农业的国家,在贸易上比一个仅从事农业的国家,更能赚钱并更加繁荣。

造成这种情况的一个原因是,前已提及的各国,都在努力从本国土地上获取自己使用和消费所需的必需品,这使它们对外国同类货品的需求具有偶发性和意外性。有鉴于此,虽然专门从事农业的国家对制造业国家制成品的需求是恒定的、有规律的,但后者对前者农产品的需求却容易出现很大的波动和中断。季节性差异造成的严重不平等,已在他处有所论述。一方需求的一贯性与另一方需求的不稳定性,必然会导致双方商品交换的总趋势不利于纯农业国。形势的特殊性、适合某种特产的气候和土壤,固然有时能对法则构成例外,但完全有理由相信,纯农业国趋于吃亏的法则总体上还是站得住的。

兼营制造业和农业的国家具有商业优势,造成这个局面的另一原因是,更加多样化的市场能为外国客户提供更多的吸引力,也能为商业企业提供更大的发展空间。在商业中,无可争辩的事实是,商品纵然同样丰富,但品类最繁多的市场才永远最受欢迎,这一事实背后的道理同样不证自明。每多一种商品差异,都会带来额外的吸引力。一国的商人必然根据国内可出口到国外市场的商品种类和丰富程度,相应地扩大企业的经营范围,这一点也同样明确。

第三种情况也许并不逊色于上述两种情况中的任何一种,它能赋予甲国前已所言的优越性。这种优越性与某些商品的滞销有关,而这些商品在某些时候简直可以牵动乙国商品销售的全局。乙国如果只有种类很少的商品能进入市场,那么与总是拥有大量商品种类的甲国相比,乙国可能会更快、更明显地受到市场滞销的影响。少品类的国家经常发现,自己用于销售或交换的物资在手头积压过多,或者为了满足自己对外国货品多样而迫切的需要,不得不作出甩卖的有害牺牲,这种牺牲的有害性是与自身货品多样性的不足成正比的。多品类的国家通常会发现,由于本国货品的高价、外国货品的低价,自己得到了较好的回报。同时,由于本国那些适销品卖得又快又好,这就使得本国商人手上有滞销品时,更能有条件等待市场的转机。因此有理由相信,在这一点上,处境的差别会对国家的财富和繁荣产生迥异的效应。

综合这些情况,可以得出两个重要的推论:其一,在农业繁荣的基础上发展制造业的国家,其贸易顺差的可能性总是高于那些完全或几乎完全局限于农业的国家;其二,由上一个推论进言之,前所描述的多品类国家可能会比少品类国家拥有更多的钱财或货币。

事实似乎与这一结论相符合。对纯农业国而言,其所需制成品的进口似乎无一例外地耗尽了国民的财富。专就这个问题,我们不妨比较一下欧洲制造业国家与纯农业国家的情况,从中可见差距十分抢眼。诚然,其他有些原因也一起酿成了有关国家间的那种差距,比如,各自农业的相对状况也是原因之一。然而,在另一些国家之间,最突出的差别确实来自制造业的相对状况。为了继续证实这一观点,我们不能不说,西印度群岛的土壤纵然最为肥沃,而且该国基本上在向全世界供应贵金属,可是,它与几乎每个国家的贸易交换都是亏损的。

根据国内的经验,我们也可得出同样的结论。美国革命之前,如今组成美国的各殖民地所拥有的钱币数量似乎不足以满足他们的流通需要,它们欠英国的债务也是不断增长的。而自革命以来,制造业成长最多的那些州,从独立战争的伤害中恢复得最快,它们的财力也最雄厚。

然而,与前述情况一样,应该承认,制造业状况以外的原因一定程度上也参与造成了上述现象。新定居地的不断发展,自然也会趋于引发贸易逆差。不过,在荒地变成良田的过程中,国家资本也随之增加,从而弥补了上述不利局面。不同的州对外贸易的程度各不相同,这也使其财富的相对状况呈现重大差别。前一种情况意味着,钱币的不足和债务的增加;后一种情况则意味着,独立战争结束以来,制造业最发达的州看来比其他州要胜出一筹。

在制造业兴旺发达的地方,一个伴生的现象就是货币的充裕,而在制造业缺乏的地方,情况正好相反。如此表象上的对应性,有力地证明了制造业对一国财富的有利作用。

不仅是财富,而且一国的独立和安全,好像也与制造业的繁荣有着实质性的关联。为了实现独立和安全这些伟大目标,每个国家都该努力自我拥有保障国民供给的所有必需品。这些必需品包括生存、居住、衣着、防御方面的供应。

拥有这些供应对于国家的完善、社会的福祉和安全无不必要。缺少其中任何一项,就等于缺少了政治生活和社会运行中的一个重要部件。一国在所要面临的种种危机中,一定先会严重感受到供应不足的困扰。美国在独立战争中曾因无力自给自足而陷入极度窘境,至今仍令人记忆犹新。除非及时采取有力措施加以改变,否则未来的战争可能再次呈现局势的危害与危险,毕竟无力自给必将继续引发那种危局。为了尽快而又审慎地改变局面,我们的公共议事会应当投入全副注意力和全副热情,这是有待完成的下一项伟大工作。

只要我们的对外贸易继续下去,我们就需要海军来提供保护。缺乏海军会让外贸成为一种特别岌岌可危的依赖,也不利于我们基本物品的保障。如此现实必然会极大地加强那些支持制造业发展的论点。

除这些一般性考虑因素外,还有一些比较特殊的考虑因素。

欧洲是制成品供应的主要来源,我们与欧洲相距遥远。目前情况下,这带来了两方面的不便和损失。

我们的商品主要是土地出产,由于它们体积庞大,运往远方市场必然产生十分高昂的运输费。如果我方产品要运往的国家在市场供应上与我方保持着竞争,那么上述运输费用就主要由我方承担,会从我方所供产品的原始价值中大幅扣除。而从欧洲运来的制成品,也因同样的距离因素而大大增加费用。当我们的制造业在本国市场上无力展开竞争时,这些费用又主要由我方承担。这也是我方产品的原始价值被额外扣除的另一个原因,这些产品指的是我们为消费外国制成品而用以交换的原料物品。

由于美国个人财产的平等和节制,以及新开发地区定居点的不断增加,这个国家对粗制成品的需求非同寻常。粗制成品的价格与其较大体积成正比,故而加剧了上述不利情况。

在大多数国家,其国内农产品供应能与进口销售的外国农产品展开相当强大的竞争。如果美国广泛建立的工厂不能在制成品方面展开类似的竞争,那么,从前述考虑中似可明确推断,它们在与外国的贸易中必然会承受双重损失。这将极大地助长贸易逆差,非常不利于自身利益。

这些不利因素对我国的土地利益群体造成了不小的压力。在和平时期,有关不利因素会严重削弱农产品的内在价值。在战争时期,即当我们或陷于内战或与另一国交战时,运输成本更会在我方承运的贸易中占有相当大的份额,何况大多数农产品本来就相当笨重。这样,运输费用会给农民带来沉重负担,特别是因为他们现在不得不严重依赖外国市场来销售自己的剩余劳动产出,则情况更是如此。

由于缺乏足够的市场,美国渔业的繁荣受到阻碍,于是就出现了希望发展制造业的另一个特殊原因。在许多地方,鱼类会成为从业人员的部分生活来源,而且众所周知,海洋动物的油、骨、皮在各种制造业中用途广泛。因此，对渔产品的额外需求便应运而生。

我们还可以从另一个角度，来考虑鼓励美国制造业所具有的合理性。

有一种并不鲜见的观点认为，虽然促进制造业发展符合美国某一部分的利益，但它却与另一部分的利益背道而驰。北部地区和南部地区有时被认为在这方面利益相悖，那些州被称为工业州，这些州则被称为农业州。按照人们的想象，在工业利益与农业利益之间存在着某种对立。

将工农两种利益对立起来的想法是每个国家早期都会犯的错误，但是，经验会逐渐消除这种想法。事实上，人们经常感受到，这两种利益相互扶持、彼此亲善，乃至人们最终将它们视为一体。当然，这种想法时常遭到攻击，何况它也未必普遍正确。对特定制造业的特定鼓励，是可能牺牲土地所有者的利益、偏袒制造商的利益。然而，制造业的总体繁荣与农业的总体繁荣密切相关，这是由经验充分确立的一条原理，也是在有足够经验的地方得到普遍承认的原理。在业已展开的讨论过程中，人们提出了各种强大理由来支持这一原理。也许国内市场对过剩农产品需求的超强稳定性，就足以令人信服地证明此言的正确性。

认为联邦北部与南部地区之间存在利益对立的想法，大体上是毫无根据的，也是怀有恶意的。这种对立性通常立足于情况的异样性上，由此得出彼此直接对立的结论。其实相互需求构成了政治联系中最强大的纽带之一，纽带的牢固程度跟彼此所供货品的异样性形成了一种自然的正向关系。

跟上述立场相反的建议永远让人痛惜，因为它们不利于我们稳步追求一项伟大的共同事业，也不利于全社会各部分的完美和谐。

一个社会的各部门在同一个政府的领导下团结在一起，每部门的繁荣都通过各种各样的渠道流通到其他部门。人们的思想越是习惯于追溯这种密切的利益联系，就越不容易受到源自地方歧视的焦虑和恐惧的干扰。在一国的事务中，每一件有助于建立实质性和永久性秩序的事情，每一件有助于增加勤劳和富裕总量的事情，最终都会对这个国家的每一部门都有利。这是一条既切实重要又合乎情理的真理，而且很难想象会有例外。基于这一伟大真理的可信度，对于有望巩固公共秩序、增加国家资源的一切制度和安排，社会各方都应放心地予以默认。

然而，还有一些更特殊的考虑，也有助于强化这个观点，即鼓励制造业乃联邦所有地区的利益所在。如果北部和中部各州成为制造企业的主要生产地，它们就会通过创造对有关产品的需求，立即使南部地区受益。南部各州的产品中，有些是它们与其他州共同拥有的，有些则是它们所特有的，要么比其他地方产量更多或质量更好。这些产品主要是木材、亚麻、大麻、棉花、羊毛、生丝、靛蓝、铁、铅、毛皮、皮革、煤炭。其中，棉花和靛蓝是南部州特有的，铅和煤也是如此。弗吉尼亚州的亚麻和大麻比北部州种植得更多。据说，弗吉尼亚州的羊毛比其他任何州的羊毛质量都要好，该州与欧洲最优质的羊毛出产国纬度相同，所以这种情况更有可能发生。南部的气候也更适合丝绸的生产。

如果之前未在国内建立棉花加工厂，也许就很难指望棉花的广泛种植。同样，对其他本地产品最可靠的鼓励和支持，莫过于在国内建立相关的类似工厂。

如果能顺理成章地说，鼓励制造业符合美国的整体利益，那么值得特别注意的是，由于某些情况的存在，目前正是热情投身这项重要事业的关键时刻。因为外国对债务融资的投机，以及欧洲不同地区存在的混乱，所以数量颇大且日益增加的资金正在流入，而这必将对我们的努力起到实质性的支持作用。

第一种情况即债务融资，它们不但有利于制造企业的兴办，还能表明债务融资是自我完善、兴利除弊的必要手段。外国人把钱财带到我国投资于公债购买，如果不能为这些钱财找到有用的用途，那它们很快就会转往他处，用于支付外国奢侈品的超常消费。而之后，为了向外国人所购的债务还本付息，我国将要经受令人不安的钱币流失。

这种有用的投资本质上也应当产生实实在在的永久性改进。如果货币只是为了给对外贸易带来暂时的活力，而不能为本国产品找到新的、持久的销路，那就不能从中获得真正或持久的好处。只要它能改善农业、开辟运河、促进其他类似的改良，它就会产生巨大的效用。但我们有理由怀疑，在这些渠道中，它是否可能找到足够的投资机会，更有理由怀疑，许多拥有这种能力的人，是否会像乐意投资于制造业活动那样，也会被吸引到以上那类项目中。内部改进类项目，跟投资者所习惯的项目以及由此产生的精神，都有着更大的相似性。

无论已经或可能具备多少资金，开放一个又一个领域，至少可以确保更好的有用投资前景。

目前有一种头脑发热现象，即可以见到投机和创业的活跃性。如果引导得当，可以使它服从于有益的目标，但如果完全自由放任，则可能产生有害的后果。

至于欧洲的动荡局势，它倾向于促使欧洲公民背井离乡。因此，我们能比其他时候都更容易得到所需要的工人。为外来移民提供倍增的就业机会，所产生的效果将是，能让这个国家更多地、更大范围地收获有价值的人口、技艺、产业。对其他国家幸灾乐祸固然十恶不赦，但为那些因灾难而受苦的人提供庇护，由此而造福我们自己，则既正当合理也不失精明。

五

在全面分析了促进美国制造业发展的诱导因素，并考察了通常强调的主要反对意见后，接下来就应该考虑那些促进制造业发展的落实手段。这有助于具体说明目前情况下看来最适合鼓励的目标，以及针对每一目标宜采取的具体措施。

为了更好地判断美国应采取的适当手段，我们不妨参考一下其他国家已成功采用的手段。其中主要有：

（一）保护性关税，是指当外国产品对于我国有意保护的国内产品构成竞争时，我们对外国产品征收的关税

这种性质的关税显然等于是补贴国内制成品。关税通过提高对外国商品的收费，能使国内制造商的商品售价低于所有外来竞争者。这种鼓励措施的适当性无需赘述，它不仅是已提出的众多建言中的明确结论，而且在很多情况下得到了美国法律的认可。此外，它还有一个额外优点，就是会成为财政收入的一个来源。事实上，对进口货征收的所有关税，哪怕完全着眼于增加财政收入，也无不具有促进本国制造业发展的预期效果，只有对原材料征收的关税会另当别论。

（二）针对外国竞争产品的禁入令，或者形同禁入令的高关税

这是鼓励本国制造业的另一有效手段，但一般而言，只有当制造业取得了长足发展，已掌握在许多人手中，乃至能确保应有的竞争，并确保以合理的价格充足供应时，才适合采用这种手段。至于形同禁入令的高关税，在美国的法律中有一些相关例子。另有若干其他情况也适合有利地推广这一税则，只是这些情况并不多见。

鉴于工业国的主流政策无不把国内市场的垄断权留给本国制造商，美国在每一适当情况下都应采取类似政策。基本上可言，这是由分配正义的原则所决定的，当然也是由努力确保本国公民享有互惠利益的责任所决定的。

（三）针对制造业原材料的禁出令

实行这种管理的主要动机在于，希望为本国工人保障廉价和充足的原料供应。再有，当某物品或其质量为我国所特有时，要防范外国工人因使用我国原材料而与我国工人相竞争。虽然不应断言这种做法在任何情况下皆不恰当，但它肯定是一种应当慎用的做法，而且只能在十分明了的情况下才采用。不容分说，禁出令会直接影响相关行业主要是农产品行业，由此需求会减少，价格会承压，从业者的利益会受损。假如禁出令能极大地促进一国关键制造业的繁荣，那么，先期受损的人有可能最终得到补偿，因为广大的国内市场在制造业繁荣的支持下，终将展现超级的稳定性而让人受益。不过，在这种事情中，有太多的空间可以进行效果不差而难度不小的政策组合，特别是当不同意见彼此对立、相互冲突时，出于谨慎持重的考虑，理应有节制地采用这一政策手段。

（四）资金补贴

人们发现，这是鼓励制造业发展的最有效手段之一，某些方面还是最好的手段。不过，美国政府尚未采用过这种方法，除非把出口干鱼、腌鱼、腌肉时的优惠视作一种补贴。此外，公众舆论对这种方法的支持不如对其他一些方法。

补贴的好处包括：

1. 这种鼓励手段比其他任何手段都更加积极和直接。正因如此，它会更加快速地刺激并扶持新企业，且在初创活动中增加盈利的机会，减少

亏损的风险。

2. 它避免了其他某些方式伴生的价格暂时上涨问题,或者它造成的价格上涨问题不会那么严重。它不会像保护性关税那样,增加竞争性外国商品的费用,或者仅会增加较少的费用。第一种情况(即价格暂时不上涨)之所以发生,是因为用于支付补贴的资金来自不同的品类,至于这是否会提高其他商品的价格,那取决于该品类的性质。后一种情况(即价格上涨不严重)之所以发生,是因为用于支付补贴的资金来自与外国制成品相同或相似的品类。对外国商品征收1%的关税,转化为对本国商品的补贴,其效果等同于国内不补贴而对外征收2%的关税。外国商品的价格可能会提高,一种情况是提高幅度在1%,另一种情况是提高幅度在2%。事实上,当补贴从另外渠道获得时,它预计会促进价格下降,因为在不对外国商品征收任何新费用的情况下,补贴也会形成与外国商品的竞争,并增加市场上的商品总量。

3. 补贴不会像高保护性关税那样造成商品的稀缺,不会总是直接造成价格的上涨。不过,假如国内制造业得不到发展从而无力遏制价格上涨,则补贴形同额外征税,最终还是会引发价格上涨。在征税与价格相应上涨之间的这段间隔期内,征税有可能阻碍进口,因为它会影响从相关商品销售中预期可获得的利润。

4. 要想把鼓励新的农业项目和鼓励新的制造业项目结合起来,补贴有时不仅是最好的,而且是唯一合适的办法。通过抵消外来原材料的干扰而促进国内同类原材料的生产,这符合农民的利益。制造商的利益在于原料的丰富和廉价。如果在国内尚未生产出足够数量的原料,尚不能按合理价格供应给制造商之时,就出于促进国内原料生产的目的而对从国外进口的原料征税,那样,农民和制造商的利益都会受到损害。假如破坏必要的供应或者提高原料价格,使它超出幼稚制造业所能承受的范围,则该原料就会被抛弃或失去其价值。当没有国内制造厂家来创造对农民所产原料的需求时,即使外国同类产品的竞争已遭瓦解,那也会徒劳无益。

不能不注意到,对某一商品的进口征税,之所以能帮助该商品在国内的生产,不过在于让本国产品在国内市场上获得更大的优势。它对国货在国外市场上的有利销售不会产生任何推动,因此也并无促进其出口的趋势。

调和工业和农业两种利益的真正方法是,既然我们希望鼓励发展有关原料,应该向使用这些原料的外国制成品征税,并将税款以补贴方式用于原料本身的国内生产或国内制造,或者同时用于二者。在这种情况下,生产商在原料的数量或价格方面占据一切有利条件的情况下开始生产。如果农民直接得到补贴,他就有能力成功地与外国原料展开竞争。如果制造商得到的补贴对应于他所消耗的国内原料量,那么情况几乎是一样的。如果国内原料质量相同,即使价格高于外国,只要差价少于对商品的补贴,制造商就会有优先选择国产原料的利益动机。

且不论简单和普通的家庭制造业,或者那些得天独厚的乡土制造业,在大多数情况下,资金补贴对于引进一个新行业可谓必不可少。一般说来,当竞争来自外国的高超技术和产业成熟,要想克服因这种竞争而出现的障碍,那就必须有一种不亚于资金补贴的强大刺激和直接支持。外国人惯于以某些产品供应本国,并已惯于向这些产品提供补贴,针对这些产品,我们尤其必须也自我补贴。

向确立已久的制造业再继续提供补贴,这种政策几乎总应当商榷。原因是,每一个这种补贴案例,都必须先要符合一种假定,即那里存在着天然的、固有的障碍,妨碍着制造业的成功确立。当然,对于新兴的创业,补贴总是合理的,也往往是必要的。

人们对补贴存有一定程度的偏见,因为补贴看起来是在不考虑直接收益的情况下将公款拱手相让。他们以为,补贴无非是为了让特定阶层的人发家致富,从而牺牲社会的利益。

然而,这两种表示不赞成的意见都经不起认真推敲。就公共资金的用途而言,没有哪个目标能比获得一个有用的新产业更为有益的,也没有什么追求能比永久地增加生产性劳动的总储备更有价值的。

至于第二个反对理由,它同样可以针对其他鼓励方式,而那些方式却被承认是得当的。对外国商品征税往往引发其价格上涨,给社会造成额外开支,令本国制造商受益。补贴的作为也不过如此。可是,在每种情况下,甘愿接受暂时的花费毕竟符合社会的利益。因为产业和财富得以增加，资源和独立得以增强，以及如在另一处已提到，商品价格最终得以廉价下来，所以，暂时的花费会得到补偿且有余。

然而，在美国采用这种鼓励措施时需要注意，在可能被认为符合条件的情况下，鼓励的程度应有所缓和。美国与欧洲相距遥远，从欧洲运来的所有制成品原需缴纳非常高昂的费用，根据其体积大小，要缴纳占价值15%到30%的费用。

有人质疑美国政府是否拥有宪法权利来实施这种鼓励，但这种质疑肯定缺乏充分的依据。国家立法机构拥有明确的权力，"征收税款、关税、附加税、货物税，用以偿还债务，并为共同防御和普遍福利提供经费"。其中并无其他限制条件，只是规定，"所有关税、附加税、货物税应在美国全境划一执行，除非按照法定原则下的人口普查或点算所确定的人数比例，否则不得征收人头税或其他直接税"，以及"不得对从任何州出口的物品征收税款或关税"。除这三个条件外，筹集资金的权力是全权的，也是不限定的；拨款可能的去向也不比偿还公债、提供共同防御和普遍福利要狭窄。毫无疑问，"普遍福利"一词的含义要比前引词语所表达或暗示的含义更多，否则，国家事务中的许多紧急情况就会得不到照应。这个词语与可能使用的任何词语一样全面，因为不应该将联邦征收财政收入的宪法权力限制在比"普遍福利"更窄的范围内，而且因为这必然包括各种各样的具体情况，它们既无法具体说明，也无法加以定义。

因此，必须由国家立法机构考虑决定，宣布哪些是涉及普遍福利的目标，以及根据这种描述，开展拨款是必要和适当的。似乎毫无疑问的是，凡与农业、制造业、商业的学习长进相关的普遍利益，就资金的使用而言，都属于国会的职权范围。

对这一词语适用面的唯一限定似乎是可以接受的，即拨款的对象必须是"普遍"的，而不是"局部"的，其运作事实上或可能扩展到整个联邦，而不是局限于某个特定地点。

如果认为这种解释意味着国会有权采取任何有利于普遍福利的其他行动，那就不应该反对这种解释。以明文规定的这种自由度进行拨款的权力，并不意味着有权做宪法没有授权的任何其他事情，无论是明文规定的还是合理暗示的。

（五）奖金

奖金在性质上与补贴颇相类似，但在某些重要特征上又有所区别。

补贴适用于生产、制造或出口的物品全体，并覆盖相应的费用。奖金用于奖励某些特别优秀或卓越的品质、某些非凡的劳作或技能，仅仅在少数情况下发放，但照样着眼于激励普遍的努力。按构想，奖金既是荣誉性的，又是有实利的，致力于激发人们的不同热情，既能触动见贤思齐之心，又能激发实业谋利之功。因此，它们是激励整个社会积极进取的一种非常经济的手段。

不同的国家都有各种各样的协会，其宗旨是发放奖金，用以鼓励农业、艺术、制造业、商业的发展。虽然它们多属自愿性协会，资金预算相对较少，但作用却蔚为大观。英国通过这种方式已经多有成就，特别是苏格兰据此大举改善了当地状况。美国建有一个类似机构，并由联邦政府提供资金和支持，我们有理由期待它能带来巨大利益。因此，在本报告的最后，我们将就此提出若干进一步的想法。

（六）制造业原料的免税

作为一般规则，税收豁免的政策意义是不言自明的，尤其在涉及新办机构时。新制造厂原本就有诸多困难，如果再增加其财税负担，便甚不可取。假如制造厂已经发展成熟，具备了作为征税对象的条件，一般也最好是对其制成品而不是对其原材料征税。制成品比原材料更容易调整税额与产品价值之间的比例关系。美国豁免这方面税收的理由，来自我们在本国和外国市场上那些竞争对手国家的做法，它们在条件允许时就实行免税。

不过，也有例外情形，下个标题下将举出一些例子。

联邦法律提供了遵守这种政策建议的实例，但很可能发现，最好将有关政策延伸到其他一些情况。与该政策异曲同工的是，现在规定对来美居住的外国技师的工具、用品、书籍、衣服、家具也给予免税。联邦法律已经为他们提供了这一优惠，无论从哪个角度看，继续保持这一优惠都理所当然。

（七）对制造业原料已征关税的退税

我们已注意到，作为一般规则，那些原材料的关税应预先征收，但存在某些例外。这些例外中,可举三种情况。第一,原料本身是普遍或广泛消费的对象,也是合适的、生产性税收来源。第二种涉及较简单的制成品,它与国内同类产品的竞争最好能加以抑制,可这种制成品具有原料性质,能通过进一步加工转化为另一理当鼓励的制成品,不管是这种制成品的引进还是成长。第三种情况下,原料本身由美国生产,而且数量充足,能为本国制造商提供廉价又充分的供应。

按第一种情况的描述,有糖浆这种产品。糖浆不仅是一个合理的征税对象,而且作为一种甜食,其消费者应该像糖的消费者一样缴税。

属于第二种情况的,有白坯的棉布和亚麻布。对这些进口商品征税,有利于促进国内同类产品的加工制造,退税是为了鼓励此类进口货在国内的印花和染色。当制成品的前道工序在一国已足够成熟,可为下道工序提供完全的供应时,对前道制品的退税便不再具有功用。

在美国,大麻产品现在或不久就会成为第三种情况的例证。

如果征收制造业原料的关税原本就不是要防止与国货的竞争,那么一般而言,当提议免征这些原料的关税时,其背后的理由作为一般规则,便意味着应当为制造商安排相关的退税。故此,在系统地从事制造业的国家,这种退税政策已经司空见惯,这也为美国遵守类似政策提供了依据。在食盐和糖浆的例子中,联邦法律即采纳了这一理念,相信把这个政策推广到其他一些物品上也会带来好处。

(八)鼓励国内的新发明和新发现,并将其他国家尤其是与机器相关的发明和发现引入美国

这是能为制造商提供的最有用、最完美的辅助工具之一,通常的鼓励手段是给予金钱奖励,或给予一段时间内的特许专营权。金钱奖励必须根据当下场合以及发明或发现的用途来采用,至于特许专营权这一方式,法律已就"作者和发明者"作出规定。但是,对于具有非凡价值的改良和秘诀,最好能让相关的引进者跟作者和发明者一样享有相同权益。其他国家已在实行这一政策,并已取得良好效果。然而,这里如同在其他某些情况下,也有理由让人感到遗憾,因为国家政府机关可能为善而行的权限并非毫无疑问。一个在联邦全境运行的权力机关可以为产业活动提供许多帮助,可以促进许多重大的内部改良,这些都是一个局限于单个州内的权力机关所无法实现甚至完全无法实现的。

当然,假如联邦立法机构不能如愿去做所有的好事,那么至少它应该去做所有切实可行之事。推动外国各种改良成果的引进,虽不如更充分的权力机关所能实现的那样有效,但总应当勉力为之,本报告最后拟提交的计划中,有一部分涉及如何推动外国成果的引进。

工业制造国惯于禁止出口其发明或改良的工具和机器,违者会受重罚。在美国,类似的规定已经瞄准有关目标,其他目标预计还会不时出现。出台这种规定似乎是由对等原则所决定的。在这些方面,更大的自由或许更符合国家的总体精神。但在其他方面,出于自私和排他的考虑,不可能始终允许自由放纵的精神,此等精神会让我们处于不平等的地位。禁入令会阻止外国竞争者利用其国内改良成果在我国捞取好处,同时它们定然会增加那些改良引进者的优势,并起到鼓励我方努力的作用。

(九) 有关制成品检验的明智规定

就促进制造业繁荣而言,这并非最不重要的手段之一,其实在许多情况下,它是最必要的手段之一。制成品检验有助于防止针对国内消费者和向外出口商的欺诈行为,有助于提高本国制成品的质量并保持其特性,也肯定有助于快速并有利地销售这些产品,还可防止来自其他方面的成功竞争。一些州的面粉和木材以及另一些州的锅灰之所以享有美誉,就是因为它们重视了产品检验。通过在全美各港口实行明智而统一的检验制度,无论上述物品产自何处,将都能获得同样的美誉。类似的制度也可以推广到其他产品。

(十) 方便各地间的汇兑

这对于一般商贸活动,特别是对于制造业具有重要意义,因为它使原材料和粮食的购买以及制成品费用的支付变得更加简便。银行票据的普遍流通将是实现这一目标的最有价值的手段,最近设立的有关机构可望促进银行票据的流通。不过,对内陆汇票增加一些支持也会带来很多好处。如果在一个州开出、可在另一个州支取的汇票在任何地方均可转让,并在出现投诉的情况下能保障利息和损害赔偿,那将极大地促进不同州公民之间的相互收付,并使汇票更加安全。同时,这也会给每个州的贸易商和制造商带来便利。

（十一）为商品运输提供便利

有利于本目标的交通改进措施,与所在社会的全体内部利益群体都密切相关,但与制造业尤其关系重大,这一点自可毫不客气地论及。英国公共道路的改善,以及近来在开凿运河方面取得的巨大进步,简直首屈一指地大力支撑了英国的制造业。对于前者即公路改善,美国怀有迫切的需要;至于后者即运河开凿,它们会提供非同寻常的便利。

最近,一些地方出现了重视改善内河航运的迹象,这一定会让真正热衷于国家繁荣的每个人感到欣慰。我们希望,这些榜样能激发各州政府和公民的努力,想必没有什么比这项事业更值得地方政府关心的了。我们也希望,国家政府机关会毫不犹豫地依照全面的计划,为此提供直接的援助。某些改进若由整个联邦而不是由联邦下属部分来实施将会更加有效,运输的改进即属此列。有些情况下,那些自以为是的地方利益会彼此冲突,从而存在着牺牲整体利益的危险。在这类事情上,难免存在妒忌,也难免犯下错误。

下面的评论既明智又中肯,值得逐字引述。"良好的道路、运河和通航河流,通过减少车船的费用,可使一国的偏远地区与城镇附近地区更加接近。因为这一缘故,交通设施在所有改进中厥功至伟。它们激发偏远地区的耕作,那里必定是国家最广阔的外围。它们打破农村对其周边地区的垄断,从而对城镇有利,甚至对农村地区自身也有利。交通设施尽管把一些竞争性商品引入原有市场,却也为农产品打开了许多新市场。此外,垄断实乃良好管理之大敌,唯有自由和普遍的竞争,才可能普遍地确立良好的管理,才会迫使每个人为了自卫而参与竞争。才不过50年前,伦敦周边某些农村地区曾向议会请愿,反对公路延伸到偏远地区。他们声称,由于劳动力便宜,偏远农村的草料和谷物在伦敦市场上会比自己的同类产品售价更低,因此会减少其租金、毁掉其农耕。然而,从那时起,他们的地租不降反涨了,农田的耕作还有了改善。"

公正的观察者可见,支配上述国家的那种狭隘精神也同样频频现身于我们这里。为此,爱国主义者希望,在那些有可能受到地方或局部精神干扰的情况下,本国的机构,包括最不可能受狭隘精神主宰的议事会,能够自由地追求并促进普遍的利益。

以上是通常用以促进制造业发展的主要手段。然而,政府的措施不仅有必要直接针对制造业,借以扶持和保护制造业,而且针对在管理全过程中会对制造业产生附带影响的那些措施,有必要提防其损害制造业的任何特殊倾向。

有些税种容易对社会的不同部门造成压迫,除其他不良影响外,还对制造业非常不友好。所有的人头税或按人头征收的税都具有这种性质。它们要么按照固定的税率征收,而税率作用是不平等的,对勤劳的穷人尤其不利;要么赋予某些官员以酌处权,由他们进行估算和征收,可这种估算和征收必然是模糊的、猜测性的,容易被滥用。因此,除非情况紧急无助,否则都应放弃这些做法。

所有这些税收,包括所有职业税,均根据企业推定使用的资本额或推定获得的利润额而征收,它们不可避免地会对产业活动造成损害。为了尽力减轻这种弊端,可让被征税方首先选择申报其资本或利润的数额,但恐也徒劳无功。

做任何生意的人通常都有充分的理由避免披露信息,因为信息披露会让自己的实情暴露无遗。他们经常发现,与其利用如此不便的规避办法,还不如甘冒被有关税收压迫的风险。结果,他们常常遭到压迫。

即使进行披露,披露过程也不是确定的,可由税务官员的自由裁量权操控,或换言之,由税官的激情和偏见所支配。所以,信息披露不仅是一种无效的保护,而且保护不力的可能也会成为人们不去披露的另一理由。

即使假定公职人员能展示最公平的处置权,可当他们行使自由裁量权时,如果没有一定的数据,也不能不经常被表面现象所误导。运行中的业务量,很多情况下是一个很有欺骗性的盈利指标,可这也许是他们能得到的最好标尺,也是他们最自然仰仗的标尺。因此,一个企业固然宁可伸手向政府要援助,也不愿意为政府作贡献,但它们可能发现自己被评税员错误的估算所压垮。

任意征税泛指所有这种行为,即由某些官员自行决定对每人征收多少税款。这既违反了自由的天性,也背离了勤劳的要义。有鉴于此,最明智的政府观察家都对任意征税发出了最严厉的斥责,认定它构成了专制政府实践中最糟糕的特征之一。

至少可以肯定的是,任意征税特别不利于制造业的成功,一个有意促进制造业发展的政府理应谨慎避免之。

六

由于本报告主题内容繁多,不经意间已造成初步讨论的篇幅比最初的设想还要冗长。报告前文查究了鼓励制造业发展的有关原则,考察了反对意见,并努力确定鼓励的效用与手段。接着应当具体说明会出现的值得或需要鼓励的目标,以及针对每个目标可能采取的适当措施。在完成了前一项任务后,剩下便需要处理第二项任务。就选择应当鼓励的产业目标而言,有五种情况似乎值得特别注意:由本国保障原材料供应的能力;制造环节容许机器代替手工劳动的可能性;执行鼓励方案时的便利性;产品在应用上的广泛性;对其他利益特别是国防这一重大利益的有用性。不过,也有一些对象并不符合上述情况,只是出于某些特殊原因,它们也可能值得予以鼓励。

在介绍每种产品的主要原材料时,人们都会提到这些材料。首先是:

1. 铁

这一原料的制成品理应置于最显赫的地位,没有哪个品类比铁制品更加必要、应用更广。铁制品全部或部分地构成了几乎每个有用行当的器具或原料,或二者兼而有之,其有效作用触目皆是。

幸运的是,美国拥有独特的优势,可从这一最宝贵的原料中充分获益,而且完全有动机对其进行系统的改进。在美国各地都能找到这种原料,而且数量巨大、品质齐全。制铁的主要辅料即燃料,既便宜又充足,这尤其是指木炭。但另有产煤的煤矿已在运作,有强烈的迹象表明,还可在其他多地找到大量煤炭。

本报告的主题所涉及的调查已得到答复,证明铁厂虽然通常已知规模甚大,但远比人们通常想象的还要庞大。进展最大的几类另已提及,这里无需赘述。而其他各类铁厂只要经过适当培育,也都会迅速取得成功,这点不必怀疑。值得注意的是,以铁为基础的几种特殊行业,不需大笔资本的帮助也能运行下去。

在美国,炼铁企业的数量大有增加,而且比以前更有优势。革命前的平均价格约为每吨 64 美元,目前约为 80 美元。价格上涨的主因是,这种原料的加工制造规模扩大了。

此类制造业的进一步扩展和倍增将产生双重效果,既促进该金属本身的开采,又将其转化为更多可盈利的用途。

前已提到,在选择有关用途时需要考虑各种要求,而这些铁制品能比其他任何制品在更大程度上把那些要求整合起来。

进一步鼓励铁制品厂的唯一办法,似乎就是提高对外国竞争商品的关税,这种做法的适当性毋庸置疑。

钢铁行业已经取得长足的进步,据了解,一些规模更大的新企业最近也已成立。毋庸置疑,钢铁业将有能力达到满足国内全部需求的程度,之后还能为出口提供较大的盈余。目前,钢产品的进口税为每磅 75 美分,预计可以安全、有利地将税率提到 100 美分。我们希望通过果断的安排,支持在如此有价值的行业所作的努力。

美国已在相当程度上为国内提供着大小钉子,它有能力也当然应该全部自我供应。在此加工制造中,第一道也最费力的工序要由水磨完成,后续工序所雇人员中,有很大部分是男孩,其早年的勤劳习惯对于社区,对支持家庭眼下生计,以及对他们自身未来的安适都很重要。有件事不免令人好奇,在我国某些地方,钉子的制作偶尔也成了一项家庭制造活动。

有重要事实表明,对这些物品征收额外关税是适宜的。在截至 1790 年 9 月 30 日的一年中,美国进口了约 180 万磅此类物品。据推测,每磅征收 2 美分关税即可迅速阻止如此大量的进口。无论从哪个角度看,停止进口都是恰当的。

与其他某些物品一样,这些物品的制造也因部分从业者的粗心和不诚实而受到影响。某些情况下,进行产品检验谅必会纠正这种弊端。值得考虑的是,是否可在不造成麻烦的情况下,对出口到外国或从一州出口到另一州的物品实施此类监管。

几个州都大量生产畜牧用具,许多地方皆由普通铁匠制作。毫无疑问,我们可以很容易地为全国提供充足的供应。

此外,我们还加工制造各种机器用刃具和大量空心器皿,但铸件业务尚未达到理想的完善程度。不过,铸件业务正在不断改进,而且由于有实力雄厚的资本在从事这些铁器制造业,可以相信,虽然这些行业尚处于幼稚状态,但有关目标终究不难实现。

为确保这一结果,对于所有铁制品或以铁为主要价值含量的制品,将其从价税提高到10%,似乎既安全也审慎。

按照设想,火器及其他军用武器可以毫无不便地归入税率为15%的品类。这些产品的制造厂家业已存在,仅给予一定的需求刺激就能使之保障美国的供给。

为组建军火库,应确保每年购买一定量的国产军火,同时随时补足因使用而提走的军火,以便始终储备可满足需要的每种武器量。这一切将是对此类工厂的莫大帮助,也是维护公共安全的一种手段。

以后可能值得立法机关考虑一点,即是否一定都要由政府负责,来建立所有必要武器的兵工厂。现有兵工厂的建立符合各国惯例,而且这种惯例似有充分的合理依据。

把这些重要的国防用品交由个人的冒险投机来运营,恐怕是一种轻率的做法。在军工领域比起大多数其他领域,私人资源比较不可依赖,毕竟有关物品并非私人消费或使用的普通必需品。一般来说,确应避免保有政府直接负责的工厂,可是,基于非常特殊的原因,兵工厂似乎是可允许的少数例外之一。

一般钢制品,或以钢为主要价值的物品,可比较有利地归入关税为7.5%的品类。由于此类制成品尚未取得任何显著进展,尚不宜将其税率定得像铁制品那样高。但是,由于钢材是钢制品的基础,而且钢制品的拓展不仅重要而且可行,因此,最好借由比目前稍高的税率来促进钢材业的发展。

这就产生了一个问题,即在多大程度上允许免税进口生铁和棒铁。免税进口当然有利于铁制品的生产,但问题是,这是否会干扰那些粗铁的国内生产。

然而,有两种情况即使不能消除,也至少可缓解这方面的忧虑。其一是价格的大幅上涨,这一点已在前面提到,故此可以认为,外国铁器的自由输入未必就妨碍国内铁厂业主获得足够的利润。其二是需求的增加,即由于建议给予额外的补贴,包括粗铁在内的国内生产制造量很可能会应声上扬。不过,在这种问题上,谨慎而行是最明智的。所建议采取的措施,也许应根据进一步的经验再仔细权衡,而不是贸然采纳。

2. 铜

该原料所涉及的制成品也具有很大的范围和用途。在本描述中,黄铜是其中的主要成分,所以黄铜制品也包括在内。

这种材料是美国的天然产物。铜矿实已得到开采,并给开采者带来利润,尽管不知道现在是否还有铜矿处于这种状态。从其他国家以适度价格大量输入铜,这是再容易不过的事。

铜匠和铸铜师,尤其是铜匠,在美国为数众多,其中部分人的生意做得有声有色。

增加和扩大铜材的加工制造值得关注和努力,为此,最好能致力于原料的充足供应。而实现这一目标的适当方法就是把这些原料归入免税品类。铜板和黄铜已处于这一情况,铸铜和铜棒却未归入,青金石也没有,青金石与铜和碳一起构成了黄铜的成分。从道理上讲,税收的豁免应覆盖到所有这些作为进口对象的物品。对黄铜制品征收额外的关税,将有助于实现我们的总体目标。目前,这些物品的税率为5%,而锡、锡镴、紫铜的税率为7.5%。无论从哪个角度看,将黄铜制品与它们放在同一水平似较合适,值得考虑的是,是否应把所有黄铜制品的关税都提高到10%。

3. 铅

大量事实证明,这种原料在美国比比皆是,只需很少的投入就能超额满足国内的各种需求。弗吉尼亚州的西南地区长期以来盛产铅,独立战争期间,在公共管理下为军事用途提供了大量供应。现在,有关矿藏转入个人手中,他们不仅继续努力经营,而且还在该州的里士满(Richmond)建立了铅制品厂。

无论是未加工的铅原料还是已加工的铅制品,其进口关税都确保了国产货品在国内市场上的决定性优势,这等于是一种相当程度的鼓励。如果提高锡铅合金的关税,将进一步促进锡镴制品的发展。除此之外,没有其他需要补充的了。

4. 矿物煤

这是制造业中的重要辅料,本报告把它作为话题之一加以评述并无不妥。

矿物煤的大量供应将对铁业产生重大影响,它作为一种家庭燃料也是有意义的产品。随着定居和农耕的拓展,其效用也必然会因木材的减少而相应提升。煤炭是一种巨大的沿海运输物品,它对航海的重要性在英国得到了显著的体现。

众所周知,弗吉尼亚州有几座煤矿目前正在开采。在许多地方,人们都熟悉这些煤矿存在的样子。

在某些条件下,对所有种类的国产煤给予补贴,并对新煤矿的开设发放奖金,此类措施似乎值得特别考察。既然煤炭如此重要,理当为此而按现有方式付出合理的费用,只要看来这对于实现目标是必要的并且被认为是可行的。

5. 木材

美国有几家比较兴旺的木制品企业。没有哪个地方的造船工艺比美国更完善,而美国橱柜用具的制作水平一般也不比欧洲差多少。这些木制品质量很高,使得出口量也相当可观。

对这些木制品通常使用的几种木材免征关税,似乎就是鼓励政策的全部必要内容。我们之所以建议这样做,是因为考虑到其他国家也在实行类似政策,也是因为应当让我国木材工人享有同等优惠。造船业所需的木材在美国资源丰富,这恐怕并不妨碍我们采取进口免税政策。在欧洲国家,造船用木材日益稀缺,其重要性与日俱增,这告诫美国应着手系统地采取措施保护这些木材存量。从各种观点来看,任何有助于定期建立船用木材储备的举措都是可取的。

6. 皮革

几乎没有比皮革企业更重要的制造厂了。皮革加工能促进各种牛群的饲养,对农业产生着直接而非常有益的影响,从而成为一个很值得推荐的理由。

同样令人高兴的是,我们看到皮革加工的主要行业取得了长足进步,已成熟到几乎可以抵御外国竞争的地步。特别是制革厂,不仅作为常规业务在全国各地广泛开展,而且在一些地方还成为家庭副业生产的重要项目。

不过,也有代表提出,应该通过两种方式进一步鼓励皮革业的发展,一是提高进口皮革制品的关税,另一是禁止出口树皮鞣料。为支持这一政策建议,人们断言,主要由于大量出口,鞣料的价格几年内已从每考得(约3.6立方米)3美元涨到了4.5美元。

这些建议与其说在陈述理所当然的事情,不如说是在发出值得考虑的提示。增加关税是否有必要,这一点并不清楚。至于所希望的禁出令,其实没有证据表明迄今为止存在大量的出口。最有可能的是,无论价格上涨多少,都是因为制造业的发展扩大了国内需求,以及定居点的拓展造成了供应减少,而不是因为出口量有了增长。

不过,要求禁止出口背后还另有原因。有人提到,通常出口的一种树皮为美国所特有,属于十分珍贵的染色原料。而且,它在其他一些制造行业中用途很大,美国已开始在这些行业展开竞争。

也可能有这样的理由在支持增税,即这一产业目标足够重要,理应给予决定性鼓励。再说,从已有进展来看,没有理由认为提高关税会对供应造成任何影响。

如果把目前税率为5％的胶水列为排挤性征税对象,将对本行业有利,各种制革厂已经在大量生产这种胶水。胶水跟纸张一样,也是一种极其实惠的材料,如果不加工生产的话,原也会自生自灭。将它归入缴纳15％税率的品类想必会有好处。

7. 谷物

这类产品中,有几种谷物的加工制造值得特别关照,这不但是因为它们多与公民的生计息息相关,还因为它们扩大了对最珍贵农产品的需求。

虽然面粉作为谷物的一种加工品,理应受到关注,但关注的意义无他,不过是要说明,在全美各港口实行普遍的检验制度有其必要性。假如按照适当的原则建立这种制度,将有可能改善我国各地面粉的质量,并提高其在国外市场上的声誉。不过,还有些因素阻碍着这种安排的实施。

烈性酒和麦芽酒是仅次于面粉的两种主要的谷物酿制品。烈性酒在美国获得了十分广泛的发展,麦芽酒则取得了相当大的进步。就这两种产品而言,只要情况允许,国内制造商就应尽快独占国内市场。没有什么比这更可行,也没有什么比这更可取的了。

美国的现行法律在实现这一宝贵目标方面已经做了很多工作。但在目前基础上,对外国蒸馏酒和外国麦芽酒增收若干关税,或许再减轻一点国产酒的税收,就能最有效地实现这一目标。对以上两点中的任何一点,均未见到特别有分量的反对意见。

提高进口烈性酒的关税将有利于从糖浆中蒸馏烈性酒,就如同有利于从谷物中蒸馏烈性酒。而确保国家能够得益于这项酿制生产,甚至包括对外来原料的酿制生产,总是极为重要的,尽管其重要性可能要次一等级。

蒸馏酒厂的有关人员,包括最坦率和开明者,普遍有一种强烈的印象,即外国酒与本国酒之间有必要拉开更大的税率差距,这样才能保证国产酒的成功酿制。基于某些事实,这样的印象值得我们关注。

众所周知,过去几年来,西印度群岛市场上糖浆的价格始终在持续上涨,部分原因在于以前尚不存在的竞争;部分原因在于美国需求的扩大。明显可见,作为我们主要供应地的西印度群岛最近发生了动荡,这必定会严重干扰糖浆的生产,从而引起价格的大幅上扬。特别是,伊斯帕尼奥拉(Hispaniola)岛叛乱造成的破坏和毁灭,不仅会极大地助长上述影响,而且可能会使这种影响持续一段时间。在此情况下,再加上每加仑3美分的糖浆税,酿造该原料的酒厂可能很难与西印度群岛的朗姆酒展开竞争并赚取足够利润,毕竟西印度群岛的朗姆酒质量要好很多。

日内瓦或杜松子酒在美国的消费量很大。在我们中间,酿造这种酒的厂家已发展到一定规模,只是为时未久。这些酒厂目前已初具规模,但终究处于幼稚阶段,需要得到保护。

据表示,这里某些原料的价格比荷兰高(大量货物从荷兰运来),劳动力价格也高出不少。同时,在荷兰从事这项生意的资本比这里要大得多,从业者能承受的经营利润率也低得多,而那里对进口杜松子酒的偏见比较强烈。据称,这些情况足以抵销从欧洲运往美国的费用及目前的关税差,使得我们无法有利可图地酿制这种酒。

也许只有经过试验才能确知所提建议的合理性,可是,对于如此重要的制造部门而言,无谓地甘冒风险似乎并不妥当。在这个具体问题上,最好是宁愿失之于关税差额太大,也不要失之于关税差额太小。

因此,建议对第一级烈度的进口烈酒每加仑加征 2 美分的关税,对更高烈度的烈酒再按比例加征关税。对于在美国境内蒸馏的烈酒,则从第一级烈度开始,每加仑减征 1 美分的关税,对更高烈度的烈酒再按比例减征关税。

据了解,到目前为止,美国消费的麦芽酒中最大一部分是国内酒厂的出品。我们希望而且确有可能,全部消费均由我们自己来提供。

自家酿造的麦芽酒固然比不上最好的进口货,但与通常进口的麦芽酒大致相当。业已取得的进步预示着未来可期的成就,日益激烈的竞争才是不断进步的保证。采取措施,吸引更多资本进入本投资渠道,将会加速这一进程。

为了对国内酿酒厂起到决定性的鼓励作用,也许应该总体上取代每加仑 8 美分的现行税率。为了防止偷漏税,是否应该禁止进口麦芽酒,除非是装在容量很大的酒桶中。希望这样的税率能把劣质的外国麦芽酒逐出市场,只有最好的麦芽酒才会继续进口,直到它们被国内同等技术或同样关照下的产品所取代。

在此之前,这种高档品的进口将能有益地刺激国内的改良。而在此期间,出于鼓励最有用的国内产业部门这一目的,人们为享受奢侈品而支付更高的价格,从道理上说也不算是吃苦遭罪。

淀粉、发粉、薄饼等产品有助于谷物的进一步加工制造,它们虽然规模较小,但也不妨列入 15% 税率的品类。没有什么制成品比这些产品更加简单,也没有什么制成品比这些产品更接近于完全由国内渠道来保障充足供应。因此,让它们成为禁止性关税或明令禁入的对象,是一项既符合惯例又理所当然的政策。

8. 亚麻和大麻

这些物料的制成品彼此十分接近,也经常混用在一起,因此完全可以将它们合起来考虑。亚麻部门对农业颇为重要,对家庭工业具有宝贵影响,亚麻可以容易地在家里加工到任何所需程度。这一点,加上亚麻粗纺品既有的巨大进步,特别是家庭生产方面的巨大进步,构成了政府支持麻纺织部门的强大理由。

我们可通过各种方式提供政府扶持,这些方式包括:促进有关原材料的增长;为竞争性外国产品在我国的有利竞争增加障碍;对国内的加工制造直接发放补贴或奖金。

首先来说促进有关原材料的增长问题。

在大麻方面,通过对外国大麻征收高额关税,我们已经做了一些工作。如果国内的生产设施不是异常发达,那么对外国原料征税的政策就很值得商榷,因为它干扰了大麻织造业的发展。但是,如果适当考虑到国内已有生产设施,并着眼于国家未来的自然发展,则关税措施总的来说似不必加以抵制。人们自然强烈希望能找到一种方法,更直接地鼓励亚麻和大麻的生长,而且这种方法既可行之有效,又不至于带来太多问题。为此,可以考虑采用补贴和奖金的方法,但目前尚无变通的方法既不会酿成开支过大的风险,又不会因联邦各地情况有别而致效果迥异,况且在执行过程中还不会遇到很大的困难。

其次,关于为竞争性外国产品在我国的有利竞争增加障碍。

为达成这一目的,提高进口税是显而易见的政策措施。就某些物品而言,似有充分的理由可建议这样做。

这些物品中最主要的是船篷帆布,帆布与航海和国防密切相关。波士顿有一家蓬勃发展的帆布厂,其他几个地方的帆布厂也大有发展前途。

据推测,把帆布归入关税为 10% 的品类,应当既安全又明智。这样做的一个重要原因是,在英国,出口国产的船篷帆布时,每厄尔(45 英寸)可获得 2 便士补贴。

同样,将下列物品的关税提高到 7.5% 当属一项好政策,包括卡其布、奥斯纳堡布(Osnaburghs)、提克伦堡布(Tickleburghs)、道拉斯布(Dowlas)、油画布、棕卷、袋布,以及在出口地首次成本不超过每码 35 美分的所有其他亚麻品。英国对这些或类似的出口亚麻品平均给予 12.5% 的补贴,用以鼓励其在英国的织造,同时也为出口市场上他人的成功竞争增加障碍。

美国各地可生产质量较好的亚麻丝束及其他家用亚麻线,最近一些实验也表明,可在亚麻粗织物行业推广使用省力的机器。故此,我们能避免因提高亚麻品关税而带来的危险,也让我们有理由指望,为保障国内供给而作出的努力将能迅速取得圆满成功。

再次,关于给国内的加工制造直接发放补贴或奖金。

为了更有效地鼓励帆布生产,同时为了航海的利益而降低帆布价格,大有必要对所有在美国用国产原料制造的帆布每码给予 2 美分的补贴。这也将有助于这些原料的国内种植。如果采用这种鼓励措施,应规定一个适度的年限,以鼓励人们投身新的经营并拓展原有经营。这是一种大有可观的产品,理应采取非常手段予以支持。

9. 棉花

这种原料的质地使它特别适合机器加工,英国发明棉纺机不久,我们就在另一处提及其显著的实用性。不过,在不同的棉纺织厂中,还有其他一些实用性并不逊色的机器,它们或被专门使用,或发挥着非同一般的作用。鉴于这一重大情况,对于美国这个人手不足乃成功路上最大障碍的国家而言,棉纺织品便尤其值得重视。

棉产品的用途广泛多样,这是应当重视该产品的另一个有力理由。

美国能够大量生产棉花,其质量虽然被认为比不上其他某些地区,但能在许多织物中得到很好利用,且可能通过更有经验的栽培,使其更趋完善。这就为大力开展棉纺织多个领域的经营提供了很有说服力的额外动力。

本报告的前一部分已介绍了业已完成的工作。

此外可以宣布的是,资本将达至少 50 万美元的一个协会正在成立。代表该协会的一系列措施已在着手落实,以便大规模地生产并印染棉制品。

这些情况都表明,为促进有关工厂的盈利经营,有必要消除可能存在的障碍,并增加必要和适当的鼓励措施。

目前对外国原材料征收每磅 3 美分的关税,无疑严重阻碍了美国棉纺织厂的发展。

类似的关税,无论是在国内棉纺织业建立之前还是在其幼稚初期,都会对织造活动产生有害的影响。而且,它们对国内的原料生产也会产生负面的实际后果。前文在讨论资金补贴问题时,已对此作过特别预判。

棉花并不像大麻那样,有资格成为一般规则的例外。

与大麻不同,棉花不是美国全境普遍生产的产品,它无法保障国内的充足供应。不过,主要的反对意见来自人们对本国棉花质量的怀疑。据称,国产棉花的纤维比其他一些地方的棉花纤维要明显更短更弱。据观察,一般来说,生长地离赤道越近,棉花的质量就越好。故而人们说,产自卡宴(Cayenne)、苏里南(Surrinam)、德马拉拉(Demarara)的棉花,即使价格高出很多,也比西印度群岛产棉花要更受欢迎。

我们有理由希望,经过适当的关照,国产棉花会更加接近气候条件更优地区的棉花。事实也证明,棉花大可利用,它作为一种资源,可使国产棉纺织业比完全依赖外部供应时更有保障。尽管如此,让我们的幼稚制造业以最便宜的价格充分受益于最好的原料,无论从哪个角度看,都肯定是明智之举。

很明显,有必要使用这些原料,也是与工人的不熟练和缺乏经验相适应的。如果工人不熟练,他们在使用不合适的材料时就会造成巨大的浪费。

为确保本国制造业获得如此重要的优势,废除目前的棉花进口税乃必不可少。

一个更能鼓励国内生产的替代办法是,对在本国工厂加工的国产棉花给予补贴。在此基础上,还可以对棉花出口给予补贴。这两种办法均可促进棉花产量的增长,比我们建议废除的有名无实的鼓励要有效得多。前一种补贴还将对相关织造业的鼓励产生直接效应。

上文提到,英国对出口不超过一定价值的粗麻制品予以补贴,这种优惠也适用于价值相近的某些棉制品类。

这就提供了一个额外的论据,说明应该允许对本国织造业进行刚才所建议的那种鼓励,甚至应该增加一些其他援助。

可以对在美国生产的所有棉制品或棉麻混纺品,每码(不小于一定宽度)补贴1美分；如果用了国产棉花，则每磅重量再补1美分。这将对那个有价值物品的生产和制造起到相当重要的促进作用。我们认为，以目标的重要性而论，这笔费用将花得其所。

众所周知，棉制品的印染与棉制品的织造是分开的一件事，这是一项不难完成的工作。由于印染能大大提高白坯布品的价值，并为各种新用途作好准备，因此它具有重要的推广意义。

因为进口棉布如同国产棉布，也可能成为这种深加工的对象，所以值得考虑的是，是否应该允许把白坯的全部或部分关税退还给印染者。这项措施肯定会有力地促进该行业的发展。虽然它在一定程度上会影响原棉的初加工，但它很可能超额地弥补这一劣势，促使一个附属行业迅速成长，本质上让印染行业更快走向成熟。在取得足够进展后，便可以取消退税，届时，国内印染棉制品的供应将已扩大。

如果对某些棉制品类征收7.5%的关税，在范围上扩大到所有棉制品或以棉花为主要原料的产品，那就可能大大抵消所建议的退税对棉制品织造的影响。对于这种扩大，并无任何实质性的反对意见。考虑到与此类产品有关的所有情况，该关税不会被认为过高，而且从各种原因推断，棉制品的价格仍将保持适中。

在马萨诸塞州的贝弗利(Beverly)和罗德岛州的普罗维登斯(Providence)，不久前相继建立了棉纺织厂，这些工厂肇始于爱国的动机，并以相应的锲而不舍精神在运营，似已克服了通向成功道路上的最初障碍。它们生产的灯芯绒、天鹅绒、涤纶布、牛仔布及其他类似产品的质量，可以与从曼彻斯特运来的同类产品相媲美。普罗维登斯的那家工厂的优点是，率先在美国引进了闻名遐迩的棉纺织厂，它不仅为工厂自身提供原料，还为私人家庭提供家用织造材料。

在康涅狄格州的不同地方，也有同样的棉纺织厂开始正常运营，但规模都比前述工厂要小。在棉制品的印染方面也有若干尝试，目前已有几家这样的小型企业在运营中。

10. 羊毛

在一个冬季漫长的国家，正如美国的大部分地区一样，就为居民提供衣着而言，必须承认毛纺织业不比其他任何纺织行业地位要低。

在美国各地,羊毛的家庭织造已发展到引人注目的程度。然而,只有一个分支作为常规业务,可以说已经发展成熟,这就是制帽业。

不同的州已在大量制造羊毛帽子以及羊毛与毛皮混合的帽子。要让织造与需求相匹配,看起来万事俱备,只缺充足的原料供应。

在康涅狄格州的哈特福德(Hartford),也正在进行一项很有前途的经营,旨在生产布料、开司米及其他羊毛制品。财政部长所掌握的各种织造样品表明,这些织物已经达到了相当完美的程度。在如此短的时间内,在如此大的劣势下,它们的质量肯定超过了人们所能期待的水平。再考虑到工厂经营者资源上的捉襟见肘,我们不能不赞叹能取得如此成就的公益精神、坚韧毅力、健全判断。

要珍爱这一珍贵的胚胎并使之成熟,我们必须胸怀最殷切的愿望。当然,如果实现的手段显得不容易或不确定,那就必须准备留下相应的遗憾。

在当前形势允许的情况下,能促进优质羊毛大量供应的措施,应当都是最有效的扶持。

为此,鼓励在国内饲养绵羊并改良品种无疑是最理想的办法。可是,仅靠这种办法可能还不够,尤其是,我们的羊毛能否改良到适合制作高级面料的程度,这还是个问题。

人们或许会发现,奖金是促进国内供应的最佳手段,补贴则是促进外来供应的最佳手段。前者可能属于随后将提交的某项规制的范围,后者则需要具体的法律规定。如果发放任何补贴,当然应根据质量和数量进行调整。

在现行税率的基础上,对地毯和地毯料增加2.5%的关税,可以为上述目标提供一笔资金。根据这些物品的性质,对这一加税行为应该没有任何异议。国内的织毯业已经有所起步,加税将为国内生产提供更大的动力。

11. 丝绸

美国大部分地区都有生产这种产品的设施,康涅狄格州也有一些令人欣喜的尝试,不但生产丝绸,还进行丝绸加工。丝绸的长袜、手帕、缎带和纽扣都有织造,只是生产量较小。

马萨诸塞州的伊普斯维奇(Ipswich)有一家规模不大的花边制造厂,其历史已久,令人难忘。

豁免目前征收的丝绸原料进口关税,以及在前述规制指导下发放鼓励生产的奖金,似乎是该事业发展早期阶段唯一可取的鼓励措施。

12. 玻璃

制造玻璃的原料随处可见,美国并不缺乏这些原料。被称为"石英砂"的沙子和石头(一般包括燧石和水晶物质),以及各种植物的盐,特别是海藻的盐,构成了制造玻璃的基本原料。燃料异常丰富是这个国家制造此类产品的一个特殊优势。不过,这些产品需要资金及大量的体力劳动。

现在,美国有不同的玻璃制造商在运营。目前对所有进口玻璃制品征收 12.5% 的关税,这极大地鼓励了国内厂家。如果认定有必要再做什么,最合适的办法恐怕是对窗玻璃和黑玻璃瓶给予直接补贴。

窗玻璃能为民生带来方便,黑玻璃瓶也有此功效,它是酿酒厂的重要设备。有人抱怨在这方面存在严重不足。

13. 火药

近来,在制造这种紧要物品方面取得了不小进展。火药确可被认为是已经成熟的一种产品,但鉴于其高度的重要性,进一步拓展其生产能力自是非常可取。

这方面已经享受的鼓励措施包括,对外国竞争产品征收 10% 的关税,再对作为其主要成分之一的硝石免征关税。对另一种主要成分即硫黄给予免税似也同样适当,目前尚未用国产原料生产出任何数量的这种物品。因为硫黄可用于修整船底,所以更应将它列入免税品类。对该物品进行仔细检验的规定,也将形成有利的趋势。

14. 纸张

造纸是美国最成熟的行业之一,也是最能保障国内供给的行业。在纸质挂饰行业,生产制造也取得了可喜的进步。

这一有价值的行业已经受到保护,因为我们对类似的进口货设置了有效的关税。要想取得进一步的成功,看来并不缺乏重要条件。

在列举应缴关税的几种纸张时,已经删除了护套纸和弹药纸。这些都是同类品中最简单的制品,也为军工和造船所必需。它们与其他类产品一样值得鼓励,看来也完全在国内的筹划范围内。

15. 书籍

遍布全美的大量印社看来提供了一种保证,即美国使用的书籍无需依赖外国来印刷。现在对进口书籍征收的关税是5%,提高到10%将有助于国内的业务发展。

有人对此提出异议,认为这可能提高家庭、学校及其他学府普遍用书的价格,从而对文化教育产生不利影响。但根据设想,关税差别不会留下后遗症。

至于那些通常充斥于富裕阶层和专业人士图书馆的书籍,额外征收5%的关税估计会导致价格上涨,但不会妨碍他们购买这些书籍。

有些书籍专门进口后供特定学府和公共图书馆使用,对它们最好完全免税,这将大大消弭刚才提到的反对意见。目前,这些书籍的关税为5%。

至于一般家庭用书,其需求的持续性和普遍性将确保,人们会竭力给家里采办这些书籍,供应这些书籍的手段也是绰绰有余的。在这种情况下跟在其他情况下一样,可以预期,国内制造的扩大终将导致货品的廉价。

不该忽略的一点是,鼓励印书也等于是鼓励造纸。

16. 精制糖和巧克力

它们也位居国内广泛而繁荣的制造业行列。

在对外出口时,对制造这些产品的各自原料实行退税,将对国内制造业产生有利的影响。这也符合已有的糖浆这个先例,当出口蒸馏酒时就对作为原料的糖浆安排了退税。

目前,可可原料的税率为每磅1美分,而巧克力作为一种广为流行且十分简便的制品,归属到关税不超过5%的那一大批物品中。

对外国竞争制品征收比原材料更高的关税,以此来鼓励生产,想必是适当的。对进口巧克力征收每磅2美分的关税,应该不会有副作用。

七

上述标题囊括了各种制造业中最重要的行业,这些行业需要得到公共鼓励,也最适合得到公共鼓励。为最有利于实现这一目标,我们提出了相关的鼓励措施。

在描述以上鼓励对象时,我们也发表了相关意见。因此,已无必要多作补充说明。不过,再强调一二或许并非完全多余。

在各种情况下,我们都把补贴提出来,作为一种鼓励手段。

人所共知,反对的理由总是说,补贴难以管理,容易发生舞弊。然而,无论是这种困难还是那种危险,似乎都不足以抵消补贴在正确应用时所能带来的好处。可以认定情况已经明了,在某些情况下,特别是在新企业的幼稚阶段,补贴实乃不可或缺。

当然,在发放方式上应特别谨慎,我们也已考虑到必要的预防措施。但假如详细说明这些措施,会使本已篇幅浩繁的本报告更加冗长、太过不便。

如果认为补贴原则尚可接受,那么避免滥用该原则的手段就不会成为无法逾越的障碍。其他方面的实践也提供了有益的指南。

因此,关于这一点,这里只需指出,任何针对产品制造的补贴政策,除给予那些以*制造该产品为常规业务的工厂*之外,都不该自以为是地延伸应用到其他工厂。

如果把这种性质的福利扩大到偶然从事制造活动的每个私人家庭,会难以附加足够的预防措施。那只是一种附带的副业,利用的不过是原也会浪费的时间,本来没有特殊补贴的话,那种家庭作业原也可以有利可图地经营下去。

财政收入有可能会减少,这也是人们反对拟议安排的一个理由。

然而,只有促进国家工业和财富的增长,才能增进财政收入的利益。没有哪条真理比这一条更值得信赖的了。

每个国家向国库拨款的能力与鼓励制造业的能力成正比。在拨款能力增强甚至没有减弱的情况下,若采取措施减少任何特定资助,其唯一后果只能是目标的走样。假如通过鼓励在国内制造某产品,减少了从其进口中获得的收入,那也能容易得到补偿,这种补偿或者来自该制造行业本身,或者来自被认为更方便的其他行业。

然而,所提议的这些措施从总体看,在未来很长一段时间内将会增加而不是减少公共收入。

我们难以指望制造业的发展能跟上人口增长的步伐,乃至会阻止所税进口品类的国货价格逐步走高。

不过,既然建议在某些情况下取消、在其他情况下减少为偿还公债而缴纳的税款,那就必须有一个合适的替代方案。为此,首先要有适当的替代项,以代替因取消或减少关税而可能产生的所有亏空。一望即可知,这些替代项不但能满足这种需要,还会产生相当多的盈余。

这笔盈余将用于:

第一,建立一个基金,用于支付已颁布的补贴。

第二,建立一个基金,便于即将成立的技艺和农工商促进局的运作。关于这一机构,本报告中已有过不同的提示,现将提交一份有关该机构的计划纲要。

要每年拨出一定的款项,由不少于三名的专员加以管理,专员由政府官员及其继任者组成。

要让专员们有权运用其所掌握的资金,用于:支付特别重要的特定领域中技师和制造商移居前来的费用;明智地公告并采用相应的奖励诱导,促进并引进有用的发现、发明及改良成果;借助既重荣誉又重实利的奖金,鼓励个人和团体在其负责推进的行业中努力进取;向法律一般指定的那些鼓励对象提供其他援助。

专员们每年向立法机构提交一份关于其交易和支出的账目。所有未用于原定对象的那些款项,在每三年结束时将返还立法机构。或者应专员请求,这些未用款项将不予提取,而是转用于具体的某项开支。

此外,还可以授权专员们接受自愿捐款。如果捐款人指定了捐款的具体用途,专员有责任将捐款用于这些用途。

我们有理由相信,由于缺乏熟练工人,某些制造业的发展受到了很大的阻碍。经常发生的情况是,投入的资本不足以实现从国外引进优秀工人的目标。在值得的情况下,政府的辅助机构很可能会起到作用。国外各行各业都有一些有价值的工人,只是因为缺乏资金而无法往外移居。向这些人不时提供援助,如果管理得当,或可成为国家获得宝贵财富的一个来源。

通过奖励来激励发明、引进有用的改良,这种恰当性是不难承认的。可是,如此尝试能否成功,显然主要有赖于尝试的方式。也许,把奖励发放置于某种适当的自由裁量之下,并辅以其他的*附带措施*,将有助于使奖励发挥最可靠的效力。面对效用未知且不相称的发现,用笼统的规则来分配具体的补偿,似乎不切实际。

利用这种性质的基金来采购和进口外国改良产品,其巨大作用尤其显而易见。其中,机器设备将是最重要的一项改良产品。

奖金的运作和效用,以及在某些公共和私人协会的指导下发放奖金所带来的好处,都已经提及。在这方面,宾夕法尼亚制造与工艺促进会积累了一些经验。但该协会的资金过于紧张,只能产生其原则本应带来好处中的很小一部分。可以肯定地断言,简直没有什么比这种性质的机构更能激发人们普遍的改良精神,它们确乃无价之宝。

在私人财富雄厚的国家,爱国人士的自愿捐款可以发挥很大作用。但在美国这样的社会,必须用公共财政来弥补私人资源的不足。对于公款花费而言,还有什么能比促进和改善工业活动更有用的呢?

特此呈交本报告。

财政部长亚历山大·汉密尔顿

1791年12月5日

(原刊于1791年,梅俊杰译)

图书在版编目(CIP)数据

重商主义：历史经验与赶超原理 / 梅俊杰主编.
上海：上海社会科学院出版社，2025． -- ISBN 978-7
-5520-4580-2

Ⅰ.F091.31

中国国家版本馆 CIP 数据核字第 2024W15756 号

重商主义：历史经验与赶超原理

主　　编：梅俊杰
责任编辑：陈如江　包纯睿
封面设计：周清华
出版发行：上海社会科学院出版社
　　　　　上海顺昌路 622 号　邮编 200025
　　　　　电话总机 021-63315947　销售热线 021-53063735
　　　　　https://cbs.sass.org.cn　E-mail：sassp@sassp.cn
照　　排：南京理工出版信息技术有限公司
印　　刷：上海盛通时代印刷有限公司
开　　本：720 毫米×1000 毫米　1/16
印　　张：19
插　　页：1
字　　数：286 千
版　　次：2025 年 1 月第 1 版　2025 年 1 月第 1 次印刷

ISBN 978-7-5520-4580-2/F·795　　　　　　　定价：96.00 元

版权所有　翻印必究